Kurt Schneider-Winden
Das neue Unternehmen

Kurt Schneider-Winden

Das neue Unternehmen

Der Weg zur Zukunftssicherung

EDITION
BLICKBUCH
WIRTSCHAFT

Die Deutsche Bibliothek – CIP-Einheitsaufnahme
Schneider-Winden, Kurt:
Das neue Unternehmen : der Weg zur Zukunftssicherung / Kurt Schneider-Winden. – 1. Aufl. – Frankfurt am Main : Frankfurter Allgemeine Zeitung, Verl.-Bereich Wirtschaftsbücher 1994
ISBN 3-929368-22-6

Frankfurter Allgemeine Zeitung
Verlagsbereich Wirtschaftsbücher

Verantwortlich Verlagsbereich Wirtschaftsbücher: Helmut Klinge
Gestaltung: F.A.Z.-Grafik

60267 Frankfurt am Main

Druck: Druckwerkstätten Stollberg GmbH, Stollberg
Erste Auflage 1994
ISBN 3-929368-22-6

1. Einführung

Unternehmen können schnell in existentielle Schwierigkeiten geraten, wenn Umsätze zurückgehen, Kosten steigen und letztlich die Erträge sinken oder sogar Verluste entstehen. Gerade in mittelständischen Unternehmen droht dann häufig der baldige Konkurs, weil keine ausreichende Kapitaldecke vorhanden ist, um Verlustphasen abzufangen. Oder es sind Crash-Maßnahmen erforderlich, um z. B. durch raschen Personalabbau die notwendige Kostensenkung zu erreichen. Manchmal fallen diesen hektischen Kostensenkungsbemühungen auch langfristige, strategisch notwendige Aktivitäten zum Opfer. Kurzum, es wäre besser, rechtzeitig eine in einem geordneten Prozeß verlaufende Umstrukturierung durchzuführen.

Ausgangslage für die in diesem Buch beschriebene Vorgehensweise soll deshalb sein, daß ein Unternehmen, z. B. von betriebswirtschaftlichen Früherkennungssystemen alarmiert, beschließt, eine grundsätzliche Prüfung der Unternehmenssituation einzuleiten. Dabei entstehen häufig typische Probleme, wie zum Beispiel:

- Es werden keine klaren Untersuchungsziele formuliert.
- Die Logik eines solchen Ablaufs ist den Verantwortlichen nicht klar. Deshalb wird der zeitliche und finanzielle Aufwand massiv unterschätzt.
- Es gibt erhebliche Probleme mit Betriebsrat, Führungskräften und Mitarbeitern; Motivation und Leistungsbereitschaft sinken rapide.
- Ein schließlich mühsam erarbeitetes Soll-Konzept bleibt in der Realisierungsphase hängen. Es wird nicht umgesetzt.

Selbst die Beteiligung externer Unternehmensberater garantiert nicht unbedingt den vollen Erfolg. Häufig werden bei der Nutzung standardisierter Instrumente die spezifischen Verhältnisse des jeweiligen Unternehmens zu wenig beachtet oder psychologisch ungeeignete Mitarbeiter eingesetzt.

Zu Teilgebieten derartiger Untersuchungen gibt es eine Fülle von Veröffentlichungen. Einige Stichworte:

- Strategieplanung,
- Marketingkonzeption,
- Ist-Zustandserfassung,
- Gemeinkostensenkung,
- EDV-Einsatz für Auftragsabwicklung, Materialwirtschaft.

Es liegen aber kaum geschlossene Darstellungen einer praxisbezogenen Gesamtanalyse vor, die auch Interdependenzen der Teilkomplexe berücksichtigen.

In diesem Buch wird der Ablauf solcher Strukturuntersuchungen von der Voranalyse bis zur Realisierung der erarbeiteten Lösungsvorschläge aus der Sicht eines erfahrenen Managers und Unternehmensberaters detailliert beschrieben. Dabei werden auch wesentliche Einzelaspekte, wie etwa themenbezogene Erfassungsmethoden, Hinweise auf Zeitbedarf, psychologische Fragen usw. behandelt. Die organisatorische Abwicklung ist prinzipiell so vorgesehen, daß eine Projektgruppe aus teamfähigen Fachleuten des Unternehmens unter der Leitung eines erfahrenen Moderators (Unternehmensberater oder Mitglied der Organisationsabteilung der Firma) die Arbeiten durchführt. Der Verfasser hält nichts von reinen Beraterteams, die mehr »gegen« als »mit« den Führungskräften Konzeptionen erarbeiten und diese durchsetzen.

Verantwortliche Führungskräfte besitzen mit dieser Darstellung ein zuverlässiges Werkzeug, um mit oder ohne externe Hilfe erfolgreich Unternehmensanalysen durchführen zu können. Entscheidend ist hier natürlich, daß nicht an Symptomen »herumgebastelt« wird, sondern eine essentielle Erneuerung des Unternehmens erreicht wird.

Da die Zusammenarbeit mit externen Unternehmensberatern bei solchen Aufgabenstellungen eine besondere Rolle spielt, wird auch dieses Thema ausführlich behandelt. Kernpunkte dabei sind: die Auswahl »richtiger« Berater, die vertragliche Gestaltung der Zusammenarbeit und die praktische Arbeitsteilung.

Inhalt

2. Warnung durch betriebswirtschaftliche Früherkennungssysteme

2.1 Inhalt und Bedeutung von Früherkennung

Seit den siebziger Jahren tauchen in der betriebswirtschaftlichen Theorie und Praxis Begriffe wie Frühwarnung, Frühaufklärung oder Früherkennung auf. Man versteht darunter – insbesondere in Unternehmen – die Aufgabe, bedrohliche Entwicklungen im außerbetrieblichen Umfeld und im Unternehmen so rechtzeitig zu erkennen, daß Gegenmaßnahmen noch erfolgreich möglich sind. Dieser Gedanke ist allerdings nicht neu und wurde im militärischen Bereich schon viel früher entwikkelt, z. B. von Clauswitz, 1832. Auch auf naturwissenschaftlichen Gebieten spielt diese Frage häufig eine große Rolle. Erwähnt sei hier z. B. die Suche nach Warnsignalen für das Eintreten eines Erdbebens (etwa das Verhalten von Tieren).

Weil der Begriff Frühwarnung primär den Gedanken an die Warnung vor negativen Entwicklungen nahelegt, soll in den weiteren Ausführungen von Früherkennung gesprochen werden. Frühaufklärung oder Früherkennung schließt auch die positive Überlegung ein, Hinweise z. B. aus Märkten zu nutzen, um neue und aussichtsreiche Geschäftsfelder für das Unternehmen aufzubauen. Ein Früherkennungssystem ist also letztlich ein Informationssystem, welches mit EDV-Unterstützung geeignete Daten als Hinweis auf kommende Chancen oder Gefährdungen bereitstellt, bevor diese Realität geworden sind. Diese Daten können sich auf eine Gesamtwirtschaft (Land oder Wirtschaftsraum), auf Einzelwirtschaften (Unternehmen) oder auch auf Teilbereiche eines Unternehmens beziehen. Krystek (1985) beschreibt auch »phänomenbezogene« Frühwarnsysteme, etwa zur Früherkennung technologischer Entwicklungen. Solche Informationen aus Früherkennungssystemen erlauben dann, statt eines kurzfristigen Reagierens auf plötzlich auftretende Störungen nun rechtzeitig agieren zu können, d. h. planmäßige Gegenmaßnahmen frühzeitig einzuleiten.

Unter Berücksichtigung der Zielsetzung dieses Buches wird der Schwerpunkt der folgenden Ausführungen bei der Anwendung für das Gesamtunternehmen liegen.

Von großer Bedeutung bei der Betrachtung von Früherkennungssystemen ist die Unterscheidung in

- operative und
- strategische Systeme.

2.2 Operative Früherkennungssysteme

Historisch haben sich Früherkennungssysteme in drei Stufen entwikkelt. Man spricht auch von drei Generationen.

2.2.1 Systeme der ersten Generation

Diese Systeme haben sich aus der operativen Unternehmensplanung entwickelt. Sie arbeiten mit Kennzahlen oder Hochrechnungen. Dazu folgende Erläuterungen:

a) Kennzahlen sind zahlenmäßige Ausdrücke für bestimmte betriebswirtschaftliche Begriffe (als Absolutzahlen) oder Verhältniszahlen solcher Begriffe (z. B. Umsatz oder Umsatz pro Kopf). Wenn man für solche Kennzahlen obere und untere Grenzwerte festlegt, kann man die Überschreitung oder Unterschreitung der Grenzen als Warnsignale im Sinne einer Früherkennung benutzen.
Die Orientierung an einzelnen Kennzahlen kann zu gefährlichen Fehlschlüssen führen. Deshalb hat man hierarchisch aufgebaute Kennzahlensysteme entwickelt. Dabei beziehen sich die einzelnen Kennzahlen sachlich aufeinander, ergänzen sich und werden jeweils in der nächsthöheren Ebene zusammengefaßt. Ein bekanntes Beispiel dafür ist das ZVEI-Kennzahlensystem (ZVEI 1976).
Selbstverständlich wurden Kennzahlen und Kennzahlensysteme als Mittel der Unternehmensführung auch schon früher und vor Erfindung des Begriffs Frühwarnung verwendet.

b) Planungshochrechnungen:
Hochrechnungen von Vergangenheitswerten werden sehr häufig als Früherkennungssystem eingesetzt. Der gedankliche Ausgangspunkt sind die im Controlling üblichen periodenbezogenen Soll-Ist-Vergleiche. Dabei wird nach Ablauf von Planperioden festgestellt, ob Ab-

weichungen zwischen den geplanten Werten und den tatsächlich angefallenen Werten (Ist-Werten) bestehen. Danach sind zwar Ursachenanalysen möglich, aber letztlich eben doch erst nachdem »das Kind in den Brunnen gefallen ist«.
Die Hochrechnungen bestehen nun darin, daß man auf der Basis von tatsächlichen Zwischenwerten innerhalb einer Planperiode aktualisierte Vorausschätzungen vornimmt, um erkennen zu können, mit welchen Ist-Werten am Ende einer Planperiode zu rechnen ist. Diese Erkenntnisse, d. h. die eventuellen Planabweichungen sind letztlich Früherkennungsinformationen, die man in der oben beschriebenen Weise zur Gegensteuerung einsetzen kann. *Abbildung 1* zeigt als Beispiel für eine Planungshochrechnung die Früherkennung von Kostenüberschreitungen bei Projekten.
Behme und Knappe (1992) weisen darauf hin, daß sich diese Vorausrechnungen dadurch unterscheiden, ob eine oder mehrere Zeitreihen eingehen. Man spricht von univariaten oder multivariaten Verfahren. Bei den univariaten Verfahren stützt man sich nur auf entsprechende Ereignisse in der Vergangenheit (Vergangenheitsdaten) und extrapoliert diese. Sie werden am häufigsten angewendet. Bezüglich der Einzelheiten solcher Prognoseverfahren wird auf Lewandowski (1973) verwiesen.
Der Einsatz von EDV ist sowohl bei der Erfassung und Berechnung von Kennzahlen als auch bei DV-gestützten Hochrechnungsverfahren ohne Schwierigkeiten möglich.

2.2.2 Systeme der zweiten Generation

Einleitung

Die Früherkennung mit Planungshochrechnungen ist zweifellos bereits eine Verbesserung gegenüber der Verwendung von reinen Feedback-Informationen aus den kurzfristigen Soll-Ist-Vergleichen des Controlling. Allerdings sind insbesondere die meist verwendeten univariaten Verfahren ausschließlich vergangenheitsorientiert, wenn auch durch die Extrapolation der Ist-Zwischenwerte – und das sind praktisch dann auch Vergangenheitswerte! – eine Art von Feedforward-Informationen entsteht. Der Vergleich von voraussichtlichen Ist-Zahlen am Ende einer Planperiode mit den ursprünglichen Plandaten erlaubt aber meist nicht

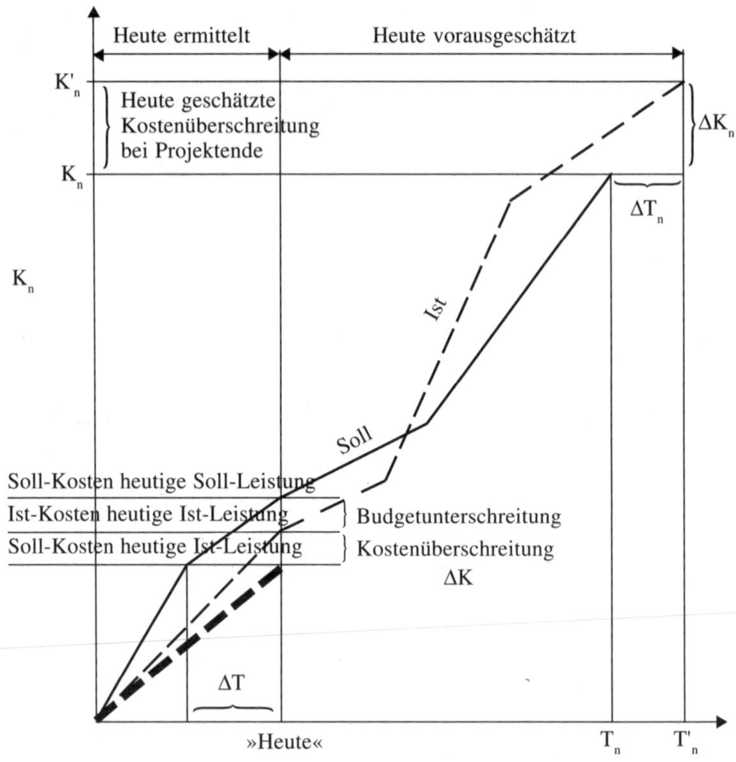

Quelle: Thumb, N.: Grundlagen und Praxis der Netzplantechnik, München 1968, S. 233

Abbildung 1: Früherkennung von Kostenüberschreitungen bei Projekten

mehr, rechtzeitig auf kritische Situationen und Erkenntnisse zu reagieren.

Aus den Nachteilen der vorstehend beschriebenen Verfahren entstanden in den Jahren 1977–79 neue Ansätze, mit denen man versuchte, echte und rechtzeitig nutzbare Frühwarninformationen zu gewinnen. Man sprach von einer zweiten Generation. Kernpunkt dieser neuen Verfahren sind sogenannte Indikatoren. Das sind quantifizierbare Variable aus

Bereichen innerhalb und außerhalb des Unternehmens, die man laufend beobachtet und aus deren Veränderungen bzw. Entwicklungen man Bedrohungen aber auch Chancen für das Unternehmen erkennen kann. Bei geeigneter Wahl dieser Indikatoren erreicht man so den gewünschten zeitlichen Vorlauf für die Einleitung von Gegenmaßnahmen.

Indikatororientierte Früherkennungssysteme können gesamtunternehmensbezogen, bereichsbezogen aber auch phänomenbezogen aufgebaut werden.

Aufbau und Anwendung

Verschiedene Autoren (z. B. Krystek 1985 und Hopfenbeck 1992) beschreiben Aufbau und Anwendung der Indikatorsysteme in fünf Stufen.

1. Stufe:
Ausgangspunkt ist die Auswahl von *Beobachtungsbereichen* innerhalb und außerhalb des Unternehmens. Es handelt sich um Sachgebiete, die von besonderer Bedeutung für die Aktivitäten eines Unternehmens sind. Basis für die Suche und Auswahl wichtiger Beobachtungsbereiche sind zunächst generell die Zielsetzungen des Unternehmens. Außerdem sind die besonderen Schwerpunkte bezüglich der Tätigkeit des Unternehmens zu beachten, also zum Beispiel bestimmte Märkte, Produktgruppen, Technologien oder wirtschaftspolitische Randbedingungen. Diese Schwerpunkte sind dann natürlich interessant sowohl im Hinblick auf zukünftige Bedrohungen als auch für das Erkennen von Chancen. Hier einige Beispiele:

- Externe Beobachtungsbereiche: Konjukturentwicklung, Absatzmarkt, Arbeitsmarkt, Lieferanten,
- Interne Beobachtungsbereiche: Produktprogramm, Entwicklungsleistung, Finanzlage.

Selbstverständlich muß die Auswahl solcher Bereiche ein kontinuierlicher Prozeß sein, denn externe und interne Verhältnisse können sich ändern. Paradebeispiele dafür sind der gemeinsame EG-Markt oder die Entwicklungen in Osteuropa. Fazit: Nicht beobachtete Bereiche können keine Informationen über Gefahren und Chancen liefern!

2. Stufe:
Innerhalb der gewählten Beobachtungsbereiche sind nun die *Indikatoren* für die Früherkennung festzulegen. Diese sind – wie oben bereits erwähnt – zahlenmäßige »Anzeiger«, die es erlauben, Symptome bzw. Anzeichen für Veränderungen in dem jeweiligen Beobachtungsbereich meßbar zu machen. Auch hier einige Beispiele: Bei dem Beobachtungsbereich Konjunkturentwicklung könnten die Indikatoren Auftragseingang und Auftragsbestand in Frage kommen. Zur Beurteilung des Bereichs Entwicklungsleistung wären Indikatoren wie Zahl der erteilten Patente oder Produktlebensalter von Interesse. Krystek (1985) führt eine Anzahl von Indikatoren mit ausführlichen Erläuterungen als Anregung auf.

Es gibt einige grundsätzliche Auswahlkriterien für Indikatoren. Ganz wesentlich ist der Aspekt *Frühzeitigkeit*. Damit ist gemeint, daß Informationen über bedrohende Veränderungen in den Beobachtungsbereichen so frühzeitig zur Verfügung stehen müssen, daß noch hinreichend Zeit für das Ergreifen wirksamer Gegenmaßnahmen verbleibt. Indikatoren müssen auch *Eindeutigkeit* sicherstellen. Dies bedeutet, daß sie angezeigte Veränderungen auch eindeutig identifizieren können. Fehlinterpretationen dürfen nicht zu falschen Maßnahmen führen. Selbstverständlich muß *Wirtschaftlichkeit* gefordert werden. Der Aufwand für die laufende Beobachtung der Indikatoren muß unter wirtschaftlichen Gesichtspunkten vertretbar sein. Deshalb ist EDV-Unterstützung notwendig. Diese kann eingesetzt werden bei der Erfassung von Daten und auch bei der Prüfung, ob Warn- oder Kontrollgrenzen überschritten wurden.

3. Stufe:
Für die praktische Arbeit mit solchen Systemen ist die Festlegung von *Sollgrößen* und *Toleranzgrenzen* je Indikator erforderlich. Wie in der statistischen Qualitätskontrolle üblich, sollte man die Toleranzgrenzen in zwei Abschnitte unterteilen, nämlich Warngrenzen und Kontrollgrenzen (siehe *Abbildung 2*). Dies sind Bandbreiten, die die Höhe einer Abweichung von einer vorgegebenen Sollgröße beschreiben. Wenn Warngrenzen überschritten werden, erfolgen entsprechend gekennzeichnete Meldungen, die nur auf ein mögliches Problem aufmerksam machen. Überschreitungen von Kontrollgrenzen erfordern Eingriffe in den Prozeß, d. h. Gegenmaßnahmen (vgl. *Abbildung 2*).

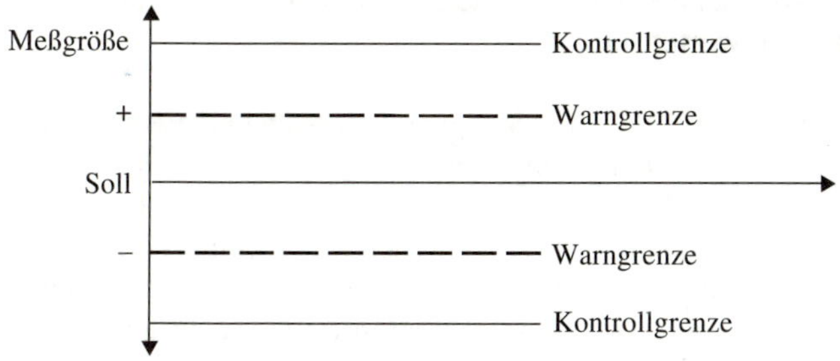

Abbildung 2: Warn- und Kontrollgrenzen bei Abweichungen von Indikator-Sollwerten

4. Stufe:
Die Wirksamkeit indikatororientierter Früherkennungssysteme hängt entscheidend davon ab, wie die von außen kommenden Daten, d. h. die zahlenmäßigen Zustände der Indikatoren, in zentralen Stellen verarbeitet werden.

Hinterhuber u. a. (1986) beschreiben die Aufgaben solcher informationsverarbeitenden Stellen wie folgt:

- Annahme der Informationen und kritische Prüfung auf Plausibilität oder Übertragungsfehler.
- Aufbereitung der Indikatordaten und Umsetzung in spezifische Früherkennungsinformationen, die Aussagen über vermutete Gefährdungen oder Chancen zulassen. Ohne diese Aufbereitung besteht die Gefahr, daß sich eventuell sogar widersprechende Warnsignale zu Fehleinschätzungen führen.
- Weiterleitung der zusammengefaßten Informationen an die zuständigen Führungskräfte.

5. Stufe:
Die Ausgestaltung der Informationskanäle muß sicherstellen, daß Signale und die daraus abgeleiteten Informationen schnell, vollständig und störungsfrei weitergeleitet werden. Darüber hinaus müssen klare Verabredungen über die Zuständigkeiten bestimmter Führungsebenen im

Hinblick auf die Annahme von Informationen getroffen werden. Auch die Frage, wer dann entsprechende Entscheidungen treffen darf, muß eindeutig beantwortet sein.

Die vorstehend beschriebenen Systeme der ersten und zweiten Generation werden als *operative Früherkennungssysteme* bezeichnet. Dies geschieht deshalb, weil sie mit ihren Signalen und Informationen sowohl inhaltlich als auch bezüglich der zeitlichen Reichweite (kurz bis mittelfristig) auf operative Planungs- und Kontrollsysteme zugeschnitten sind.

Interessant ist, daß vor allem indikatororientierte Früherkennungssysteme häufig in der Praxis eingesetzt werden. Dies erstaunt, weil es trotz intensiver theoretischer Durchdringung beim konkreten Einsatz Schwierigkeiten gab, vor allem bei der Abgrenzung der Beobachtungsbereiche und der exakten Darstellung quantifizierbarer Indikatoren.

2.3 Strategische Früherkennungssysteme

2.3.1 Grundlagen

Angesichts der zunehmenden Bedeutung der strategischen Planung lag es nahe, die Grundüberlegungen der Früherkennung auch auf strategische Planungsfragen zu übertragen.
Während operative Systeme überwiegend liquiditäts- und ergebnisorientiert sind, konzentrieren sich strategische Systeme mehr auf die markt- bzw. wettbewerbsorientierten Potentiale. Generell spielen hier zwei Aspekte eine besondere Rolle: Sowohl für operative als auch für strategische Früherkennungssysteme ist der *zeitliche Vorlauf* zwischen quantifizierbaren Indikatoren und dem Eintreffen von tatsächlichen Störungen außerordentlich wichtig. Daneben wird das Leistungsvermögen eines Früherkennungssystems ganz wesentlich von der Art des *Störungsverlaufs* beeinflußt. Zwei Verlaufsarten sind hier von Bedeutung:

1. Häufig vollziehen sich Störungen verursachende Veränderungen überschaubar und einigermaßen kontinuierlich. Planungshochrechnungen mit Prognoseverfahren (1. Generation) oder die rechnerische Umsetzung von Indikatorveränderungen auf bestimmte Unternehmensergebnisse (2. Generation) sind dann erfolgversprechend durchführbar.

2. Schwierig wird es, wenn strategische Diskontinuitäten im Umweltbereich diese Stetigkeitsbedingung verletzen. Für konzeptionelle Überlegungen ist allerdings die Erkenntnis wichtig, daß sich auch solche abrupten Veränderungen nicht völlig überraschend ereignen, sondern vielmehr das Ergebnis eines Prozesses sind, der sich über einen längeren Zeitraum ankündigt. Es gibt dabei sehr häufig typische Signale, die auf diesen Prozeß aufmerksam machen.

2.3.2 Systeme der dritten Generation

Die theoretischen Grundlagen für Systeme der dritten Generation, die im Sinne eines »strategischen Radars« versuchen, die vorstehend kurz dargestellte Problematik zu bewältigen, bildeten vor allem:

- die »Theorie der schwachen Signale« und die
- »Diffusionstheorie«

Theorie der schwachen Signale

Der Kern des von Ansoff (1975 und 1976) entwickelten Konzepts der »weak signals« besteht in der Annahme, daß auch strategische Entwicklungen im Umfeld und insbesondere strategische Diskontinuitäten nicht zufällig ablaufen, sondern sich durch sogenannte »schwache Signale« ankündigen. »Schwache Signale« sind im allgemeinen zwar schlecht definierte und unscharf strukturierte Informationen, sie können aber bei richtiger Erfassung und Deutung bereits in einem Frühstadium strategischer Veränderungen Hinweise auf Bedrohungen liefern. Die Führung muß nicht warten, bis Gefahren deutlicher werden und kann früher mögliche Gegenmaßnahmen entwickeln.

Auch im deutschsprachigen Raum wurden Ansätze einer strategischen Frühaufklärung vorgelegt, die sich an das Ansoff'sche Konzept anlehnen (Kirsch, Trux).

Nach Krystek (1985) können sich »schwache Signale« z. B. ausdrükken durch:

- »plötzliche Häufung gleichartiger Ereignisse«,
- »Verbreitung von neuartigen Meinungen/Ideen in Medien«,
- »Tendenzen in der Rechtsprechung« u. a.

Bei der heutigen Informationsflut besteht ein großes Problem darin, alle wirklich relevanten »schwachen Signale« herauszufiltern. Um im Rahmen des »strategischen Radars« bei vertretbarem Umfang zu einer möglichst hohen Informationseffektivität zu kommen, werden zwei Verfahren angewendet, nämlich *Scanning* und *Monitoring*.

Unter *Scanning* versteht man die »Rundumsuche« im gesamten Umfeld nach »schwachen Signalen«. Damit besteht natürlich auch die Chance, neue und bisher nicht beachtete Bereiche zu erfassen. Gerade hier ergibt sich z. B. auch die Möglichkeit, neue und aussichtsreiche Geschäftsfelder für das Unternehmen zu finden.

Hat man über die Identifikation eines »schwachen Signals« einen Hinweis auf ein kritisches Ereignis erhalten, so versucht man nun im Rahmen des *Monitoring* in einem erkannten engeren Bereich detailliertere Informationen zu gewinnen. Vergleiche dazu auch (Behme, Knappe 1992).

Diffusionstheorie

Der Diffusionstheorie (Krystek 1985) liegt die Hypothese zugrunde, daß von einem menschlichen Träger neuer Erkenntnisse Ansteckungswirkungen ausgehen, mit der Folge, daß diese Erkenntnisse auf eine beständig größere Zahl von Personen übergreifen. Man nennt diesen Vorgang Diffusion. Solche Diffusionen können durch sogenannte Diffusionsfunktionen beschrieben und mit Hilfe von Trendlinien dargestellt werden.

Die Diffusionstheorie ist ein Teilgebiet der Kommunikationsforschung. Es ist einleuchtend, daß die Erkundung von Ausbreitungsvorgängen dieser Art auch bei der Erfassung und Verarbeitung »schwacher Signale« eine besondere Rolle spielt. Deshalb hat die Diffusionstheorie ergänzend zur Theorie der schwachen Signale einen entscheidenden Anteil an den wissenschaftlichen Untersuchungen zur strategischen Früherkennung.

Realisierungsansätze

Besondere Bedeutung im Rahmen der strategischen Früherkennung haben Indikatorprognosen und die Szenariotechnik erlangt. Indikatorprognosen leiden allerdings an der Schwäche, Diskontinuitäten nur ungenügend vorhersagen zu können.

Für das Erkennen strategischer Probleme hat sich deshalb die Szenariotechnik als ein entscheidendes Instrument herausgebildet. Mit ihrer Hilfe werden Szenarien entwickelt (Geschka, Hammer 1986). Man versteht darunter die interdisziplinäre, umfassende Erstellung eines möglichen Zukunftsstatus aufgrund möglicher Annahmen von strategie- relevanten Ereignissen mit einem zeitlichen Horizont von mindestens zehn Jahren. In diesem Zusammenhang können also »schwache Signale«, die Trends und Daten als Vorläufer eines Wandels identfizieren, mit Hilfe alternativer Szenarien auf ihren eventuellen Problemgehalt hin untersucht werden.

Das Batelle-Institut hat unter Anwendung der Szenariotechnik praxisrelevante Modelle strategischer Frühwarnung entworfen und erprobt (Batelle-Institut 1980). *Abbildung 3* zeigt den prinzipiellen Aufbau und die Vorgehensweise eines strategischen Frühwarnsystems nach dem Batelle-Konzept.

2.4 Praktische Erfahrungen mit Früherkennungssystemen und Entwicklungstendenzen

Praxis und betriebswirtschaftliche Forschung befassen sich erst seit relativ kurzer Zeit mit Früherkennungssystemen. Es gibt deshalb auch wenige Untersuchungen zu diesem Thema. Sie behandeln praktisch nur die Anwendung von Systemen der ersten und zweiten Generation. Dies verwundert nicht, weil die Systeme der dritten Generation auch viel später konzipiert wurden. Zu den bisherigen praktischen Erfahrungen stellt Krystek folgendes fest (vgl. Krystek 1985, S. 49ff.):

1. Früherkennungssysteme der ersten Generation:
Aus einer 1973 von Töpfer (vgl. Töpfer 1976, S. 237ff.) durchgeführten Befragung ergab sich, daß eine große Zahl von Unternehmen (71,8 Prozent) behauptete, über Früherkennungssysteme dieser Art zu verfügen. Allerdings wurde häufig einschränkend ergänzt, daß diese Systeme nur teilweise existieren. Es sei deshalb zu vermuten, daß viele Unternehmen sowohl die Auslegung der dort verwendeten Früherkennungsmaßnahmen als auch den Umfang ihrer Anwendung großzügig dargestellt hätten. Möglicherweise handelt es sich teilweise nur um geringfügig ergänzte klassische Controlling-Aktivitäten.

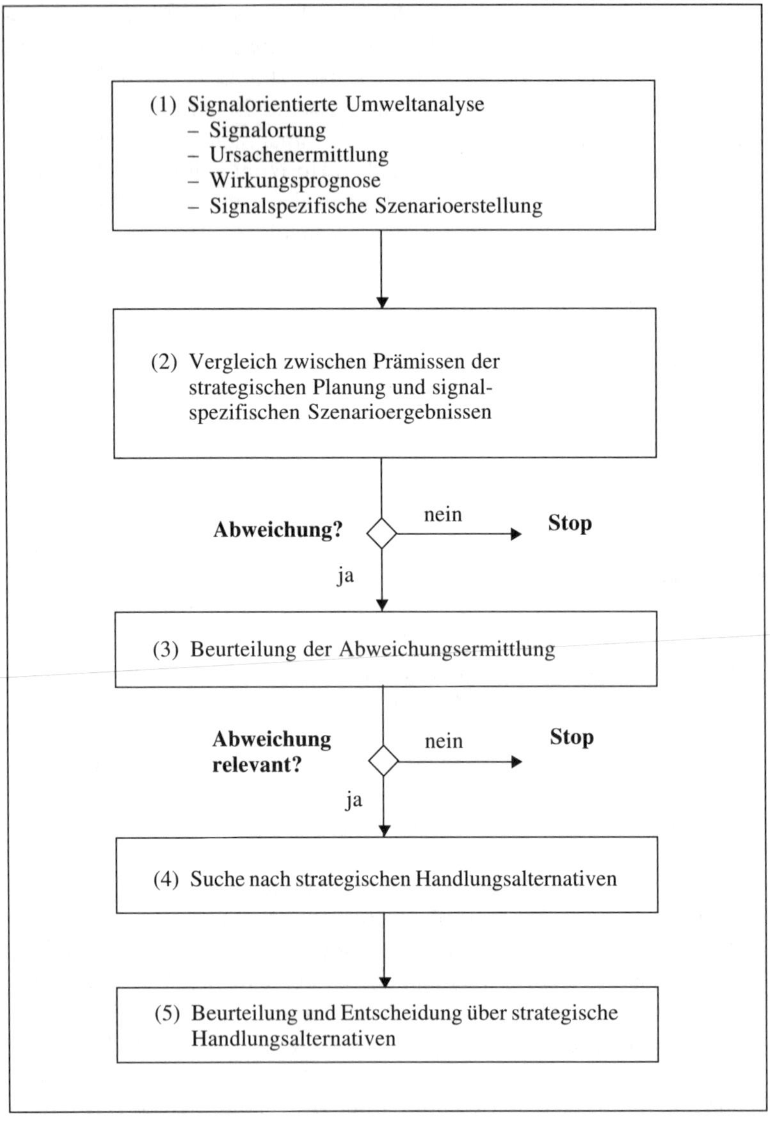

Abbildung 3: Aufbau und Vorgehensweise eines strategischen Frühwarnsystems nach dem Batelle-Konzept

2. Früherkennungssysteme der zweiten Generation:
Befragungen und Veröffentlichungen zeigen, daß indikatororientierte operative Früherkennungssysteme einen hohen Stellenwert in der Praxis besitzen. Eine empirische Untersuchung von Großunternehmen des Instituts für Unternehmensplanung in Gießen (vgl. Hahn/Klausmann 1979, S. 12ff.) hat ergeben, daß in starkem Umfang Früherkennungsinformationen für die Unternehmensplanung eingesetzt werden. Hahn und Klausmann beschreiben ausführlich Art und Umfang der zweijährigen Forschungsarbeit. Insbesondere werden die von den befragten Unternehmen verwendeten Beobachtungsfelder und Indikatoren sowie ihre Eignung dargestellt. Behandelt wird auch die organisatorische Form, mit der die Indikatoren ausgewertet werden.

3. Früherkennungssysteme der dritten Generation:
Die Notwendigkeit zur Installation strategischer Früherkennungssysteme wird inzwischen weitgehend akzeptiert. Empirische Erkenntnisse über die Verbreitung solcher Systeme gibt es aber bis jetzt nur in sehr begrenztem Umfang. Bekannt ist nur ein Bericht des Batelle-Instituts, der fünfjährige Erfahrungen und Empfehlungen mit dem Aufbau strategischer Früherkennungssysteme beschreibt. Die wichtigsten Ergebnisse führt Krystek auf (Krystek 1985, S. 53).

Bezüglich der Weiterentwicklung von Früherkennungssystemen sieht Krystek folgende Schwerpunkte:

- Erforschung und Erprobung zuverlässiger Früherkennungsindikatoren,
- Entwicklung kombinierter operativ/strategischer Früherkennungssysteme,
- stärkere Nutzung überbetrieblicher Früherkennungssysteme,
- Auswertung von Früherkennungsindikatoren durch Externe (z.B. Kreditgeber).

2.5 Wann sind umfassende Unternehmensanalysen erforderlich?

Wie einleitend bereits erwähnt, geht es bei den Darstellungen in diesem Buch nicht um Crash-Aktionen, die kurzfristig finanziell wirksam werdende Ergebnisse bringen müssen. Von der Führungsleistung des Managements her gesehen müßte in solchen Fällen fast immer von einem eklatanten Versagen gesprochen werden. Manager haben nicht nur die Aufgabe, das aktuelle operative Geschäft erfolgreich zu führen, sondern sie müssen vor allem strategisch denken und handeln. Dies bedeutet hier: zukünftige Entwicklungen rechtzeitig erkennen, Neuorientierungen des Unternehmens veranlassen und Entscheidungen treffen. Dann kann in einem geordneten Prozeß und bei einem noch gesunden Unternehmen *die Zukunft gesichert werden.*

Welche Situationen oder Problemstellungen können nun Anlaß für eine solche Analyse sein? Eine vollständige Aufzählung ist natürlich nicht möglich. Mehr als Anregung seien nachfolgend einige Entwicklungstendenzen angeführt, die rechtzeitig mit Hilfe von Früherkennungsindikatoren herausgearbeitet werden können:

- Rückgang des Bedarfs an Wehrtechnik,
- technologische Veränderungen (z. B. Elektronik statt Mechanik),
- stärkere internationale Konkurrenz (z. B. Marktstrategie, Qualität, Fertigungskosten),
- Wirtschaftskrisen,
- Verschärfung der Umweltvorschriften (Energieeinsparung, Recycling).

Die Tatsache, daß solche und ähnliche Veränderungen in konkreten Einzelfällen auch ohne Anwendung von Früherkennungssystemen durch erfolgreiche Umstrukturierungen aufgefangen wurden, spricht natürlich nicht gegen Früherkennungssysteme. Gravierende Früherkennungshinweise müssen aber Anlaß sein, das Unternehmen im Hinblick auf neue Anforderungen zu prüfen.

3. Statusanalyse

Die notwendige Entwicklung von Zielen und Strategien kann sinnvoll nur auf der Basis einer umfassenden Informationsgrundlage erfolgen. Einen Einblick in die Ausgangssituation und die mögliche Zukunftsentwicklung des Unternehmens bietet dabei eine Statusanalyse. Das Ziel einer solchen Unternehmensanalyse muß es zunächst sein, eine möglichst detaillierte und objektive Darstellung der aktuellen Unternehmenssituation unter Berücksichtigung möglichst aller Unternehmensaspekte zu liefern. Zur Systematisierung erscheint dabei eine Orientierung an den Funktionen des Unternehmens sinnvoll. Diese Analyse soll gesamthaft angelegt sein, d. h. sie soll folgende Punkte umfassen:

- Marketing,
- Betriebswirtschaft, Finanzen, Liquidität,
- Industrial Engineering (ohne Fertigung),
- Führungsorganisation und Personal.

Aus der Stärken- und Schwächenanalyse und der Beurteilung der Unternehmensbereiche sind dann Hypothesen für die Reorganisation und Rationalisierung zu entwickeln. Die Ergebnisse und zweckmäßige Folgemaßnahmen werden in einem Bericht zusammengefaßt, der eine Entscheidungsgrundlage für die Unternehmensleitung darstellt.

Bei solchen Untersuchungen spielen psychologische Aspekte eine besondere Rolle. Es muß von Anfang an deutlich werden, daß auch dann, wenn externe Berater oder Mitarbeiter zentraler Organisationsabteilungen das Projektteam leiten, die beteiligten Führungskräfte eine entscheidende Rolle bei der Analyse und der Erarbeitung einer Neukonzeption spielen. Sie müssen das Projekt mittragen. Die wichtigste Aufgabe der Unternehmensleitung und des Teamleiters besteht deshalb darin, eine Antwort auf die Frage zu finden: *Wie erreicht man, daß die Führungskräfte mitmachen?*

3.1 Zielsetzung

3.1.1 Aufgaben und Zielsetzungen (allgemein)

Die erfolgreiche Bewältigung von Aufgaben ist nur möglich, wenn diese mit Hilfe von Zielen präzisiert werden. Ziele beschreiben angestrebte Zustände und zu erbringende Arbeitsergebnisse.

Solche Ziele sind in doppelter Hinsicht von erheblicher Bedeutung. Zum einen bringen sie Motivation und Ansporn. Zum anderen sind Ziele auch Meßgrößen. Sie erlauben den für eine Aufgabe verantwortlichen Personen, aber auch Dritten, eine eindeutige Beurteilung, ob eine Aufgabe gut erfüllt worden ist. Ein Beispiel dazu:

Aufgabe:	Umsatzsteigerung durch vertriebliche Maßnahmen
Zielsetzung:	Steigerung des Umsatzes der Produktgruppe A um X Prozent im Planjahr Y.

Folgende Gesichtspunkte sind bei der Festlegung von Zielen zu beachten (Schneider-Winden 1992, S. 4ff.):

- Für jede Schwerpunktaufgabe ist ein Ziel zu formulieren.
- Es ist das Ergebnis (Wirkung, Output) zu beschreiben, das mit der Erfüllung der Schwerpunktaufgabe angestrebt wird.
- Für die Zielbeschreibung sind folgende Zielmerkmale zu benutzen und überprüfbar zu formulieren:
  - Zielinhalt: was?
  - Zielumfang, Quantität: wieviel?
  - Termin: bis wann?
  - Weitere Merkmale: z. B. Kosten.
- Wenn eine quantitative Zielformulierung unmöglich oder unwirtschaftlich ist, kann versucht werden, eine aussagefähige qualitative Umschreibung zu finden.
- Die Ziele müssen realistisch, erreichbar und mit allen Betroffenen erarbeitet sein.
- Die formulierten Ziele müssen schriftlich fixiert werden.

3.1.2 Konkrete Ziele einer solchen Analyse

Die Untersuchungen konzentrieren sich auf alle Gemeinkostenbereiche und -strukturen des Unternehmens. Die eigentliche Fertigungstechnologie mit den direkten Kostenbereichen wird hier nicht behandelt, weil dort im allgemeinen bereits ein höheres Produktivitätsniveau besteht und eine Anpassung an geänderte strategische Ziele durch Fertigung und Arbeitsvorbereitung meist ohne fremde Hilfe möglich ist.

Hauptziel der Strukturanalyse ist das Herausarbeiten der technischen, organisatorischen und kostenmäßigen Schwachstellen bzw. Verbesserungsansätze im obigen Untersuchungsbereich. Die fachliche Zielrichtung wird in dieser Phase noch bewußt offen gehalten, um eine vorzeitige Einengung zu vermeiden. Die Aussagen und Erkenntnisse sind mehr qualitativ und prinzipiell als detailliert zahlenmäßig gewünscht. Im Sinne einer ABC-Analyse müssen Schwerpunkte natürlich erkennbar sein. Eine vertiefte Untersuchung vor allem unter Berücksichtigung der Früherkennungsanalysen erfolgt dann in den ausgewählten Schwachstellenbereichen im Reorganisationsprogramm.

3.2 Projektorganisation und Projektplanung

Wie das vorstehende Wort bereits ausdrückt, werden die hier beschriebenen Untersuchungen im allgemeinen in Form des Projektmanagements durchgeführt. Man versteht darunter ein Führungs-, Planungs- und Koordinationskonzept zur aufgabenbezogenen Abwicklung von zeitlich begrenzten, außergewöhnlichen Vorhaben. Es werden dabei alle zur praktischen Durchführung eines Projektes geeigneten Techniken, Systeme und Verfahren angewendet (Rainer Groth, u. a. 1982). In den USA wird dafür auch der Begriff »Task Force«-Methode verwendet.

Das Projekt besteht im hier beschriebenen Fall aus: *Statusanalyse* und *Realisierungsprogramm* für die festgelegten Bereiche, Abläufe und Systeme.

Wichtigstes Element des Projektmanagements ist die Projektorganisation. Sie gliedert sich in Projektleitung, Projektteam, Lenkungsausschuß und Projektplanung.

3.2.1 Projektleiter

Der Projektleiter oder Projektmanager ist der fachlich Verantwortliche für das Projekt. Er leitet bezüglich der fachlichen Aufgaben das nachstehend beschriebene Projektteam und muß das Projekt quer durch die hierarchisch gegliederte Betriebsorganisation schleusen. Er ist seinerseits für die Zeitdauer des Projekts dem Führungsgremium des Projekts (auch Lenkungsausschuß genannt) fachlich unterstellt. Die Aufgabe des Projektleiters übernimmt häufig ein qualifizierter Mitarbeiter einer Unternehmensberatung oder einer gegebenenfalls vorhandenen firmeninternen Organisationsabteilung.

Für den Fall, daß ein Unternehmen daran interessiert ist, aus den eigenen Reihen einen Mitarbeiter für eine solche Aufgabe auszuwählen, seien hier einige Hinweise auf wichtige Qualifikationen eines Projektleiters genannt:

- Führungs- und Motivationsfähigkeit bei größeren Teams,
- Durchsetzungsfähigkeit, vor allem gegenüber den ihm nicht unterstellten Fachabteilungsleitern,
- Akzeptanz durch Geschäftsleitung und Führungskräfte,
- Psychologische Geschicklichkeit im betrieblichen Umfeld,
- Betriebserfahrung,
- ausreichende Kenntnis des Projektgegenstandes, d. h. nicht unbedingt höchste fachliche Qualifikation,
- Beherrschung der Methoden und Instrumente des Projektmanagements, insbesondere die Aufgabenstrukturierung und -delegation sowie geeignete Zeitplantechniken,
- gute organisatorische und administrative Fähigkeiten.

Die wesentlichen Aufgaben des Projektleiters bei der Durchführung solcher Projekte sind:

- Vorgehensplanung und Koordinierung der Projektaktivitäten,
- Kosten- und Terminplanung,
- Arbeitsorganisation und Personaleinsatz,
- Formulierung von Arbeitsaufträgen und Abstimmung der Aufgabenstellung mit den übrigen Projektmitarbeitern,
- Prüfen der geleisteten Arbeitsstunden sowie der Sachmittelkosten,

- Durchführung von regelmäßigen Teamsitzungen zur Vergabe von Teilaufgaben sowie zur Überwachung und Steuerung des sachlichen Projektfortschritts und der Termine,
- Berichterstattung an die Sachverantwortlichen über den Projektstand und gegebenenfalls aufgetretene Probleme und Abweichungen bei Zielsetzungen und Terminen,
- schriftliche Berichterstattung (Projektfortschrittsberichte) und gegebenenfalls Präsentation der Arbeitsergebnisse vor den jeweiligen Entscheidungsgremien. Dabei tragen die Projektmitarbeiter sinnvollerweise ihre Arbeitsergebnisse selbst vor.

Selbstverständlich erhält der Projektleiter die notwendigen Befugnisse, z. B. das fachliche Weisungsrecht gegenüber den Teammitarbeitern. Entscheidend ist aber letztlich ein kooperativer Führungsstil und Erfahrung in Teamarbeit. Der Projektleiter muß in erster Linie Prozeßmanager sein, der den Projektablauf beherrscht.

3.2.2 Projektteam

Das Projektteam setzt sich aus qualifizierten Mitarbeitern derjenigen Fachgebiete zusammen, die für die jeweiligen Untersuchungsbereiche relevant sind. Ein Vorschlag dazu:

- Ein Mitarbeiter für Strategie/Marketing,
- ein Mitarbeiter für Entwicklung, Konstruktion, Einkauf,
- ein Mitarbeiter für Finanzierung, Kostenrechnung, Kalkulation,
- ein Mitarbeiter für Qualitätskontrolle, Arbeitsvorbereitung,
- ein Mitarbeiter für Personalwesen, soziale Dienste und technische Nebendienste (Lager, Hausreinigung, Pförtner).

Selbstverständlich kann man andere Aufgabenverteilungen vornehmen, wenn bestimmte Qualifikationen einzelner Mitarbeiter dies nahelegen bzw. nur Teilbereiche untersucht werden. Auch hier ist es denkbar, für spezielle Fachgebiete Mitarbeiter einer Unternehmensberatung einzusetzen, vor allem dann, wenn für die Projektleitung bereits eine Zusammenarbeit mit einer Unternehmensberatung verabredet worden ist.

Für die Qualifikationen dieser Mitarbeiter sind drei Schwerpunkte kennzeichnend:

- Persönlich: Teamfähig, intelligent, mutig, engagiert
  Alter: idealerweise 25 bis 40.
- Fachlich: Fachkenntnisse müssen erlauben, Arbeitsdurchführung und -ergebnisse Dritter beurteilen zu können, aber: Bereitschaft zur Detailarbeit.
- Führungsebene: Aus den Bereichen Gruppenleiter, Meister, Sachgebietsreferent, mit Zukunftspotential.

Im allgemeinen ist für die ausgewählten Mitarbeiter eine seminarorientierte Schulung in Interviewtechnik und Gruppenarbeit (Moderationstechnik) erforderlich. Die gezielte Anwendung anderer Arbeitstechniken kann während des Projekts vom Projektleiter oder von anderen Spezialisten vermittelt werden.

Für die Dauer des Projekts müssen die Teammitarbeiter von ihren bisherigen Aufgaben freigestellt werden. Eine Zusage bezüglich einer gleichwertigen späteren Tätigkeit ist zu empfehlen.

3.2.3 Lenkungsausschuß

Er ist die Führungs- und Kontrollinstanz des Projekts. Er besteht aus zwei bis drei Mitgliedern des leitenden Managements und üblicherweise dem Projektleiter (als Gast). Seine Aufgaben sind im wesentlichen:

- Genehmigung der Projektplanung,
- laufende Information über Projektfortschritt,
- Genehmigung einzelner Vorschläge und Freigabe zur Realisierung.

3.2.4 Projektplanung

Für den sachlichen und zeitlichen Ablauf der Statusanalyse empfiehlt sich das in *Abbildung 4* dargestellte Konzept. Die vorläufige Konzentration auf die Statusanalyse ist aus folgenden Gründen sinnvoll:

- Es kann sein, daß sich das Unternehmen überhaupt auf eine Statusanalyse beschränkt, zum Beispiel in Verbindung mit grundsätzlichen strategischen Überlegungen. Man will einfach wissen, wo man steht.
- Auch dann, wenn bereits zu diesem Zeitpunkt an ein Realisierungs-

programm ernsthaft gedacht wird, ist noch keine endgültige Aussage über dieses Programm möglich. Dazu müssen erst die Erkenntnisse aus der Statusanalyse vorliegen.

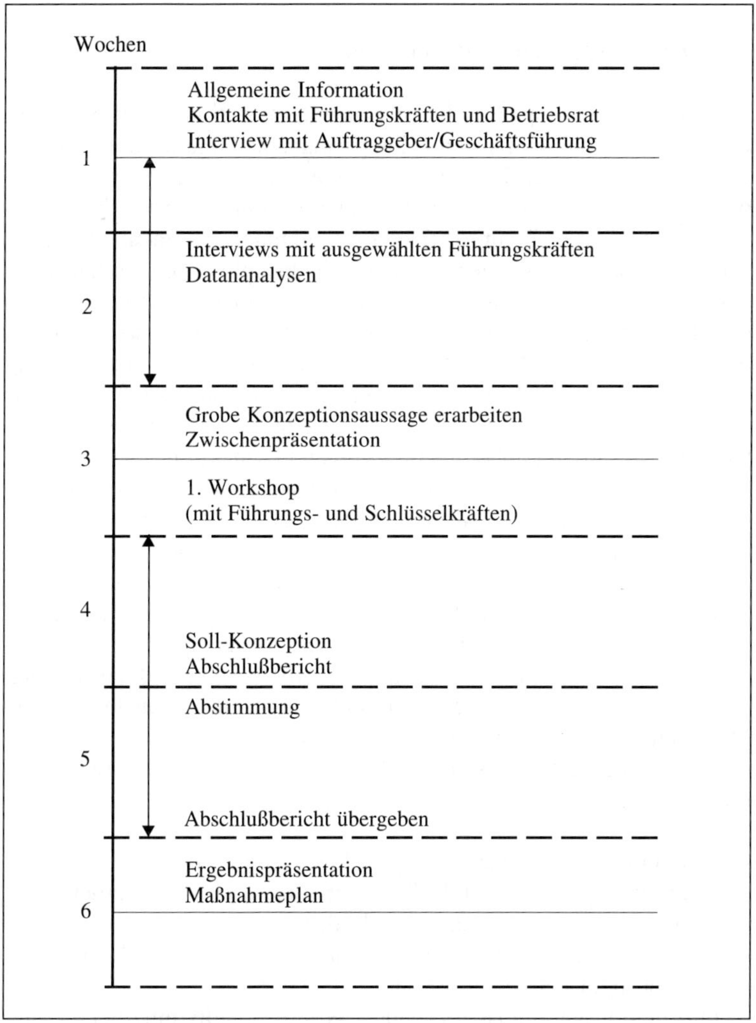

Abbildung 4: Sachlicher und zeitlicher Ablauf der Statusanalyse

Ein Zeitbedarf von fünf bis sechs Wochen hat sich als sinnvoll herausgestellt, um ein mittleres Unternehmen oder einen entsprechenden Teilbereich eines größeren Unternehmens mit ca. 300 bis 600 indirekten Mitarbeitern untersuchen zu können.

3.2.5 Zusammenarbeit im Projektteam

Teamarbeit ist eine spezifische Form der Organisationsarbeit. Sie ist im Gegensatz zur hierarchischen keine permanente Organisation, sondern eine Organisation auf Zeit. Die Mitarbeiter werden nach Verrichtungen oder Objekten in einem Team aus unterschiedlichen Spezialisten zusammengefaßt. Die Teammitglieder stehen unter dem fachlichen Weisungsrecht des Projektleiters, während sie disziplinarisch ihren bisherigen Vorgesetzten zugeordnet bleiben. Diese Situation ist für die meisten Teammitglieder neu. Sie erfordert besonderes Fingerspitzengefühl des Projektleiters und einen kooperativen Führungsstil. Voraussetzung für diese kooperative Form ist ein hoher Informationsgrad. Da alle Mitglieder gleichermaßen informiert werden müssen, ist der Kommunikationsaufwand viel höher als im Rahmen der hierarchischen Formen. Ein weiterer wichtiger Aspekt ist die Tatsache, daß aufgrund der Arbeitsteilung unter Fachleuten ein einzelner wichtige Entscheidungen nicht mehr allein zu fällen braucht. Die notwendige Kooperation erfordert allerdings auch die Bereitschaft, sich gegenseitig zu akzeptieren, ohne an ein gegenseitiges Ausschalten zu denken. Unsere abendländischen Erziehungsprinzipien, die ja primär zum Einzelkämpfer erziehen, erschweren zweifellos diese hier benötigte Arbeitsweise und -einstellung. Es ist eine der Hauptaufgaben des Projektleiters, ein geeignetes Arbeitsklima aufzubauen und zu erhalten.

Nachstehend einige aus obigen Ausführungen abgeleitete Regeln für die Teamarbeit:

- Jeder erkennt den anderen als gleichwertigen Partner an.
- Innerhalb des Teams soll kritisiert, aber nicht getadelt werden.
- Zuhören ist genauso wichtig wie Reden.
- Meinungsverschiedenheiten sollen als Informationsquelle und nicht als Störfaktor betrachtet werden.
- Informationsgefälle ist abzubauen, Wissen ständig mitzuteilen (tägliche Teamkonferenz!).

- Keiner führt eine neue Aktivität aus, die nicht vorher gemeinsam beschlossen wurde.
- Die Tätigkeiten jedes einzelnen müssen ständig allen bekannt sein (offener Terminkalender).
- Entscheidungen sollen nicht mit Mehrheitsbeschluß, sondern mit weitgehender Einstimmigkeit erzielt werden.
- Neue Aspekte und Zielabweichungen sind sofort mitzuteilen und zu klären.
- Entscheidungen, Diskussions- und Arbeitsergebnisse sind laufend festzuhalten und sichtbar darzustellen (Moderationstechnik!). Dabei ist insbesondere bei internen Zwischenergebnissen auf externe Vertraulichkeit zu achten.
- Alle Unterlagen sind nach einem zu verabredenden Ablageplan abzulegen. Sie stehen jedem im Team jederzeit zur Verfügung (offene Ablage). Entnahmen sind zu kennzeichnen.

Abschließend noch eine Feststellung zur Zusammensetzung des Teams. Auch wenn sich die Aufgaben im Laufe des Projekts ändern, ist es doch sinnvoll, aus Gründen der sich entwickelnden Zusammenarbeit und des Know-how-Aufbaus das Team zusammen zu lassen und eventuell zeitweise durch Spezialisten zu ergänzen.

Die folgenden Abschnitte enthalten Einzelheiten zu den unter 3.2.4 Projektplanung aufgeführten Schritten der Statusanalyse.

3.3 Information über Statusanalyse im Unternehmen

3.3.1 Informationsablauf

Es sollten die leitenden Führungskräfte sowie parallel, beziehungsweise unmittelbar darauf, der Betriebsrat über den Beschluß der Geschäftsleitung informiert werden, daß eine Unternehmensanalyse durchgeführt werden soll, die zunächst aus einer Statusanalyse besteht und gegebenenfalls später mit einem Realisierungsprogramm fortgesetzt wird. Gleichzeitig sollte am schwarzen Brett ein Aushang angebracht werden, der schriftlich allen Führungskräften und dem Betriebsrat zugestellt wird. (Siehe in diesem Zusammenhang auch Kap. 8.)

Es ist unter Umständen sinnvoll, mit denjenigen Führungs- und Fachkräften, für die ein Interview vorgesehen ist (siehe Kap. 3.5), ein spezielles Informationsgespräch durchzuführen. Bei dieser Gelegenheit könnten die vorgesehenen Interviewformulare verteilt und erläutert werden.

3.3.2 Informationsinhalt

Bei den Sitzungen mit den leitenden Führungskräften und dann auch mit dem Betriebsrat müssen Notwendigkeit und Zielsetzung des Projektes, der Untersuchungsbereich, die prinzipielle Vorgehensweise und die geplante Projektorganisation ausführlich erörtert werden. Wenn eine Unternehmensberatung eingesetzt werden soll, kann diese sich bei dieser Gelegenheit mit den einzusetzenden Mitarbeitern vorstellen.

Insbesondere wird der Ablauf der Statusanalyse zu besprechen sein, also Interviews, Ablaufanalysen, Datenauswertung und gegebenenfalls eine ergänzende Stärken- und Schwächenanalyse in Workshops. Die Ergebnisse der Statusanalyse werden mündlich im Rahmen einer Präsentation oder in Berichtsform der Geschäftsführung bzw. dem Lenkungsausschuß zur Entscheidung vorgelegt. Es ist wichtig, darauf hinzuweisen, daß im Verlauf der Statusanalyse keine Entscheidungen getroffen und – bis auf seltene Ausnahmefälle – keine Reorganisationsmaßnahmen eingeleitet werden. In der Mitteilung am schwarzen Brett sollte nur kurz ausgesprochen werden, daß eine Strukturanalyse durchgeführt wird und dabei die Zweckmäßigkeit der Organisation, der Arbeitsabläufe, des Materialflusses usw. überprüft wird. Im Rahmen der Untersuchung würden auch Interviews mit einer Reihe von Führungskräften durchgeführt. Nach der Analyse werde entschieden, ob und welche Verbesserungsmöglichkeiten eingeführt werden können.

3.4 Auswertung relevanter Daten/Dokumente

Vorbereitend und ergänzend zu den Interviews mit einzelnen Führungskräften ist es notwendig, bestimmte Informationen, die eine Gesamtübersicht über das Unternehmen erlauben, zu beschaffen und auszuwerten. Zu erwähnen sind vor allem:

- Geschäftsberichte (der letzten drei Jahre),
- Organisationsplan,

- Namen der leitenden Mitarbeiter,
- Namen der Betriebsratsmitglieder,
- Personalplan (strukturiert nach Abteilungen und Mitarbeiterqualifikation),
- Absatzprogramm,
- Produktionsprogramm,
- Vertriebs- und Fertigungsstatistiken,
- Kostenartenverzeichnis,
- Kostenstellenverzeichnis,
- Jahres-BAB,
- Werkslageplan (inkl. Geschoß- und Raumpläne),
- EDV-Situation (Hardware, Software, Kosten, Standort),
- laufende Projekte (was, wer, bis wann),
- Telefonverzeichnis,
- Abkürzungsverzeichnis.

Dringend zu empfehlen sind in dieser Phase Besichtigungen der zu untersuchenden Bereiche. Bei solchen Rundgängen läßt sich bereits eine Vielzahl von Informationen gewinnen über:

- Ordnung und Sauberkeit,
- Alter und Zustand von Gebäuden, Räumen, Maschinen,
- Beschäftigungsgrad,
- Arbeitsintensität,
- Fachkenntnis des Führenden,
- Betriebsklima (Verhalten der befragten Mitarbeiter),
- Rationalisierungsmöglichkeiten von Arbeitsabläufen und Transport.

Die Aufteilung der Auswertungsarbeiten erfolgt entsprechend der im Kap. 3.2 Projektorganisation beschriebenen Arbeitsteilung im Team.

Von großer Bedeutung ist hier, aber auch in späteren Phasen des Projektes, der Informationsaustausch innerhalb des Teams. Dies kann z. B. im Rahmen einer täglichen Teamkonferenz geschehen, die etwa eine Stunde in Anspruch nimmt (siehe auch Kap. 3.2.5 Zusammenarbeit im Projektteam). Die einzelnen Mitglieder des Teams berichten dabei kurz und möglichst nach einem einheitlichen Schema über ihre Erkenntnisse. Ein weiterer Vorteil dieser Informationsgespräche besteht darin, den Wahrheitsgehalt der Informationen bzw. die daraus möglichen Schlußfolgerungen wenigstens auf Plausibilitätsniveau überprüfen zu können. Eventuell sind weitere Informationsgespräche zur Absicherung erforderlich (siehe auch Kap. 3.5.3 Auswertung der Interviewergebnisse).

Als Ergebnis dieser Datenauswertungen sind erste Hypothesenbildungen möglich, die unbedingt schriftlich festgehalten werden müssen. Unter Hypothesen versteht man prinzipielle, noch nicht im einzelnen geprüfte Überlegungen über denkbare Verbesserungsmöglichkeiten im Untersuchungsbereich. Ein Beispiel:

Im Rahmen des Realisierungsprogramms sollte im Detail geprüft werden, ob und in welchem Umfang die Wirtschaftlichkeit der Instandhaltung erhöht werden kann, ohne den Nutzungsgrad der Betriebsmittel zu beeinträchtigen, etwa durch:

- verstärkte, systematische Analyse der Schwachstellen,
- werkstattübergreifenden Kapazitätsausgleich zwischen den Reparaturwerkstätten des Zentralbereichs und den Monteuren der jeweiligen Produktgruppen (in den dortigen Montagen).

3.5 Interviews mit Schlüsselkräften

Ein wesentliches Element der Statusanalyse sind Interviews mit ausgewählten Führungskräften und qualifizierten Fachkräften. Sie stammen aus dem Untersuchungsbereich und aus denjenigen anderen Unternehmensbereichen, die mit dem Untersuchungsbereich im Rahmen der zu analysierenden Abläufe und Funktionen unmittelbar zusammenarbeiten. Die Festlegung erfolgt im allgemeinen mit dem Auftraggeber. Die Durchführung der Interviews erfolgt am besten von oben nach unten (in der Hierarchie). Man beginnt also mit einem Interview des Auftraggebers oder des Geschäftsführers. Erfahrungsgemäß sind die Termine sehr rechtzeitig zu verabreden, um einen zügigen Ablauf dieses Untersuchungsschritts zu gewährleisten.

3.5.1 Zweck und Inhalt der Interviews

Aus den Gesprächen sollen die für die Strukturierung und Durchführung der Untersuchung erforderlichen Informationen gewonnen werden, z. B.

- Aufbauorganisation und Leitungshierarchie des Untersuchungsbereichs und seine Einbindung in die Gesamtorganisation des Unternehmens,
- Ermittlung der Aufgaben und Funktionen der zu untersuchenden Abteilungen und Bereiche sowie der befragten Mitarbeiter selbst,
- Erfassung der wesentlichen Arbeitsabläufe und der eingesetzten Betriebsmittel,
- Festlegung derjenigen Volumina (Ereignisse, Vorgänge, Mengen), aus deren eventueller Veränderung sich auch wesentliche Veränderungen der Arbeitsbelastung und des Arbeitskräftebedarfs ergeben würden (Schlüsselvolumen),
- Definition der für die betriebswirtschaftliche Situation und Weiterentwicklung des Untersuchungsbereichs relevanten Kennzahlen. Diese wären in einer Einkaufsabteilung z. B.:
  - Anzahl und Zusammensetzung der Mitarbeiter (Ausbildung, Erfahrungen, Einsatzart),
  - Einkaufsvolumen nach Struktur, Mengen und Wert,
  - Bestellungen pro Disponent,
  - ABC-Struktur der Lieferanten,
  - Lagerumschlag im Rohmateriallager (häufig dem Einkauf zugeordnet).

Die Befragungsschwerpunkte hängen natürlich auch von der Gesamtzielsetzung der Untersuchung ab. Wenn es etwa um Verkürzung von Durchlauf- und Bearbeitungszeiten geht, sind andere Gesichtspunkte wichtig als bei einer Kostensenkungszielsetzung. Falls sich bei der Auswertung relevanter Daten und Dokumente (Kap. 3.4) bereits Hinweise auf bestimmte Verbesserungsmöglichkeiten ergeben, wird man in den Interviews versuchen, diese Hinweise zu erörtern oder zu bestätigen.

3.5.2 Vorgehensweise im Interview

Die Interviews werden von den einzelnen Mitgliedern des Projektteams durchgeführt. Die Verteilung legt das Team selbst fest.

Es ist dringend zu empfehlen, die Gespräche mit den Interviewpartnern allein und nicht in Gegenwart von Vorgesetzten oder Kollegen zu führen. Wenn möglich, sollten die Gespräche vor Ort, d. h. am Arbeitsplatz des Mitarbeiters stattfinden. Dies ermöglicht, zusätzliche Eindrücke über die Struktur der Arbeitsabläufe sowie die Arbeitsweise des Befragten zu gewinnen. Für den Ablauf sind folgende Punkte von Bedeutung:

- Der Interviewer muß sich auf das Gespräch *vorbereiten*. Er muß den Aufgabenbereich des zu Befragenden wenigstens in groben Zügen kennen und auch fachlich im Bilde sein. Auch die Person und Situation des Befragten muß eingeschätzt werden können.
- In der *Einleitungsphase* muß sich der Interviewer vorstellen und Auftrag, Zielsetzung und Zweck des Interviews erklären. Gleichzeitig sollte in dieser Phase eine Auflockerung erreicht werden, indem persönliche Aspekte oder allgemeine Fragen angesprochen werden.
- Für die *sachliche Erhebungsphase* bestehen verschiedene Möglichkeiten:
  - Standardisiertes Interview: Es wird ein verbindlicher Fragebogen verwendet, der in der vorbereiteten Reihenfolge abgearbeitet wird.
  - Halbstandardisiertes Interview: Hier wird ein flexibles Frageschema verwendet. Der Fragende ist frei, dabei eigene Formulierungen zu verwenden, die Reihenfolge der Fragen zu verändern und auch je nach Gewichtung mehr oder weniger vertieft ein einzelnes Thema zu behandeln.
  - Nichtstandardisiertes Interview: Der Fragende benutzt nur als Leitfaden ein Stichwortverzeichnis. Er ist frei, die Themen nach eigenem Ermessen zu behandeln.
- Für standardisierte Interviews spricht die bessere Vergleichbarkeit der Ergebnisse. Man wird deshalb normalerweise die standardisierte Form verwenden und nur bei Gesprächen mit der Geschäftsleitung, auch aus psychologischen Gründen, die nichtstandardisierte Form benutzen.
- Man schafft in der *Ausklangphase* des Interviews abschließend eine positive Atmosphäre, indem man sich beim Befragten ausdrücklich für seine Mitarbeit bedankt und ihm das weitere Vorgehen schildert.

Auf den nachfolgenden Seiten sind für den Fall eines standardisierten Interviews Formulare mit entsprechenden Fragen abgebildet.

Interview-Fragenliste

Im Rahmen des Interviews werden wir unter anderem folgende Fragen stellen. Wir wären Ihnen dankbar, wenn Sie die erforderlichen Angaben vorbereiten könnten.

1. Kopfdaten
   - 1.1 Name
   - 1.2 Stellung
   - 1.3 Bezeichnung des Bereiches, der Hauptabteilung, Abteilung des Betriebes
   - 1.4 Wer vertritt Sie
   - 1.5 Wen vertreten Sie
   - 1.6 Wer ist Ihr Vorgesetzter
   - 1.7 Von wem erhalten Sie sonst noch Weisungen
   - 1.8 Unterschriftsvollmachten
   - 1.9 Besondere Befugnisse

2. Unterstellte Mitarbeiter
   - 2.1 Direkt unterstellt
   - 2.2 Bezeichnung der HA, Abt., Betr.
     - Bezeichnung des Bereiches
     - Kostenstelle
     - Leiter
     - Anzahl der Mitarbeiter
     - (Gehaltsempfänger, Lohnempfänger, evtl. nach Fachrichtung und Qualifikation)

3. Welche Ziele im Rahmen der Gesamtzielsetzung des Unternehmens sind Ihnen gesetzt, bzw. wofür fühlen Sie sich verantwortlich?
   - 3.1 Ergebnisorientiert
   - 3.2 Zukunftsorientiert
   - 3.3 In Richtung Arbeitssicherheit und Umwelt
   - 3.4 In Richtung Sicherung des Betriebsablaufes
   - 3.5 Qualität der Produkte
   - 3.6 Ausbau der Marktposition
   - 3.7 Verbesserung des Firmenimage
   - 3.8 usw.

Abbildung 5: Interview-Fragenliste

4. Welche Aufgaben nehmen Sie und Ihre Abteilung wahr?
   - 4.1 Sie persönlich
     - Führung
     - Planung
     - Kontrolle
     - Direkte Arbeitsausführung
   - 4.2 Ihre Abteilung/Gruppe insgesamt
     -
     -
     -
     -
   - 4.3 An welchen regelmäßigen Sitzungen nehmen Sie teil?
   - 4.4 Welche Kontakte nach außerhalb (Kunden, Behörden, Verbände, etc.) unterhalten Sie?
   - 4.5 Welche Aufgaben und Funktionen haben Sie, die nicht in unmittelbarem Zusammenhang mit Ihrer Dienststelle stehen? (Prüfungsausschußmitglied, Sicherheitsbeauftragter, Sachverständiger und dergleichen)

5. Betriebswirtschaftliche Kennzahlen Ihres Verantwortungsbereiches
   - 5.1 Durch welche betriebswirtschaftliche Daten und Kennzahlen läßt sich Ihr Bereich beschreiben? (Beispiele:)
     - Reklamationen in Prozent vom Umsatz
     - Ausschußrate in Prozent der Gesamtleistung
     - Umsatz/Außendienstmitarbeiter
     - Einkaufsvolumen/Einkäufer
     - ....
   - 5.2 Welche betriebswirtschaftlichen Daten lassen die Entwicklungstendenzen (zeitlich) Ihres Bereiches erkennen?
   - 5.3 Welche Daten lassen die Probleme Ihres Bereiches erkennen?

6. Welche Vorgänge und Ereignisse bestimmen das Arbeitsvolumen? (Schlüsselvolumen)
   - 6.1 Für Ihre eigene Tätigkeit
   - 6.2 Für die Ihnen unterstellten Mitarbeiter
     (z. B. Anzahl der Aufträge,
     Anzahl der Analysen,
     zu produzierende Mengen,
     Anzahl der zu bearbeitenden Berichte, ...).

Fortsetzung Abbildung 5

7. Engpässe/Probleme/Verbesserungsansätze
   - 7.1 Welche Engpässe usw. sind Ihnen bei der Ausführung Ihrer Aufgaben besonders hinderlich?
   - 7.2 Worin liegen die Engpässe?
   - 7.3 Wie können sie abgestellt werden?
   - 7.4 Sind bereits Verbesserungen geplant?
   - 7.5 Durch welche organisatorischen Änderungen könnte die Produktivität Ihrer Abteilung/Mitarbeiter verbessert werden?
   - 7.6 In welchen Bereichen könnten Sie sich mit anderen Abteilungen eine bessere Zusammenarbeit vorstellen?
   - 7.7 Durch welche internen oder externen Einflußfaktoren wird Ihre Arbeit behindert?
   - 7.8 Ihre weitere Kommentierung?

8. Know-how
   - 8.1 Über welches spezifisches Know-how verfügt das Unternehmen oder Ihre Abteilung?
   - 8.2 Welcher Wettbewerbsvorsprung resultiert hieraus gegenüber Konkurrenzunternehmen?
   - 8.3 Fehlt Know-How zur Erfüllung Ihrer Aufgaben?

9. Informationsfluß und Berichtswesen
   - 9.1 Welche Informationen und Berichte erhalten Sie regelmäßig? Von wem?
   - 9.2 Welche Informationen erhalten Sie auf Abruf? Von wem?
   - 9.3 Inwieweit und für welchen Zweck werten Sie diese Informationen aus?
   - 9.4 Werden Sie über alle Ihren Aufgabenbereich betreffenden Vorgänge und Daten ausreichend und rechtzeitig informiert?
   - 9.5 Gegebenenfalls, welche Informationen fehlen bzw. kommen zu spät oder sind häufig falsch?
   - 9.6 Welche Berichte, Statistiken und dergleichen werden von Ihnen erstellt?

10. Betriebsmittel und Einrichtungen
    - 10.1 Über welche wesentlichen Betriebsmittel verfügen Sie (Kapazität, Zustand)?
    - 10.2 Wie sind diese etwa ausgelastet (einschichtig, mehrschichtig)?
    - 10.3 Gibt es Vorstellungen hinsichtlich des Ausbaus oder der Modernisierung?

11. Welche Punkte sollten in dem Interview angesprochen werden?

Fortsetzung Abbildung 5

3.5.3 Auswertung der Interviewergebnisse

Die Gespächsergebnisse müssen zunächst *dokumentiert* werden. Am naheliegendsten ist es, daß der Interviewer selbst mitschreibt. Obwohl dabei eine gewisse Unterbrechung der Befragung eintritt, wird ein routinierter Interviewer damit zurecht kommen. Wenn, wie manchmal üblich, das Interview von zwei Personen durchgeführt wird, kann einer der beiden die Mitschrift übernehmen. Eine andere Möglichkeit besteht darin, das Gespräch mit einem Tonbandgerät aufzunehmen (selbstverständlich nur mit Genehmigung des zu Befragenden!) oder jeweils am Ende eines Gesprächsabschnitts in Gegenwart des Interviewten das Zwischenergebnis auf ein Diktiergerät zu sprechen. Die Erfahrung zeigt jedenfalls, daß Gespräche von 10 Minuten oder mehr nachträglich nicht mehr zuverlässig inhaltlich festgehalten werden können. Dies gilt vor allem dann, wenn mehrere Gespräche nacheinander ablaufen. Dennoch ist eine nachträgliche Auswertung erforderlich. Der Zeitbedarf dafür muß bei der Zeitplanung für die Interviewphase beachtet werden. Mehr als drei Interviews pro Tag sind nicht sinnvoll.

Zunächst muß auch hier geprüft werden, ob die dokumentierten Aussagen richtig oder zumindest plausibel sind. Dazu bietet sich wieder an, die jeweiligen Gesprächsergebnisse im Projektteam gegenseitig vorzutragen. Einerseits erlaubt der Sachverstand der Teammitglieder eine kritische Diskussion und andererseits zeigt sich dabei vielleicht, daß in den verschiedenen Gesprächen widersprüchliche Feststellungen zur selben Sache gemacht worden sind. Widersprüche oder Unklarheiten müssen dann in einer zweiten Gesprächsrunde aufgeklärt werden. Bei der vorstehend erwähnten Aussprache im Team müssen von den einzelnen Berichterstattern neben der Darstellung des Ist-Zustandes natürlich Aussagen über erkannte Schwachstellen und möglichst auch bereits Vorschläge zur Verbesserung erwartet werden.

Eine Hilfe bei der abschließenden Feststellung des Ist-Zustandes sind sogenannte Checklisten. Dies sind Fragestellungen, die aus Untersuchungen zahlreicher Betriebe verschiedener Branchen entstanden sind und die gezielte Hinweise auf häufig vorkommende Schwachstellen und mögliche Verbesserungsansätze geben (Bisani/Hübner, 1989, und Haberland, 1992).

Hier einige Beispiele aus dem bereits früher erwähnten Einkaufsbereich:

- Wurde geprüft, ob durch gemeinsamen Einkauf mit anderen Unternehmen günstigere Preise und/oder bessere Zahlungskonditionen erreicht werden können?
- Welche weiteren Stellen im Hause holen auch Angebote ein und geben Bestellungen auf?
- Welchen Einfluß hat der Einkauf auf Entscheidungen über Fremd- und Eigenfertigung von Teilen und Erzeugnissen?
- Gibt es technische Spezifikationen für zu bestellendes Material?
- Erstellt der Einkauf Lieferterminlisten für die Projektierung?
- Wird Einkaufsmarketing betrieben, d. h. eine systematische Suche und Analyse von Beschaffungsmöglichkeiten?

Schlußfolgerungen

Die insgesamt gewonnenen Informationen und Erkenntnisse werden nun im Team zu einem Überblick verarbeitet über:

- Aufgabenstellung und Funktionsweise des Untersuchungsbereichs und seiner Teilbereiche,
- festgestellte Schwachstellen und Probleme,
- Arbeitshypothesen für die Bewältigung der Probleme und Möglichkeiten zur Verbesserung der Ablaufverhältnisse und Zustände,
- spezielle Maßnahmen zur Gegensteuerung, die aus Früherkennungsinformationen abgeleitet wurden,
- gegebenenfalls eine grundsätzliche Neustrukturierung aus einer neuen strategischen Zielsetzung.

Für eine Beurteilung der vorgeschlagenen Maßnahmen ist es notwendig, wenigstens eine grobe Abschätzung über den Zeit- und Geldbedarf für die Umsetzung und über die erwarteten Ergebnisse (z. B. Kostensenkung) durchzuführen. Außerdem sollte bereits hier überlegt werden, ob das bestehende Projektteam fachlich die anstehenden Untersuchungen abdecken kann. (Einzelheiten werden im Kap. 4.2 behandelt).

3.6 Zwischenpräsentation der bisherigen Ergebnisse

Untersuchungen der hier beschriebenen Art zeichnen sich u. a. dadurch aus, daß sie letztlich als »einsame« Entscheidungen von der Geschäftsleitung beschlossen werden, ohne daß die ausführenden Mitarbeiter detaillierte Kenntnisse der wahren Entscheidungsgründe haben.

Gründe für solche Maßnahmen können sein:

- Aufträge einer Konzernleitung oder eines Aufsichtsrats,
- strategische oder taktische Planungen der Geschäftsführung,
- Absicherungen im Sinne einer Alibimaßnahme, d. h., man sucht eine Bestätigung für bisheriges oder geplantes Verhalten.

Letztlich maßgebend für die Akzeptanz der Vorschläge aus der Statusanalyse ist deshalb der Auftraggeber. Selbstverständlich muß nach dessen Zustimmung mit den maßgeblichen Führungskräften eine detaillierte Abstimmung über Erkenntnisse und geplante Maßnahmen erfolgen.

Es ist also notwendig, im Rahmen der Statusanalyse dem Auftraggeber eine Zwischenbilanz der bisherigen Ergebnisse vorzutragen. Dies ist bereits nach relativ kurzer Zeit möglich (zwei bis drei Wochen), weil ein erfahrenes Team von Fachleuten bei geeigneter Arbeitsweise häufig erstaunlich schnell in der Lage ist, die wesentlichen Schwachstellen eines Untersuchungsbereichs zu erkennen und prinzipielle Verbesserungsmaßnahmen zu formulieren. Üblicherweise wird eine solche Zwischenbilanz in Form einer mündlichen Präsentation vorgetragen. Den Termin dafür und auch für die Abschlußpräsentation legt man am besten bereits zu Beginn der Statusanalyse fest. Die inhaltlichen Aussagen ergeben sich aus den oben unter *Schlußfolgerungen* aufgeführten Punkten. Es ist zu empfehlen, das gesamte Projektteam an der Präsentation zu beteiligen. So kann jeder sein Arbeitsgebiet persönlich vertreten.

Folgende Präsentationsgliederung wird empfohlen:

- Auftrag zur Statusanalyse,
- untersuchte Bereiche,
- Vorgehensweise,
- Zusammenfassung der Ergebnisse (Kernaussagen),
- Ergebnisse im einzelnen (pro Bereich bzw. Sachgebiet),
- weiteres Vorgehen (in Statusanalyse).

Für die Durchführung der Präsentation sind folgende Punkte zu beachten:

- Welches Ziel soll erreicht werden?
- Optische Hilfsmittel festlegen (z. B. zwei Flipchartständer, einer für Gliederung, einer für Inhalt),
- Vortragsstoff logisch gliedern und präsentationsgerecht darstellen (knappe, einfache Darstellungen, Flipchartblätter nicht überfrachten, Leerblätter vorsehen),
- richtige Vortragstechnik einprägen (Blickkontakt zu Teilnehmern, Gestik, Mimik und Stimmlage situationsgerecht einsetzen),
- auf Einwände vorbereitet sein,
- Probelauf durchführen.

Für weitere Einzelheiten zum Thema Präsentation wird auf Thiele, 1991 verwiesen.

3.7 Einbeziehung der Führungskräfte in die Erarbeitung einer detaillierten Gesamtaussage; Workshop mit Moderationstechnik

Wenn in der Zwischenpräsentation eine grundsätzliche Zustimmung des Auftraggebers zu den bisherigen Erkenntnissen erreicht werden konnte, kann nun die Statusanalyse planmäßig fortgesetzt werden. Wie bereits früher ausgeführt, ist die Mitwirkung der Führungskräfte bei der Analyse und Erarbeitung einer Neukonzeption von sehr großer Bedeutung. Der Erfolg des ganzen Projekts hängt davon ab.

3.7.1 Einleitung

Ergänzend zu den Auffassungen, die im Rahmen der Interviews von einzelnen Führungskräften ausgesprochen und dann ausgewertet wurden, ist es sinnvoll, in einer gemeinsamen Sitzung eine Stärken- und insbesondere Schwächenanalyse des Unternehmens oder des Untersuchungsbereichs durchzuführen. Es können dabei beträchtliche Synergieeffekte auftreten. Zum einen deshalb, weil durch zusätzliche Informationen und Assoziationen eine höhere Qualität der gemeinsamen

Arbeit entsteht. Zum anderen aber auch, weil die angewendete Moderationstechnik wesentlich dazu beiträgt, in der Gruppe ein von allen mitgetragenes Arbeitsergebnis sicherzustellen. Letzteres ist wichtig, wenn es später darum geht, in einem Realisierungsprogramm diese Erkenntnisse umzusetzen.

3.7.2 Die Moderationstechnik

Die Moderationstechnik, früher von dessen Erfinder Schnelle auch Metaplantechnik genannt, ist in vielen Quellen beschrieben worden (z. B. REFA, 1992). Es handelt sich um eine Methode zur Lösung komplexer Aufgaben in Gruppen. Dabei versteht man unter »moderieren« die Tätigkeit von einem oder zwei Moderatoren, den Meinungs- und Willensbildungsprozeß einer Gruppe zu ermöglichen, ohne selbst inhaltlich einzugreifen oder Entscheidungen zu treffen. Der Projektleiter wird, gegebenenfalls unterstützt von einem Teammitglied, diese Aufgabe meist übernehmen können. Seminare über die Anwendung der Moderationstechnik werden von vielen Veranstaltern angeboten.

Nachstehend eine Kurzbeschreibung der Methode. Drei Elemente sind von besonderer Bedeutung:

Der Moderator als Gruppenhelfer

Wie bereits angedeutet, erfordert die Moderationstechnik zur Steuerung der Gruppenarbeit einen erfahrenen Moderator, der die Methode mit ihren Möglichkeiten voll beherrscht. Dazu gehört zum Beispiel auch der Umgang mit Konflikten in der Gruppe. Auch übliche Spielregeln der Gruppenarbeit, wie der Einsatz von Fragetechniken, das Zusammenfassen von Zwischenergebnissen, die Fähigkeit zur bildlichen Darstellung und natürlich allgemeine Organisationserfahrung müssen zum Repertoire eines Moderators gehören.

Er muß es schaffen, die Individuen, aus denen nun einmal eine Gruppe besteht, zu einem gemeinsam erarbeiteten und getragenen Ergebnis zu bringen. Dabei liegt sein Schwerpunkt bei der methodischen Hilfestellung für die Gruppe und nicht bei persönlichen fachlichen Beiträgen. Selbstverständlich kann er sich an den Fachdiskussionen der Gruppe beteiligen.

Anwendung von Visualisierungsmitteln

Mit Hilfe eines standardisierten Instrumentariums (Pinnwände, Packpapier, Karten verschiedener Form und Farbe, Stecknadeln und spezielle Filzstifte) wird erreicht, daß der gesamte Prozeßablauf und auch alle persönlichen Beiträge und Vorschläge sichtbar und reproduzierbar bleiben. Der Ablauf des Gesprächs steht *allen* klar vor Augen. Zum Beispiel können alle Zwischenergebnisse sichtbar auf Packpapier im Arbeitsraum aufgehängt und jeweils für Rückgriffe wieder benutzt werden. So sind auch einfache fotographische Reproduktionen für Protokolle möglich. Kurzum, die visuelle Kommunikation wird hier in optimaler Weise genutzt (vgl. *Abbildung 6*).

Anregung der Teilnehmer zur Mitarbeit

Die Methode fördert mit verschiedenen Maßnahmen die Bereitschaft der Gruppe, sich aktiv und motiviert an der gemeinsamen Arbeit zu

Quelle: Neuland GmbH, Kommunikationssysteme, 36121 Eichenzell

Abbildung 6: Moderationsarbeit

beteiligen. Das beginnt damit, alle Beteiligte im Halbkreis und ohne störende Ablagetische um eine Pinwand zu versammeln. Es findet eine Integration statt. Von besonderer Bedeutung ist die Anwendung der Kartenmethode. Diskussionsbeiträge der Teilnehmer werden auf kleine Karten geschrieben und an der Pinwand für alle sichtbar aufgehängt. Es tritt ein Assoziationseffekt statt, weil die lesbaren Vorschläge eine Anregung für weitere Ideen bilden. Außerdem motiviert die Tatsache, daß eigene Vorschläge anonym und ohne die Gefahr einer personenbezogenen Kritik gemacht werden können und an der Pinwand wiederzufinden sind.

Das Vorgehen zwingt darüber hinaus zur Konzentration, erleichtert die gleichberechtigte Beteiligung und vermeidet Selbstdarstellungen.

3.7.3 Der Ablauf des Workshop

Teilnehmer sind im wesentlichen die Interviewpartner und das Projektteam. Da die Methode im Gegensatz zu anderen Formen der Gruppenarbeit die Teilnehmerzahl nach oben kaum begrenzt, sind auch Erweiterungen in Richtung auf untere Führungsebenen oder wichtige Know-how-Träger zulässig. Wie früher bereits erwähnt, sollten die beteiligten Hierarchiestufen aber nicht zu weit auseinanderklaffen. Aus diesem Grunde ist es auch unzweckmäßig, die Auftraggeber (Geschäftsführung, usw.) einzubeziehen.

Folgende Schritte sind durchzuführen, entsprechend dem Standardschema der Moderationstechnik:

1. Zielsetzung:

Ganz entscheidend ist eine eindeutige Zielsetzung. In diesem Fall entspricht die Zielsetzung derjenigen der Statusanalyse. Sie muß in Kurzform auf einem großen farbigen Plakat neben den zu verwendenden Pinwänden sichtbar für das Team aufgehängt werden. Sie könnte hier heißen:

- technische, organisatorische, kostenmäßige Schwachstellen/Verbesserungsansätze in den Gemeinkostenbereichen des Unternehmens,
- Möglichkeiten zu einer strategieorientierten qualitativen Weiterentwicklung von Marketing, Technologie, Führung.

2. Erfassung von Schwachstellen:
Die Teilnehmer schreiben ihre persönlichen Hinweise zu bestehenden Schwachstellen in Kurzform auf die bereits erwähnten Karten (eine Idee pro Karte).

3. Bildung von Themengruppen:
Die Karten werden vom Moderator eingesammelt, vorgelesen und auf Verständlichkeit geprüft und dann an die Pinwände geheftet. Dabei erfolgt gleichzeitig eine Gruppierung nach Themen.

Wenn alle Karten besprochen und angeheftet sind, werden die Gruppen mit Überschriften versehen, um sie zu kennzeichnen. Abschließend wird eine sogenannte Lückenanalyse durchgeführt. Man lehnt sich sozusagen geistig zurück und fragt, ob alle relevanten Schwachstellenthemen tatsächlich erfaßt und innerhalb der einzelnen Themen die wichtigsten Teilaspekte aufgeführt worden sind. Als Ergebnis liegt nun ein vollständiger, strukturierter Schwachstellenkatalog vor, der natürlich auch die aus den vorherigen Datenauswertungen und Interviews erarbeiteten Hinweise enthält. In dieser Aufstellung müssen auch die zusätzlichen Schwachstellen berücksichtigt werden, die sich aus den notwendigen Reaktionen auf Frühindikatoren ergeben.

4. Bewertung der Themengruppen:
Für die Bearbeitung der Themen sind Prioritäten festzulegen. Auch für Reorganisationsmaßnahmen sind ABC-Prinzipien anzuwenden. Man wird sich zweckmäßigerweise nur mit den Themen befassen, bei denen Nutzen und Aufwand in einem vernünftigen Verhältnis stehen.

Die Gruppe beurteilt nun gemeinsam das Themenpaket nach einem vorher eindeutig formulierten Kriterium, also Existenzgefährdung der Firma, Wichtigkeit für den Verkauf, Höhe der erwarteten Kostensenkung usw. Für die Beurteilung erhalten die Teilnehmer Klebepunkte, die sie nach persönlicher Einschätzung vergeben können. Je mehr Punkte ein Thema enthält, um so wichtiger ist es nach Auffassung der Gruppe. Damit ist zunächst unter Nutzengesichtspunkten eine Rangreihe gefunden worden.

5. Bearbeitung der Themen:
Im Sinne der obigen Zielsetzung geht es nun darum, prinzipielle Verbesserungsansätze für die Schwerpunkt-Schwachstellen zu finden.

Dazu werden aus dem gesamten Teilnehmerkreis Kleingruppen (Größe drei bis fünf Personen) gebildet, die möglichst aus freiwilligen Meldungen resultieren, aber aus einschlägigen Fachleuten bestehen müssen. Diese Gruppen bearbeiten ohne Moderator und in getrennten Räumen ihr jeweiliges Schwachstellenthema. Sie verwenden dazu eine einheitliche Gliederung (vgl. *Abbildung 7*), damit die spätere gemeinsame Auswertung im Gesamtteam leichter ist. Auch hier sind wieder Pinwände mit Packpapier zweckmäßig, weil leztere nach der Bearbeitung ohne weiteres in den Hauptbesprechungsraum mitgenommen werden können.

6. Abschließende Bewertung im Plenum (Gesamtteam):
Die Kleingruppen haben zu Beginn ihrer Arbeit jeweils ein Gruppenmitglied ausgewählt. Diese tragen jetzt im Plenum die Ergebnisse der Kleingruppenarbeit mit Hilfe der ausgearbeiteten Szenarien vor. Es entwickeln sich Diskussionen; die Szenarien werden ergänzt und verabschiedet. Die Hinweise »Erste Schritte« sind in dieser Phase noch nicht als konkrete Maßnahmepläne zu verstehen, sondern mehr als grobe Richtungsangaben, auch zur späteren Abschätzung des zeitlichen und finanziellen Aufwands.

Damit ist in ein bis zwei Tagen eine grobe Gesamtkonzeption entstanden, an der zwar das Projektteam beteiligt war, das aber von der Füh-

Thema:	
Probleme:	Lösungsansätze:
Erwartete Schwierigkeiten:	Erste Schritte:

Abbildung 7: Arbeitsszenario

rungsmannschaft weitgehend als eigenes Kind angesehen wird. Man ist nun auch bereit, sich für die Realisierung einzusetzen.

An diesem Punkt der Untersuchung kann sich erneut das Problem der Abstimmung mit dem Auftraggeber stellen und zwar dann, wenn im Workshop notwendige Arbeitsschwerpunkte ganz anders gesehen werden sollten, als dies der Auftraggeber tut. Hier ist nun wieder der Projektleiter gefordert. Er muß versuchen, allein oder mit einer Abordnung der Führungsmannschaft im Gespräch mit dem Auftraggeber einen Kompromiß zu finden.

3.8 Abschlußbericht

3.8.1 Inhalt

Wie bereits früher festgestellt, soll der Abschlußbericht eine Entscheidungsgrundlage für den Auftraggeber sein. Er muß deshalb zunächst in konzentrierter Form den *Ist-Zustand* der untersuchten Gesamteinheit und der Einzelbereiche enthalten. Welche Daten und welche Zeiträume in die Berichterstattung einbezogen werden, hängt von der jeweiligen Organisationsstruktur und auch von den zu behandelnden Schwachstellen bzw. der Zielsetzung ab.

Im Prinzip kann man sagen, daß zu folgenden Aspekten Aussagen in jedem Fall erforderlich sind:

- Aufbauorganisation,
- personelle Struktur und Entwicklung,
- Kostenstruktur und -entwicklung,
- Mengendaten (Umsätze, Angebote, Aufträge, Zeichnungen, Bestellungen usw.),
- kennzeichnende Aussagen zur Ablauforganisation (Arbeitsteilung, EDV-Einsatz usw.).

Um die Struktur des Berichts nicht zu unübersichtlich werden zu lassen, wird empfohlen, umfangreichere Ist-Darstellungen als Anhang beizufügen. Die kritische Betrachtung des Ist-Zustandes beginnt man zweckmäßigerweise mit einer konzentrierten Darstellung der Stärken des Unternehmens.

Ein Beispiel: Im Unternehmen besteht eine ausgesprochen dynamische, aber doch realistische Zukunftsorientierung, die im Klima und im Verhalten spürbar ist. Basierend auf den Erkenntnissen des Ist-Zustands sind dann prinzipielle *Schwachstellenvermutungen* und *denkbare Hypothesen* zur Verbesserung der Situation aufzuführen. Anfangen sollte man mit strategischen und übergreifenden (über einzelne Abteilungen hinausgehenden) Verbesserungsvorschlägen und dann auf einzelne Abteilungen bezogene Detailvorschläge darstellen. Wichtig sind hier die Begriffe »Vermutung« und »denkbar«. Es wäre unfair den Mitarbeitern gegenüber, nach der kurzen Untersuchungszeit bereits immer mit absoluten und sozusagen einzig richtigen Lösungen zu kommen. Die Verifizierung und Konkretisierung ist Aufgabe des Realisierungsprogramms.

Wenn eindeutige Schwachstellen erkannt werden, sind natürlich auch klare Aussagen angebracht, etwa im folgenden Fall:

Die gegenwärtige EDV-Situation ist geprägt von drei Insellösungen mit inkompatiblen Systemen und getrennten Verantwortungsbereichen. Es fehlt eine fachlich qualifizierte Führungskraft, die Planung, Entwicklung und Einsatz der EDV-Ressourcen koordiniert. *Vorschläge:* Einsatz einer qualifizierten EDV-Führungskraft mit Verantwortung für alle EDV-Tätigkeiten im Hause. Erstellung eines EDV-Rahmenkonzeptes zur langfristigen Absicherung des EDV-Einsatzes und Koordination der Anforderungen und Ressourcen.

Von besonderer Bedeutung sind erwartete Kostensenkungen bei Realisierung der im Bericht aufgeführten Verbesserungsvorschläge. Hier besteht ein gewisses Dilemma, weil einerseits im Bericht von Vermutungen und denkbaren Vorschlägen gesprochen wird, andererseits der Auftraggeber aber einigermaßen realistische Prognosen über Kostensenkungsmöglichkeiten und Personalabbau erwartet. Das Team muß also seinen Sachverstand einsetzen, alle relevanten Vorschläge einzeln durchsprechen und jeweils realistische Schätzungen über möglichen Personalabbau und erwartete Kostensenkungen vornehmen. Es ist üblich, sich für diese Berechnungen durchschnittliche Ist-Personalkosten pro Kopf vom Unternehmen nennen zu lassen.

Vor allem in Verbindung mit einer strategischen Neuorientierung des Unternehmens können zusätzliche Aufgaben auf das Unternehmen zukommen. Dazu ist eventuell auch zusätzliches Personal erforderlich. Den Aufwand dafür muß man natürlich von den Einsparungsprognosen abziehen. Im schriftlichen Bericht sind wegen der angesprochenen Unsicherheiten aber nur qualitative Aussagen zweckmäßig.

Ein Beispiel: »Bei Realisierung der aufgeführten Maßnahmen kann in der Abteilung X mit einer erheblichen Reduzierung des Arbeitsaufwandes und auch des notwendigen Personalbedarfs gerechnet werden«.

Aus juristischen Gründen ist im Bericht folgender Satz zu empfehlen: »Welche konkreten Maßnahmen zur Abhilfe, insbesondere in personeller Hinsicht, ergriffen werden müssen, kann und wird sich allenfalls im Laufe des Realisierungsprogramms ergeben. Soweit personelle Maßnahmen in Betracht kommen sollten, müssen diese unter frühzeitiger Information und in Zusammenarbeit mit dem Betriebsrat behandelt werden«.

Das prinzipielle Vorgehen in einem Reorganisationsprogramm zeigt *Abbildung 8*.

3.8.2 Gliederung

Aus den vorstehenden Ausführungen ergibt sich nachfolgende mögliche Gliederung:

- Zusammenfassung,
- Auftrag und Zielsetzung,
- Vorgehensweise und Prämissen für die Analyse,
- Situation und Daten des Unternehmens (Ist),
- bestehende Stärken des Unternehmens,
- bereichsübergreifende Lösungsansätze,
- Lösungsansätze nach Funktionseinheiten,
- Verbesserungspotential insgesamt,
- prinzipielles Vorgehen im Realisierungsprogramm.

3.8.3 Erstellung des Textes und Abstimmungsprozedere

Wichtig ist die rechtzeitige Reservierung von Schreibkapazität. Der Text wird vom Team gemeinsam erstellt. Je nach Fachgebiet bearbeiten einzelne Mitglieder Teilgebiete. Der Projektleiter oder ein anderes qualifiziertes Mitglied des Teams übernimmt das Korrekturlesen. Dies ist deshalb besonders wichtig, damit die Struktur der Einzeltexte nicht zu unterschiedlich ausfällt. Eventuell kann man sich darüber vorher abstim-

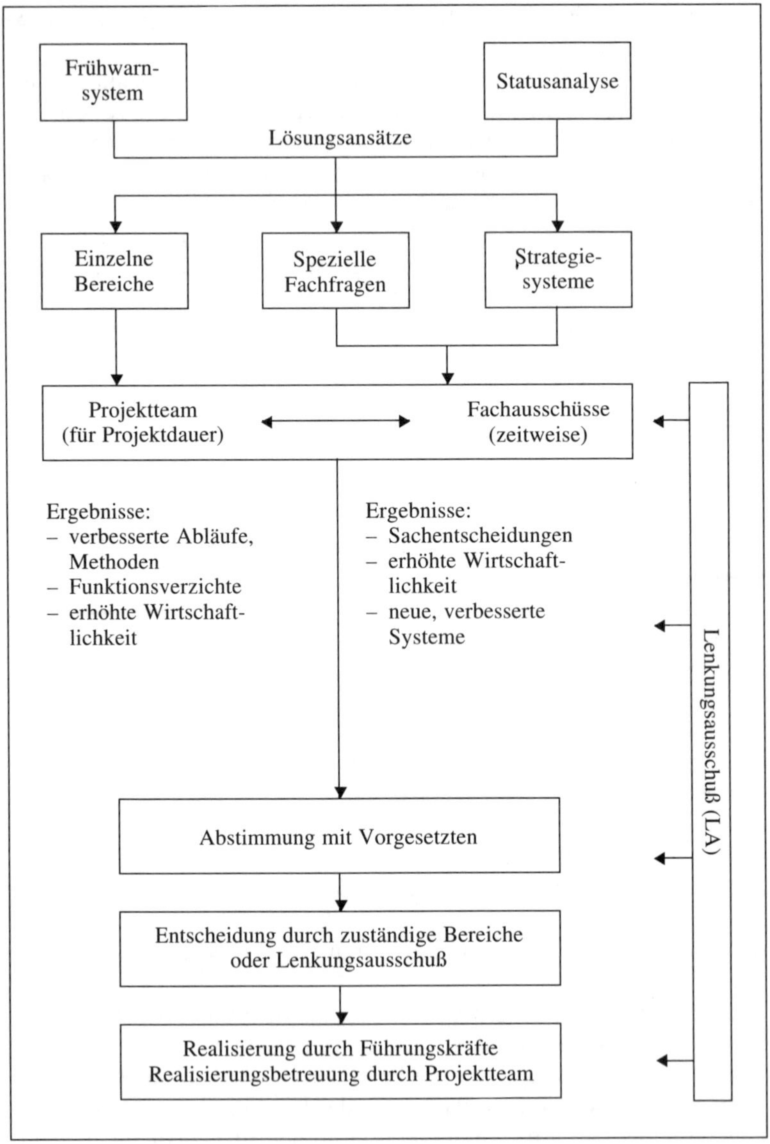

Abbildung 8: Prinzipielles Vorgehen im Reorganisationsprogramm

men. Dazu gehört auch die Behandlung von Bildern, Tabellen usw. Eine andere Möglichkeit besteht darin, alle Einzeltexte im Entwurf an einen begabten »Redakteur« abzugeben, der einen einheitlichen Gesamttext erstellt.

Obwohl die beschriebenen Schwachstellen und Verbesserungsansätze in der Zwischenpräsentation und im Workshop erörtert wurden, ist doch die Gefahr von Fehlinterpretationen in der Berichtsniederschrift sehr groß. Deshalb muß unbedingt in der Entwurfsphase eine Abstimmung mit dem Auftraggeber und den jeweiligen Fach- oder Führungskräften erfolgen. Bei letzteren reicht die Vorlage der jeweiligen Kapitel. Nach diesen Abstimmungen kann die Endfassung erarbeitet werden.

3.8.4 Verteilung der Berichtsexemplare

Der Abschlußbericht wird dem Auftraggeber in der von ihm gewünschten Stückzahl zur Verfügung gestellt. Der Auftraggeber muß entscheiden, ob bestimmte Führungskräfte den Bericht komplett oder in Auszügen erhalten sollen. Von besonderer Bedeutung ist die Frage, ob auch der Betriebsrat bzw. der Wirtschaftsausschuß den Bericht bekommen sollen. Formal ist dies nicht erforderlich. Auf der anderen Seite hängt der Erfolg solcher Projekte sehr stark von der laufenden und offenen Information dieser Gremien ab. Vielleicht kann man das Problem so lösen, daß man z. B. dem Vorsitzenden des Betriebsrates und seinem Stellvertreter erlaubt, im Büro der Geschäftsführung den Bericht zu lesen und sich dabei Notizen zu machen.

3.9 Präsentation der Ergebnisse vor der Geschäftsleitung; Erörterung eines Maßnahmeplanes

Die Präsentation erfolgt durch das Projektteam. Für die Präsentationstechnik wird auf Kapitel 3.6 verwiesen.

Nach den bisherigen Erörterungen über die Ergebnisse (Zwischenpräsentation, Workshop) kann die Darstellung in der abschließenden Präsentation knapp gehalten werden. Die wichtigsten Lösungsansätze werden als Überblick zusammengefaßt und dienen dem eingeweihten Zuhörerkreis als Diskussionsbasis.

Die Diskussion wird sich vor allem mit den sachlichen und politischen Konsequenzen der durchzuführenden Umstrukturierung befassen müssen. Welche Auswirkungen auf die Belegschaft sind zu erwarten? Im mündlichen Gespräch werden konkretere Zahlen über einen möglichen Personalabbau genannt werden können. Ist ein Sozialplan erforderlich? Wie soll man sich dem Betriebsrat gegenüber verhalten? Welche Informationsschritte sind erforderlich? Wie wird sich das ganze Projekt auf die finanzielle Lage des Unternehmens auswirken? Viele Fragen sind zu erörtern. Gegebenenfalls ist auch die Zustimmung von Aufsichtsgremien einzuholen.

Wenn in dieser Abschlußdiskussion keine grundsätzlichen Einwände gegenüber dem folgenden Programm auftreten, kann ein Beschluß gefaßt werden, die zweite Stufe, nämlich das Realisierungsprogramm zu starten.

Im zweiten Teil dieser Sitzung muß dann das weitere Vorgehen erörtert werden. Insbesondere sind folgende Punkte zu behandeln:

- Voraussetzungen klären (Informationsprozedere, sachliche Mittel, weiterer Einsatz des Projektteams),
- Grobablaufplan (Entwurf durch PL)
- grobe Kostenschätzung
- Prioritäten festlegen
- grober Zeitplan
- Zwischenberichtstermine

  } als Basis für Projektplanung
- Mitwirkung von Spezialisten in Fach-Arbeitskreisen zur Bearbeitung übergreifender Lösungsansätze.

Notizen

Thema

Datum

Thema	Notizen
Gabriel / Porexthan	Zahl der erteilten Patente

Aufbauorganisation
personelle Struktur und Entwicklung
Kostenstruktur und -entwicklung
Mengendaten (Umsätze, Angebote, Aufträge, Bestellungen etc.)
kennzeichnende Aussagen zur Ablauforganisation

S. 26 (u. 33)

Notizen

Thema	
	Datum
Thema	Notizen

4. Reorganisationsprogramm

4.1 Auftrag und Zielsetzung

Auslöser der Strukturanalyse waren externe Informationen (aus Frühwarnsystemen) oder interne Probleme und Schwachstellen strategischer oder operativer Art. In der Untersuchung unterzog sich das Unternehmen einer Grunddiagnose aller Funktionen und Systeme (mit Ausnahme der direkten Fertigung). Als Ergebnis wurden bestimmte prinzipielle Lösungsansätze formuliert und grobe Abschätzungen über den sachlichen, zeitlichen und finanziellen Aufwand erarbeitet.

Auftrag und Zielsetzung für ein Reorganisationsprogramm könnten dann zum Beispiel folgendermaßen lauten: Im Unternehmen besteht, bedingt durch ein starkes Umsatzwachstum in der Vergangenheit,

- ein Nachholbedarf in der Ausschöpfung potentiell vorhandener Reserven im Organisationsbereich,
- die Notwendigkeit von Investitionen zur Deckung der Bedürfnisse im Systembereich,
- Anlaß, die marktstrategische Positionierung zu überprüfen.

Diese Faktoren wirken sich als starker Engpaß auf Unternehmensentwicklung und Rentabilität aus. Für die einbezogenen Unternehmensbereiche ist deshalb das Ziel des Reorganisationsprogramms hinsichtlich Wirtschaftlichkeit und überschaubarem Zukunftsbedarf:

- angepaßte Funktionen und Abläufe zu organisieren,
- die zugrundeliegenden Ressourcen neu auszurichten und zu bemessen,
- effektivere Managementsysteme einzuführen und
- die organisatorischen Strukturen und Regelungen bedarfsgerecht zu gestalten.

Quantitativ werden durch das Arbeitsprogramm nachhaltige Kostensenkungen von zusammen ca. DM X Mio. p. a. sowie eine einmalige Lagerkapital-Freisetzung von ca. DM Y Mio. angestrebt. Wie bereits im Strukturanalyse-Bericht erwähnt, werden folgende Prämissen zugrunde gelegt:

- Die zur Zeit vorhandene Geschäftstätigkeit mit der Produktgruppe A soll bestehen bleiben
- Mögliche Auswirkungen von Kooperationsverhandlungen können gegenwärtig noch nicht berücksichtigt werden. Je nachdem, zu welchem Ergebnis die laufenden Kooperationsverhandlungen führen, sollten dann mit dem Lenkungsausschuß eventuelle Auswirkungen auf die Projektplanung und -ziele abgestimmt werden.
  (Ende des Beispiels).

4.2 Projektorganisation und Projektplanung

4.2.1 Allgemeines

Um eine effiziente und erfolgreiche Durchführung eines Reorganisationsprogramms sicherzustellen, ist eine sorgfältige Vorbereitung in »politischer«, zeitlicher, sachlicher und personeller Hinsicht erforderlich. Hierbei sind festzulegen:

1. welche Organisationseinheiten, Funktionen, Systeme, Abläufe, usw. zu untersuchen sind und welche Mitglieder des Projektteams sie betreuen,
2. welche Ziele in den obigen Objekten zu erreichen sind,
3. wo abteilungsinterne Untersuchungen angebracht sind (z. B. Gemeinkostensenkung) bzw. wo bereichsübergreifende Abläufe mit Hilfe von Fachausschüssen reorganisiert werden müssen,
4. welche Untersuchungsmethoden anzuwenden sind,
5. welche Mitarbeiter, insbesondere für die Fachausschüsse, zusätzlich eingesetzt werden müssen (Know-how!),
6. welche zusätzliche Ausbildung erforderlich ist,
7. der sachliche und terminliche Ablaufplan für das gesamte Programm und seine Teilschritte,
8. eine wenigstens grobe Abstimmung der benötigten Kapazitäten in Manntagen (MT),

9. die Zusammenarbeit des Projektteams mit Lenkungsausschuß, Fachausschüssen und den Fachabteilungen des Hauses,
10. die Information aller Beteiligten über das Projekt.

4.2.2 Projektorganisation

Bezüglich Projektleiter, Projektteam und Lenkungsausschuß gelten die Ausführungen im Kap. 3.2 weiterhin. Diese Instanzen bleiben bestehen. Zwei wichtige Ergänzungen sind allerdings hier noch zu besprechen:

1. Einsatz von Datenauswertern bei der Erfassung und Analyse von abteilungsbezogenen Strukturen (vgl. Kap. 4.4):

Benötigt werden intelligente, fachlich im jeweiligen Bereich ausgebildete und sorgfältig arbeitende jüngere Mitarbeiter. Ihr Einsatz ist im Projekt nur zeitlich begrenzt erforderlich. Ihre Aufgaben werden im Kap. 4.4 beschrieben.

2. Fachausschüsse (vgl. Kap. 4.8 und 4.9):

Für die Bearbeitung bereichübergreifender Abläufe bzw. von Systemen, aber auch komplexer Fachaufgaben werden Fachausschüsse gebildet. Sie stehen jeweils unter der Leitung eines Mitgliedes des Projektteams, das Moderationserfahrung haben muß, und lösen sich nach Beendigung ihrer Aufgaben wieder auf.

Die *Aufgaben* der Fachausschüsse sind folgende:

- Erarbeitung eines systemgerechten Lösungsvorschlags,
- Entwicklung eines Aktivitätenplans für die Realisierung, inklusive Zeitplan und Angabe der zuständigen Fachabteilungen,
- projektmäßige Verantwortung für die Realisierung durch die Fachabteilungen.

Mitglieder sind die jeweiligen Fachspezialisten aus den betroffenen Bereichen. Wenn erforderlich, beteiligen sich auch EDV-Fachleute und Experten aus Organisationsabteilungen. Bei der *Auswahl* sollte man gewisse Regeln beachten, die für den Erfolg kreativ tätiger Arbeitsgruppen von besonderer Bedeutung sind. Einige Hinweise für die Zusammensetzung:

- Problem- und fachgerechte Strukturierung,
- Gruppe so klein wie möglich, so groß wie nötig (optimal sind 6 bis 8 Teilnehmer),
- teamfähige Mitglieder,
- keine großen Hierarchieunterschiede in der Gruppe,
- Leistungsgrad hoch und gleichmäßig,
- Motivation vorhanden (z. B. dadurch, daß gemeinsames Ergebnis angestrebt wird, an dem alle partizipieren),
- Leitung der Gruppe durch erfahrenen Moderator.

Die praktische Arbeit in den Fachausschüssen wird im Kap. 4.9 anhand konkreter Anwendungsfälle dargestellt. Hier noch einige prinzipielle Vorschläge zur Arbeitsweise:

1. Zielsetzung/Aufgabenabgrenzung:
Selbstverständlich muß auch für die Fachausschuß-Arbeit ein eindeutiges Ziel formuliert werden. Wichtig sind auch sogenannte Aufgabenabgrenzungen. Ein Beispiel: Die zu erarbeitenden Regeln XYZ sollen nicht gelten für Ersatzteillieferungen der Produktgruppe A.

2. Arbeitstechnik:
Für die Arbeit der Gruppen soll die Moderationstechnik eingesetzt werden. Eventuell sind vorherige Kurzschulungen erforderlich.

3. Vorbereitung von Sitzungen:
Hierzu eine kleine Checkliste:
- Tagesordnung, Unterlagen rechtzeitig verteilen,
- Zeitpunkt, Zeitdauer festlegen,
- Teilnehmerzahl begrenzen (6 bis 8),
- störungsfreien Raum reservieren,
- Demonstrationsmöglichkeiten vorsehen,
- Diskussionsleiter bestimmen,
- Protokollverantwortlichen festlegen.

4. Durchführung:
Der Diskussionsleiter muß ein erfahrener Moderator sein, der die Besprechung straff, aber verbindlich leitet. Seine Mittel dazu sind:
- Zeitplan erstellen,

- Zuhören können,
- richtige Fragen stellen,
- ausklammern,
- zusammenfassen,
- wiederholen,
- visualisieren.

Zweckmäßigerweise werden zu Beginn auch Entscheidungsregeln festgelegt. Für wesentliche Ergebnisse ist Konsens erforderlich. Andernfalls muß der Lenkungsausschuß entscheiden.

Die Ergebnisse werden in einem sogenannten Ergebnisprotokoll zusammengefaßt. Es enthält die verabredeten Maßnahmen, die zuständigen Mitarbeiter und die Erledigungstermine. Protokolle müssen den Teilnehmern in der Regel drei Tage nach der Sitzung zugehen. Ein Widerspruch ist bis maximal drei Tage nach Protokollverteilung zulässig. Der Moderator kann die Erstellung des Protokolls und die inhaltliche Abstimmung mit den Teilnehmern dadurch sehr erleichtern, daß er während der Sitzung jeweils nach Abschluß eines Teilthemas die Ergebnisse mit einem Diktiergerät erfaßt.

5. Wer entscheidet über die Realisierung?
Alle relevanten Ergebnisse der Fachausschuß-Arbeit werden vom Projektteam kritisch zur Kenntnis genommen und dann vom Lenkungsausschuß abschließend entschieden und für die Realisierung freigegeben. Basis für die Realisierung sind dann sogenannte Realisierungsblätter (siehe hierzu Kap. 6.2.1).

Um die abschließende Abstimmung über die Ergebnisse mit dem Lenkungsausschuß zu erleichtern, ist es zweckmäßig, daß der jeweilige Diskussionsleiter (er ist Mitglied des Projektteams!) gemeinsam mit dem Projektleiter ab und zu den Lenkungsausschuß über den Stand der Arbeiten unterrichtet.

4.2.3 Projektplanung

Diese ist wiederum eine Aufgabe des gesamten Projektteams. Sie besteht im wesentlichen aus folgenden Schritten:

1. Strukturierung des Projektes:
Aufgrund der Auftrags- und Zielsetzungsvereinbarungen läßt sich das

gesamte Projekt in Aufgabenpakete aufteilen. Diese Strukturierung führt zu sachlich abgegrenzten und durchführungsreifen Teilaufgaben, für die vernünftige Zeit-, Aufwands- und Ablaufplanungen durchführbar sind. Es ist dann auch möglich, klar festzulegen, welche Personen aus dem Projektteam und aus der sonstigen Mannschaft einzusetzen sind.

Im folgenden zwei Beispiele für Aufgabenpakete:

- Optimierung der Funktionen (z. B. bezüglich Durchlaufzeit, Qualität) und Senkung der Kosten in bestimmten Gemeinkostenabteilungen.
- Aufbau eines integrierten Materialwirtschaftssystems mit den Elementen: Disposition, Beschaffung, Lager und Versand.

Das Team wird bei der Bearbeitung auch die in der Strukturanalyse erarbeiteten Lösungsansätze auswerten und prüfen und sich intern bestimmte quantitative Ziele setzen.

2. Arbeitsmethoden:
Es wird nun festgelegt, wie die einzelnen Aufgabenpakete methodisch zu untersuchen sind. Fachliche Vorschläge werden in erster Linie vom Projektleiter kommen, aber möglicherweise auch von erfahrenen Teammitgliedern.

Für externe Empfehlungen stehen renommierte Institutionen, wie IHK, RKW, REFA u. a. zur Verfügung. Wenn Berater für Spezialgebiete gesucht werden, lassen sich diese auch über den BDU (Bundesverband Deutscher Unternehmensberater) finden. Auf jeden Fall muß das Projektteam hier Entscheidungen treffen und klären, ob das notwendige fachliche Know-how zur Verfügung steht.

3. Arbeitsaufwandsplanung:
Die für die einzelnen Arbeitspakete zuständigen Teammitglieder müssen nun zunächst abschätzen, wie viele Tage oder Wochen sie für die Erledigung ihrer Pakete benötigen. Ein Beispiel aus der Fachausschußarbeit:

Fachausschüsse arbeiten häufig so, daß sie sich regelmäßig (z. B. wöchentlich) für einen Tag treffen und ihr Thema durcharbeiten. In den Pausen zwischen den Sitzungen können dann die sogenannten »Hausaufgaben« erledigt werden. Man versteht darunter diejenigen Teilaufgaben aus dem Fachausschuß, die besser und rationeller von einzelnen Mitgliedern bis zur nächsten oder übernächsten Ausschußsitzung bearbeitet werden können. Man kann nun erfahrungsgemäß davon ausgehen, daß solche Ausschüsse etwa acht bis zehn Sitzungen für eine komplexe Aufgabenstellung benötigen, wenn sie durch Hausaufgaben entlastet werden. Damit ist der Kalenderzeitbedarf ermittelt.

Für die Kostenermittlung sind die aufzuwendenden Manntage (MT) zu errechnen und mit einem Manntagessatz zu multiplizieren. Diese Rechnung ist für solche Zwecke genau genug. Die Manntage ergeben sich aus: *Mitarbeiterzahl* × *Sitzungstage* × *Aufschlag für Hausaufgaben*. Den Manntagessatz liefert das Rechnungswesen (s. auch S. 193).

4. Zeitablaufplanung/Zwischentermine:
Unter Berücksichtigung der gegebenen Zeitkapazität der einzusetzenden Mitarbeiter und möglicher sachlicher Abhängigkeiten der Aufgabenpakete untereinander läßt sich dann ein Ablaufplan darstellen. In diesem Plan baut man bestimmte Zwischentermine ein, zu denen das Projektteam bzw. der Lenkungsausschuß informiert werden können (siehe *Abbildung 9*).

4.3 Information über das Reorganisationsprogramm im Unternehmen

Grundsätzlich wird auf das Kapitel 3.3 verwiesen. Die Information *vor Beginn* des Reorganisationsprogramms sollte folgende Punkte behandeln:

- Ergebnisse der Strukturanalyse
- Auftrag und Zielsetzung des Arbeitsprogramms
- vorgesehene Projektorganisation mit Namen der beteiligten Mitarbeiter
- vorgesehene Untersuchungsmethoden
- zeitlicher und sachlicher Ablauf

Es muß dabei unterschieden werden, wer die Information erhält: die Führungskräfte, der Betriebsrat oder die unmittelbar beteiligten bzw. betroffenen Mitarbeiter (siehe auch Kap. 8).

Die *Führungskräfte* sind bereits aufgrund ihrer Mitwirkung in den Workshops am stärksten involviert. Mit ihnen kann auch über eine möglicherweise gegebene kritische Situation und die zu erwartende

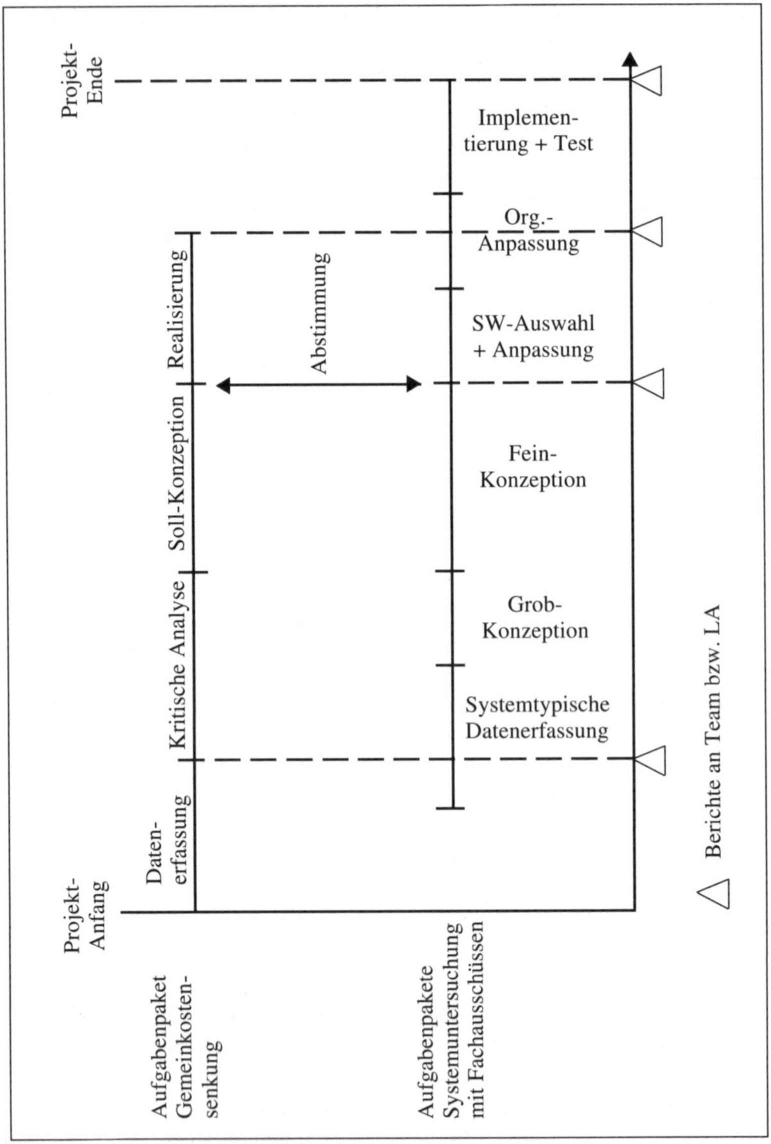

Abbildung 9: Zeitlicher Ablauf eines Reorganisationsprogramms

Notwendigkeit von personellen Anpassungen am deutlichsten gesprochen werden. In der üblicherweise mündlichen Information muß auf die große Verantwortung des Managements für den Erfolg des Unternehmens hingewiesen werden. Die Geschäftsleitung als Veranstalter des Gesprächs bittet deshalb um rückhaltlose Unterstützung des Projekts.

Der *Betriebsrat* bzw. der *Betriebsausschuß* wird inhaltlich in ähnlicher Form informiert. Offenheit muß großgeschrieben werden. Dies gilt vor allem für die vorgesehenen Maßnahmen bei freiwerdenden Mitarbeitern. Will man kündigen? Soll der Personalabbau über Fluktuation erfolgen? Rechnet man mit der Möglichkeit, freiwerdende Mitarbeiter für neue Aufgaben einsetzen zu können? Die selbstverständliche Bereitschaft zur weiteren laufenden Information und die rechtzeitige Einschaltung des Betriebsrates bei konkreten personellen Einzelmaßnahmen sollte ausdrücklich ausgesprochen werden. Zum letzteren Punkt muß beachtet werden, daß Betriebsräte ihre Bereitschaft, sich mit einem Einzelfall zu befassen, häufig von der Vorlage eines personellen Gesamtkonzepts abhängig machen. Bezüglich der *Unterrichtung der Mitarbeiter* müssen zwei Schritte unterschieden werden:

1. Die Gesamtbelegschaft sollte durch eine Mitteilung am schwarzen Brett unterrichtet werden. Nachstehend einige Kernaussagen einer solchen Mitteilung:
   - Die kommenden Jahre bringen neue und größere Herausforderungen für das Unternehmen (Beispiele).
   - Wir haben mit Zustimmung des Betriebsrats beschlossen, in diesem Jahr ein Ertragsstabilisierungsprogramm zu beginnen.
   - Wir erwarten von dieser Analyse ... (Beispiele aus Auftrag).
   - Bei dieser schwierigen Aufgabe sind wir auf ihre Mitwirkung angewiesen. Nur mit gemeinsamen Anstrengungen können wir unsere Ziele erreichen.

2. Vor dem Beginn von Untersuchungen in einzelnen Abteilungen müssen dort detailliertere Informationen über die beabsichtigte Vorgehensweise abgegeben werden (Einzelheiten siehe Kap. 4.3). Die Informationsgespräche in den Abteilungen führt der Projektleiter gemeinsam mit dem zuständigen Teammitglied durch.

4.4 Analyse von abteilungsbezogenen Gemeinkostenstrukturen

Die Untersuchungen einzelner Gemeinkostenabteilungen oder -bereiche haben drei wesentliche Zielsetzungen:

- Kosten senken, insbesondere Personalkosten,
- Funktionserfüllung qualitativ verbessern,
- Teilschritte übergreifender Systeme oder Abläufe, optimal erfüllen, gegebenenfalls in Abstimmung mit Fachausschüssen, die diese Systeme überarbeiten.

Zur Erfüllung der obigen Ziele sind folgende grundsätzliche Schritte erforderlich:

- Aufnahme statischer Basisdaten (Ist-Zustand: Organisation, Personalbesetzung, EDV/Arbeitsmittel, Arbeitsablaufbeschreibungen usw.),
- Erfassung variabler Basisdaten (Ist-Zustand: Abteilungsfunktionen, Mitarbeiteraufgaben, Mengen, Zeitbedarf),
- Zusammenstellung statistischer Daten (monatliche Vergleichsdaten, Fehlzeiten, Störungen usw.),
- kritische Analyse der Gesamtsituation,
- Erarbeitung einer Soll-Konzeption,
- Realisierung der abgestimmten Soll-Konzeption.

Für den hier im Prinzip dargestellten Untersuchungsablauf von Gemeinkostenabteilungen gibt es in der Praxis verschiedene Methoden, die vom Grundgedanken her zwar ähnlich sind, aber sich doch in der Vorgehensweise erheblich unterscheiden. Einige der bekanntesten Methoden werden im folgenden dargestellt.

4.5 Klassische Organisationsanalyse

Diese Methode hält sich am deutlichsten an die vorstehend beschriebene, generelle Vorgehensweise. Sie wird von einer Vielzahl von Organisationen und Unternehmensberatern unter den unterschiedlichsten Bezeichnungen angewendet. Sie ist nicht geschützt und kann deshalb ohne Quellenangaben beschrieben werden.

4.5.1 Zielsetzung/Aufgabenabgrenzung

Die Zielsetzung wird aus der Projektzielsetzung abgeleitet. Die Senkung der Gemeinkosten hat sich dabei zu einem besonderen Schwerpunkt entwickelt. Die Gründe sind bekannt: Überproportionale Steigerung der Gemeinkosten, immer geringere Möglichkeiten, diese Steigerung durch Rationalisierung im direkten Bereich oder durch Überwälzung auf den Preis aufzufangen und lange Zeit das Fehlen geeigneter Instrumente zur Planung und Kontrolle der Overhead-Kosten selbst (VDI Zentrum Wertanalyse 1991, S. 434).

Häufig wird versucht, das Problem mit pauschalen Budgetkürzungen zu lösen. Sie werden von der Geschäftsleitung festgelegt (z. B. 5 oder 10 Prozent). Dabei kann dann kein Unterschied zwischen gut und schlecht geführten Abteilungen gemacht werden. Nachteilig ist auch, daß unnötige Leistungen in der Regel nicht erkannt und daher auch nicht eliminiert werden. Es ist eben ein schnelles Vorgehen, das nur in einer Notlage zu verantworten ist.

Die hier dargestellten Methoden erfassen deshalb konsequenterweise zunächst einmal den Ist-Zustand, beurteilen die Funktionsstruktur (Sind es die *richtigen* Aufgaben?) und die methodische Durchführung (Wird es *richtig* gemacht?). Danach kann dann entschieden werden, welche abteilungsbezogenen Kürzungen möglich sind und wie sie sich auf den Personalstand auswirken. Dazu muß man natürlich Zeit haben.

Die formale Festlegung der Ziele für die klassische Organisationsanalyse erfolgt durch den Projektleiter und das Team.

4.5.2 Allgemeine Information

Wie bereits erwähnt, ist vor Beginn der Untersuchung eine ausführliche Information der Führungskräfte, der betroffenen Mitarbeiter und des Betriebsrates erforderlich (siehe Kap. 4.3).

4.5.3 Ist-Zustands-Aufnahme (Status-Daten)

Hierzu gehören:

a) Personal-Status (Organigramm, Personen, Einsatzort, Qualifikation, Leihkräfte, Heimarbeiter, Auszubildende, offene Planstellen),

b) Betriebsmittel-Status (Maschinen, Anlagen, Vorrichtungen, Zustand, Kapazität, Lageplan),
c) Organisations-Status (Hauptabläufe (Muster für Darstellung siehe Kap. 4.8), verwendete Arbeitspapiere, Formulare, EDV-Programme, Organisationshandbücher usw.), Beifügen sollte man keine Blankodarstellungen, sondern Kopien ausgefüllter Belege, List-Bilder, Masken, usw.
d) Kennzahlen (Überstunden, Fehlzeiten, Fluktuation, BAB-Kosten, Durchschnittslöhne usw).

Selbstverständlich wird man bei dieser Aufnahme auch die Unterlagen verwenden, die bereits bei der Statusanalyse zusammengetragen wurden.

Diese Arbeiten werden unter Anleitung des zuständigen Teammitarbeiters von den Datenauswertern aus den einzelnen Abteilungen durchgeführt (siehe Kap. 4.2.2).

4.5.4 Ist-Zustands-Aufnahme (Variable Basisdaten)

Die Ermittlung des tatsächlichen Arbeitsvolumens (variable Basisdaten) bildet die Grundlage für die dann folgende Rationalisierungsarbeit (Soll-Konzeption, Personalbemessung). In Gemeinkostenabteilungen läßt sich dieses Arbeitsvolumen (pro Tätigkeit) wie folgt ausdrücken:

Tätigkeitsart × *Menge* × *Zeitbedarf/Einheit*

Daraus ergeben sich folgende Schritte (A–E).

A) Ermittlung der Aufgaben und Tätigkeitsarten

Man beginnt zweckmäßigerweise mit den Aufgaben der betreffenden Abteilung. Im Rahmen dieser Abteilungsaufgaben finden die Tätigkeiten der einzelnen Mitarbeiter statt. Mit diesen Vorgängen sollen die Aufgaben erfüllt werden.

Aufgabenliste:
Die Aufgabenliste beschreibt das ganze Spektrum einer Abteilung. Sie zeigt, wie die Abteilung in die Aufbauorganisation und damit in die

unternehmerische Gesamtaufgabe eingegliedert ist; kurzum, wofür sie da ist. Als Hilfe für die spätere Analyse ist es sinnvoll, die gesamten Aufgaben nach folgenden Gesichtspunkten zu gliedern:

- Hauptaufgaben: eigentlicher Zweck der Abteilung.
- Nebenaufgaben: Aufgaben, die im Zusammenhang mit den Hauptaufgaben anfallen, und zwar meist in derselben Abteilung (z. B. technische Berechnungen für eine Konstruktionsarbeit).
- Hilfsaufgaben: Allgemeine abteilungsbezogene Aufgaben (z. B. Ablage, Kommunikation, Störungen).
- Sonstige Aufgaben: Haben nichts mit dem Zweck der Abteilung zu tun; sind dort zufällig angesiedelt:

Ergänzend wird die durchschnittliche zeitliche Kapazität aller Mitarbeiter der Abteilung insgesamt per Schätzung auf die einzelnen Aufgaben verteilt.

Die obigen Schritte beziehen sich auf den *Ist-Zustand.* Im Hinblick auf den erwünschten *Soll-Zustand* kann eine zweite Aufgabenliste mit gewünschten Soll-Aufgaben und Soll-Zeitanteilen erstellt werden. Nachfolgend ein Beispiel für eine Aufgabenliste *(Abbildung 10).*

Aufgabenliste (Ist)	Org.-Einheit: Techn. Vertrieb Leiter: N. N.	Datum:
Nr.	**Aufgaben**	**Zeitschätzung %**
1	Personalführung	5
2	Marketing	5
3	Akquisition	25
4	Projektierung	25
5	Auftragsbearbeitung	10
6	Techn. Dokumentation	10
7	Vertreterbetreuung	5
8	Allg. Bürotätigkeiten	5
9	Kommunikation	10

Abbildung 10: Aufgabenliste

Umfangreichere Aufgaben (z. B. Akquisition, Projektierung) können eventuell mit Stichworten ergänzt werden. Für die Erstellung der Aufgabenlisten gibt es zwei Möglichkeiten:

- jeder Abteilungsleiter für sich selbst (mit Unterstützung des zuständigen Teammitarbeiters),
- alle Abteilungsleiter gemeinsam in einer Moderationssitzung.

Für die letztere Variante spricht die Tatsache, daß die inhaltliche und verbale Abstimmung der Aufgaben untereinander erleichtert wird. Dies vereinfacht die spätere Auswertung.

Tätigkeitenliste:
Danach kann die Erfassung der Tätigkeitsarten und die Zusammenfassung in Tätigkeitslisten beginnen. Tätigkeitenlisten beschreiben die Arbeiten, die von einzelnen Stelleninhabern aufgrund der dienstlichen Teilaufgabe bzw. der Stellenbeschreibung ausgeführt werden. Sie werden von jedem Mitarbeiter der Abteilung für den eigenen Tätigkeitsbereich erstellt. Unterstützung erhalten sie dabei von ihrem Abteilungsleiter und den dort eingesetzten Datenauswertern, die für die ordnungsgemäße Erstellung verantwortlich sind.

Entsprechend der bewährten Vorgehensweise in der Wertanalyse (VDI 1991) werden die Tätigkeiten mit einem Hauptwort (Objekt) und einem Tätigkeitswort beschrieben, z. B. *Bestellungen prüfen, Briefe schreiben, Vorgang ablegen.*

Ergänzend wird zu jeder Tätigkeit eine sogenannte Zähleinheit festgelegt. Darunter versteht man einen Begriff, mit dessen Hilfe man die Menge einer bestimmten Tätigkeit zählen kann. Für die obigen Tätigkeiten wären dies z. B.: *Bestellung, A4-Seite, Vorgang.*

In den meisten Fällen ist diese Zähleinheit identisch mit dem Objekt dieser Tätigkeit. Nachfolgend auch ein Beispiel für eine Tätigkeitenliste *(Abbildung 11).*

Die Tätigkeitenliste muß alle Tätigkeiten enthalten, die von dieser Stelle bearbeitet werden müssen, unabhängig davon, wie häufig sie vorkommen, z. B. täglich (T), wöchentlich (W), monatlich (M). Mit Hilfe der vorher erarbeiteten Aufgabenliste können die Mitarbeiter ihre Tätigkeiten des Abteilungsaufgaben zuordnen. Dies ist bei der Analyse von Bedeutung. Bei den wichtigen Tätigkeiten (mit hohen Zeitanteilen)

Tätigkeitenliste	Org.-Einheit: Einkauf Mitarbeiter: N. N.		Datum:	
Nr.	**Tätigkeiten**	**Zähleinheit**	**Häufigkeit**	**Aufg.**
1	Eingangspost bearbeiten	Vorgang	T	A 2
2	Bestellungen diktieren	Bestellung	W	A 1
3	Wareneingangsscheine mit Bestellung vergleichen	WE-Schein	T	A 4
4	Rechnungen kontrollieren	Rechnung	W	A 5
5	Lagerbestand melden	Liste	M	A 7

Abbildung 11: Tätigkeitenliste

wird sich der Datenauswerter in einem Interview über den Arbeitsinhalt der jeweiligen Tätigkeit informieren und dies für die spätere Analysephase notieren.

Die vorstehend beschriebene individuelle Erstellung von Tätigkeitenlisten hat den Vorteil, daß der einzelne Mitarbeiter z. B. bei einer späteren Selbstnotierung leichter seine tatsächlichen Arbeiten »wiederfindet«. Der Nachteil besteht in der schwierigeren Vergleichbarkeit von Tätigkeiten verschiedener Personen bzw. in der Notwendigkeit, vor einer Selbstnotierung eine mühselige Abstimmung der Tätigkeitenlisten durchzuführen.

Ein Ausweg wäre der, einen standardisierten Tätigkeitenkatalog zu erstellen und diesen für die Mengen- und Zeiterfassung zu verwenden. Zu diesem Zweck werden die Abteilungsleiter und eventuell ihre Gruppenführer gebeten, jeweils für ihre Abteilungen Tätigkeitenkataloge zu entwerfen. Das Projektteam prüft diese Entwürfe gemeinsam mit den Datenauswertern und vereinheitlicht die Bezeichnungen. Tätigkeiten, die zu einem Arbeitsablauf gehören, werden hintereinander aufgeführt. Danach erhalten die Abteilungsleiter die korrigierten Konzepte noch einmal zu einer abschließenden Stellungnahme zurück.

Verbesserungsansätze:
Es ist wichtig, bereits in dieser Phase an die in der Statusanalyse erarbeiteten Verbesserungsansätze zu denken. Sie beeinflussen unter Umständen die Aufgaben- und Tätigkeitenlisten. Wenn zum Beispiel die

Absicht besteht, Aufgaben und Tätigkeiten aus einer Abteilung in eine andere zu verlegen, dürfen diese nicht mit anderen Aufgaben und Tätigkeiten vermischt werden. Sonst ist es später nicht möglich, deren Arbeitsvolumen für eine Personalbemessung getrennt zu erfassen.

Selbstverständlich wird man alle neuen Verbesserungsideen, die bei den Gesprächen über Aufgaben und Tätigkeiten häufig auftauchen, sorgfältig schriftlich für die spätere Analyse festhalten.

B) Arbeitsablaufuntersuchungen

Es gehört zum Repertoire von Rationalisierungsmaßnahmen, auch übergreifende Abläufe und zugehörige Kommunikationsvorgänge zu untersuchen, und zwar unabhängig davon, ob dazu bereits Schwachstellenhinweise vorliegen oder nicht. Nun muß man aber auch Rationalisierung rationell durchführen, d. h., sich im Sinne einer ABC-Analyse auf Schwerpunkte konzentrieren.

Wir beschränken uns deshalb in diesen Darstellungen darauf, nur solche Abläufe zu behandeln, bei denen bereits in der Statusanalyse gravierende Schwachstellen erkannt wurden, die dann auch in die Zielsetzungen des Reorganisationsprogramms eingeflossen sind. Diese Fälle werden ausführlich im Kapitel 4.8 behandelt.

C) Mengen- und Zeiterfassung bei der Ausführung bestimmter Arbeitsaufgaben durch Selbstaufschreibung

Wenn exakte Messungen oder Berechnungen bei der Ausführung bestimmter Arbeitsaufgaben ausscheiden, zum Beispiel bei Bürotätigkeiten, ist die Selbstaufschreibung eine sinnvolle Erhebungstechnik. Sie ist in zwei Formen möglich: entweder als eine kontinuierliche Aufschreibung von Tätigkeiten, Zeiten und Mengen über eine bestimmte Zahl von Tagen oder als eine einmalige Schätzung von Zeiten (z. B. in Std./Monat), bezogen auf eine vorher festgelegte Tätigkeitenliste. Die zugehörigen Mengen werden in diesem Fall von dem Stelleninhaber ebenfalls angegeben oder getrennt durch Auszählungen ermittelt.

KONTINUIERLICHE SELBSTAUFSCHREIBUNG

Wir wollen uns zunächst mit der ersten Version befassen. Es gibt auch hier wieder zwei Möglichkeiten: Bei der arbeitsablaufbezogenen Form werden Laufzettel verwendet, die jedem Arbeitsvorgang beigeheftet werden. Der Vordruck läuft also über alle Arbeitsstationen mit. Die zuständigen Sachbearbeiter vermerken jeweils Art und Dauer ihrer Bearbeitung, inklusive Liegezeiten. (Dieser Fall gehört zum Kapitel 4.8).

Die andere Form der kontinuierlichen Aufschreibung ist arbeitsplatzbezogen. Der Stelleninhaber besitzt eine eigene Tätigkeitenliste oder einen allgemeinen Tätigkeitenkatalog. Er erfaßt für die Dauer der Untersuchung die vorkommenden Tätigkeiten mit dem Zeitbedarf und den Mengen (Zähleinheit!)

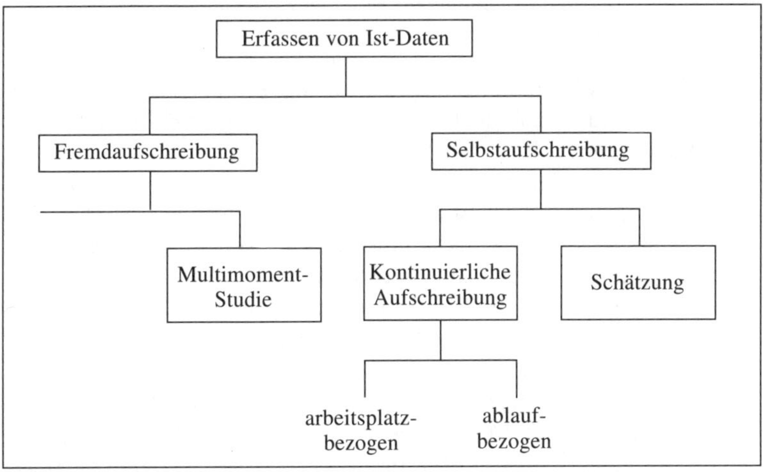

Abbildung 12: Erfassen von Ist-Daten

Der Ablauf im einzelnen:
Für die Erfassung sind in der Praxis verschiedene Ausführungsformen bekanntgeworden. Der Grundgedanke besteht darin, daß der Arbeitsplatzinhaber für jeden Arbeitstag in der Untersuchungszeit (häufig werden 20 bis 21 Tage festgelegt, um ein Monatsvolumen zu erreichen) alle tatsächlich vorkommenden Tätigkeiten (nach Tätigkeitenliste oder Tätigkeitenkatalog) mit ihrer jeweiligen Dauer und Häufigkeit erfaßt.

Man kann dies z. B. so machen, daß man für jede vorkommende Tätigkeit eine Zeile vorsieht und dahinter, unabhängig vom Zeitpunkt des Vorkommens, die gebrauchten Zeiten einträgt. Daraus lassen sich die Häufigkeit und die benötigte Zeit pro Tätigkeit errechnen *(Abbildung 13)*.

Datenerfassung	Org.-Einheit: Name:		Datum:	
Nr.	Tätigkeiten	Zeit pro Einzelfall	Häufigkeit	Gesamtzeit (min)
1	Auskunft erteilen	2, 8, 5	3	15
5	Material abgeben	6, 10	2	16
6	Vorgang buchen	1, 1, 8, 4	4	14

Abbildung 13: Datenerfassungsblatt für Selbstaufschreibung

Mit diesen Aufschreibungen wird die tägliche Arbeitszeitverwendung transparent, und es sind auch wöchentliche oder monatliche Kumulierungen leicht möglich.

Wenn man aus den obigen Aufschreibungen tageszeitliche Spitzen erkennen will, muß die laufende Erfassung so geändert werden, daß man zeilenweise die jeweils anfallende Tätigkeit mit Zeitpunkt und Zeitdauer notiert. Dies bedeutet einen wesentlich höheren Auswertungsaufwand, weil bestimmte Tätigkeiten mehrmals am Tag vorkommen können. Eine andere Variante einer chronologischen Aufschreibung arbeitet so, daß neben den zu erfassenden Tätigkeiten ein Zeitraster in den Selbstaufschreibungsbogen eingedruckt wird. Ein Zeitbalken mit einer darüber eingetragenen Mengenangabe kennzeichnet dann den Ablauf einer bestimmten Tätigkeit *(Abbildung 14)*. Liegt der Zeitaufwand unter 5 Minuten, wird nur ein senkrechter Strich eingetragen.

Auswertung der Basisdaten, insbesondere mit EDV:
Die täglichen Selbstaufschreibungen werden nach 20 oder 21 Arbeitstagen beendet. Wichtig ist hier, daß das Arbeitsvolumen der gesamten Abteilung in dem Erhebungsmonat erfaßt worden ist. Das heißt, es kann durchaus sein, daß einzelne Mitarbeiter z. B. aus Krankheitsgründen nur 10 oder 17 Tage aufgeschrieben haben und Kollegen ihr Arbeitsvolumen übernommen haben.

Als Vorbereitung der Auswertung haben die einzelnen Mitarbeiter ihre täglichen Arbeitsaufzeichnungen überprüft und vervollständigt. Auf der rechten Seite der Aufschreibungsblätter (unterschiedlich je nach Erfassungsart) stehen also die täglichen Gesamtzeiten, Häufigkeiten und

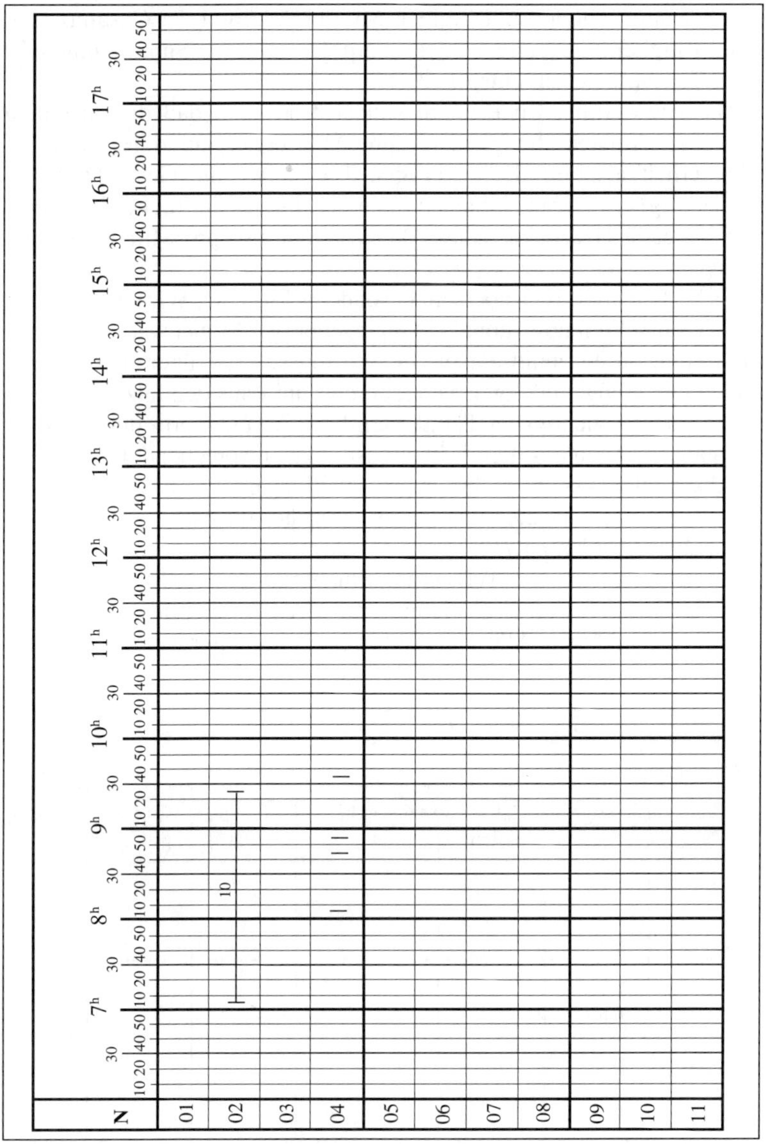

Abbildung 14: Zeitraster in Selbstaufschreibungsbogen

Durchschnittszeiten pro Tätigkeit. Mit der Addition der Gesamtzeiten aller Tätigkeiten haben sie auch überprüft, ob diese Summe ungefähr ihrer Tagesarbeitszeit entspricht.

Die Auswertung findet dann zunächst so statt, daß die einzelnen täglichen Aufschreibungsblätter pro Mitarbeiter aufaddiert werden. Man erhält also für die jeweiligen Tätigkeiten die Gesamtzeit und die Häufigkeit. Daraus läßt sich dann der durchschnittliche Zeitbedarf pro Vorgang errechnen. Diese Daten gelten also pro Mitarbeiter und Monat.

Es besteht allerdings noch ein besonderes Problem. Wir wissen nicht, ob der Aufschreibungsmonat ein repräsentativer Monat war, d. h., ob er dem Jahresdurchschnitt entspricht. Wir müssen also über andere Statistiken den mengenmäßigen Jahresdurchschnitt aus den letzten 12 Monaten für die wichtigsten Tätigkeiten bzw. Mengen ermitteln und die Vorgangsmengen aus dem Erhebungsmonat entsprechend umrechnen.

Abschließend können wir nun pro Abteilung eine zusammenfassende Tabelle erstellen, die die Situation für die spätere kritische Analyse deutlich macht *(Abbildung 15)*:

Das Bild bezieht sich schwerpunktmäßig auf die Aufgaben der Abteilung. Dies ist strategisch richtig und wird auch bei der Analyse der Ausgangspunkt sein. Alle Tätigkeiten der Mitarbeiter werden den Auf-

Ist-Zustandsstruktur		Abteilung: Leiter:				Datum:
Auf- gaben	Tätig- keiten	Zähl- einheit	Gesamtzeit (min.)	Mengen	Ø-Zeit pro E.	%
A 1	T 1 T 5 T 12					
A 2	T 7 T 8					
A 3	T 2 T 3 T 6					

Abbildung 15: Ist-Zustandsstruktur

gaben zugeordnet, und zwar mit den schon bekannten Einzelheiten. Daraus ergeben sich dann auch die zeitlichen Schwerpunkte. Wenn in der Analyse eine weitere Vertiefung gewünscht wird, kann man zusätzlich die Zusammenstellungen der einzelnen Mitarbeiter zu Rate ziehen, z. B. um zu prüfen, wie weit die Zeitwerte für einen Vorgang vom Durchschnittswert der Abteilung abweichen und warum.

Der Einsatz von EDV bei der Auswertung:
Von Büro-Hardware-Herstellern und auch von Unternehmensberatern wurde eine Vielzahl von computerunterstützten Verfahren entwickelt, um Unternehmen bei der Neugestaltung oder Verbesserung ihrer Arbeitssysteme im Bürobereich zu unterstützen. Sie sind meist phasenorientiert aufgebaut und passen sich damit dem üblichen Ablauf von Untersuchungen an (Zielfestlegung, Erfassung des Ist-Zustands, Analyse des Ist-Zustands, Bestimmung des Soll-Zustands, Realisierung). Die modulare Struktur ermöglicht auch einen schnellen Wechsel zwischen einzelnen Phasen.

Da die Anwendung wegen des Mengenproblems bei der Erfassung und Auswertung von Analysedaten besonders interessant ist, beschränken sich die Entwickler vor allem bei Eigenbedarf (Berater!) häufig auf diesen Bereich.

Die Nutzbarkeit solcher Software muß aber sorgfältig geprüft werden. Zum Beispiel ist zu klären, ob die vorgesehene Form der Selbstaufschreibung vom Programm realisiert werden kann. Dazu gehört auch die Frage der notwendigen technischen Ressourcen (PC, Graphikkarte, Standardsoftware, Peripheriegeräte usw.). Des weitern ist zu überlegen, ob das vorhandene Projektteam bzw. hausinterne Spezialisten ausreichendes fachliches Know-how besitzen oder ob die Dienstleistungen eines externen Beraters in Anspruch genommen werden sollten.

Auf jeden Fall darf man nicht davon ausgehen, daß die von Anbietern behaupteten Einsparungsmöglichkeiten in der zeitlichen Belastung der Befragten und des Projektteams bereits bei einer ersten oder einmaligen Anwendung eintreten. Die Höhe der Einsparungsmöglichkeiten gegenüber einem manuellen Verfahren hängt nach dem vorher gesagten vor allem von folgenden Aspekten ab:

- von den Kenntnissen des Projektteams und der Häufigkeit der Anwendung,

- vom Anpassungsumfang an die Möglichkeiten des Unternehmens,
- von der Leistungsmöglichkeit der einzusetzenden Hard- und Software.

Die Programme für Erfassung und Auswertung von Analysedaten haben üblicherweise folgende Datenstruktur:

- Stammdaten: Abteilungen, Mitarbeiter, Aufgaben, Tätigkeiten bzw. Tätigkeitenkatalog, mit Stellenzahl nach Schlüssel.
- Tagesdaten: Laufende Daten über erbrachte Tätigkeiten, Zeitbedarf, Mengen (bezogen auf Abteilungen und Mitarbeiter).
- Dateien: Org.-Status, Mitarbeiter-Status, Aufgabenliste, Tätigkeitenliste, Abteilungsaufgaben, Mitarbeitertätigkeiten, Tagesprotokolle, Ist-Zustandsstruktur, Planstruktur usw.

Die EDV-Anwendung erleichtert zweifellos die Erfassung und Auswertung erheblich. Einige Beispiele:

- die tägliche Übernahme der Selbstaufschreibungsdaten in das System und die weitere Zusammenfassung (mitarbeiter- und abteilungsbezogen),
- die Zusammenfassung gleicher Tätigkeiten aus verschiedenen Abteilungen (z. B. Schreibarbeiten, Bestellungen),
- die Verschiebung bestimmter Aufgaben und Tätigkeiten aus einer Abteilung in eine andere und die Ermittlung der Auslastungsänderungen,
- die Veränderung der Auslastung bei geänderten Plandaten (höhere oder niedrigere Auslastung im folgenden Jahr).

»Pulldown-Menüs« und komfortable Eingabemasken erleichtern in der Regel die Bedienung solcher Programme. In der Praxis hat man dazu vielfältige Versionen und Bezeichnungen für die Anwender entwickelt. Die obigen Stichworte sind deshalb nur als Beispiele zu verstehen.

Vor- und Nachteile der kontinuierlichen Selbstaufschreibung:
Die Selbstaufschreibung hat generell gegenüber der Fremdaufnahme den Vorteil, auch Tätigkeiten aufnehmen zu können, die bei einer Beobach-

tung durch eine andere Person nicht eindeutig zu identifizieren sind, wie zum Beispiel Tätigkeiten planender oder überwachender Art. Auch Tätigkeiten, die nicht am Stammarbeitsplatz ausgeübt werden (Besprechungen usw.) sind so erfaßbar.

Die Grenzen der Methode der Selbstaufschreibung von Zeiten und Mengen seitens der Arbeitsperson liegen meistens in deren Verwendungszweck. Sollen die damit gewonnenen Zeiten als Basis für eine Lohnfestsetzung verwendet oder soll damit eine Beurteilung der persönlichen Auslastung am Arbeitsplatz verbunden werden, ist die Selbstaufschreibung kaum anwendbar.

Schwierig wird es auch, wenn die Tätigkeiten »kreativer« Mitarbeiter erfaßt werden sollen. Besonders geeignet ist das Verfahren bei standardisierten Tätigkeiten, die sich häufig wiederholen. Aber auch bei »Kreativen« muß beachtet werden, daß leider auch bei diesen Mitarbeitern ein hoher Anteil von Routinetätigkeiten zu verzeichnen ist (siehe Punkt D) Besondere Fälle, S. 84).

Wegen dieser psychologischen Aspekte ist es auch besonders wichtig, in den Informationsgesprächen den betroffenen Mitarbeitern ganz offen klar zu machen, wie die Aufschreibung durchzuführen ist, welche Vorteile sie bietet, und vor allem, was man erreichen will und was nicht. Also z. B., daß es um Arbeitsinhalte geht und nicht um die persönliche Auslastung. Die Rationalisierung findet statt durch Wegnahme von Arbeit und nicht durch schnelleres Arbeiten der Mitarbeiter. Selbstverständlich muß zugegeben werden, daß diese Rationalisierung zu Personalabbau führen kann.

Wenn die Mitarbeiter umfassend unterrichtet worden sind, und auch einsehen, wie wichtig ihre sorgfältige Mitarbeit für ein objektives Ergebnis ist, kann mit einer fairen und nicht-manipulierten Beteiligung gerechnet werden. Selbstverständlich muß auch der Betriebsrat der Aufschreibung zustimmen.

Trotz aller psychologischen Probleme sprechen doch wesentliche Gesichtspunkte für die Anwendung der Selbstaufschreibung bei der Erfassung von Arbeitsvolumina:

- Eine detaillierte Übersicht über vorkommende Tätigkeiten, Bearbeitungszeiten und Mengen. Damit sind systematische Analysen der Arbeitsinhalte und Arbeitsdurchführung möglich.
- Wenn sich die vorstehenden Basisdaten in einzelnen Abteilungen

ändern, sind Neuberechnungen des Aufwandes und insbesondere des Personalbedarfs ohne weiteres möglich.
- Die unmittelbare Beteiligung der Stelleninhaber führt zu einer besseren Übersicht und Nachvollziehbarkeit der Ergebnisse. Dies erhöht die Bereitschaft, die Realisierung zu unterstützen.

Die Schätzung von Zeiten

Eine andere, weniger aufwendige Form der Selbstaufschreibung ist die Zeitschätzung. Grundlagen sind auch hier Aufgaben- und Tätigkeitenlisten. Die Stelleninhaber schätzen, bezogen auf einen Monat (als theoretischen Durchschnittsmonat), ihre Zeitanteile pro Tätigkeit in Stunden (kleinster Wert: ½ Stunde). Bei der Eintragung der Tätigkeiten sind auf den Tätigkeitenlisten zuerst die täglich vorkommenden, dann die wöchentlich und danach die monatlich vorkommenden Arbeiten anzugeben. Tätigkeiten, die nur quartalweise (Erfolgsrechnung) vorkommen, werden mit ihrem tatsächlichen Zeitbedarf auf einen Monat umgerechnet.

Der Einwand der Mitarbeiter, daß wegen der täglichen Unterschiede Schätzungen kaum möglich seien, läßt sich zutreffend damit beantworten, daß die täglichen Unterschiede bei einzelnen Tätigkeiten sich über einen Monat weitgehend ausgleichen und hier ja nur Durchschnittswerte gesucht werden. Es geht nicht um die tägliche Auslastung, die natürlich schwanken kann.

Zu Erhöhung der Schätzungsqualität gibt es verschiedene Möglichkeiten:

- Schätzung desselben Vorgangs durch mehrere Personen unabhängig voneinander,
- Aufteilung größerer Zeitblöcke und Abschätzung der Teilelemente (Unterteilen),
- Anwendung der Verfahren des vergleichenden Schätzens (z. B. Zeitklassenverfahren nach REFA),
- kritisches Hinterfragen von Zeitschätzungen: (Beispiel 60 Prozent: Ist Mitarbeiter A wirklich 3 von 5 Tagen voll damit beschäftigt?),
- Ergänzung durch sogenannte arbeitsbegleitende Beobachtungen bei A-Tätigkeiten oder bei besonders »unsicheren« Tätigkeiten.

Mengenerfassung:
Die Mengenerfassung kann ebenfalls durch Schätzung oder besser durch

abteilungsbezogene Auszählungen erfolgen, wobei man sich normalerweise auf die Schwerpunkttätigkeiten (A-Tätigkeiten) konzentriert. Als Zeiteinheit für die Auszählung wählt man die jeweilige Arbeitsfrequenz. Dies bedeutet, bei einer täglich vorkommenden Arbeit wählen wir also den Tag als Zeiteinheit oder für eine nur einmal im Monat vorkommende Tätigkeit den Monat.

Auswertung:
Die Auswertung erfolgt ähnlich wie bei der kontinuierlichen Aufschreibung beschrieben. Die Zeiten werden pro Tätigkeit addiert und mit ihren prozentualen Anteilen aufgeführt. Die Namen der einzelnen Mitarbeiter spielen dann keine Rolle mehr. Wichtig ist die Rangfolge, bezogen auf den zeitlichen Anteil, z. B. für ergänzende Arbeitsbeobachtungen. Eine Ist-Tätigkeitenstruktur kann dann wie folgt aussehen *(Abbildung 16)*:

Tätigkeiten-Struktur (Ist)		Org.-Einheit: Einkauf Leiter: N. N.		Datum:
Nr.	Tätigkeiten	Zeitaufwand (Std./Monat)	Anteil (%)	Rangfolge
1	Lieferanten suchen			
2	Bedarf ermitteln			
3	Angebote einholen			
4	Bestellungen erteilen			
5	Termine verfolgen			
6	usw.			

Abbildung 16: Ist-Tätigkeitenstruktur

Vor- und Nachteile von Schätzungen:
Da Schätzwerte schnell und leicht zu ermitteln sind, sollten Zeiten dann geschätzt werden, wenn eine Untersuchung schnell abgeschlossen sein soll oder eine Selbstaufschreibung politisch nicht durchzusetzen ist.

Zweifellos ist die kontinuierliche Erfassung durch die tägliche und kontinuierliche Form genauer. Sie ist aber wegen ihres begrenzten Zeitrahmens immer eine Stichprobe. Wenn man sie also für Arbeitszuteilungen und Personalbemessungen verwenden will, muß man mit Auszählungen dafür sorgen, daß repräsentative Jahresdurchschnittsmengen gefunden werden. Außerdem ist die psychologische Belastung der Mitarbeiter natürlich viel höher.

Die Schätzung reicht dann aus, wenn es – als Ansatz für Rentabilitätsbetrachtungen – mehr darum geht, Aufgaben- und Tätigkeitenschwerpunkte zu finden, die dann detailliert untersucht werden können.

D) Besondere Fälle

Wie bereits erwähnt, ist die kontinuierliche Selbstaufschreibung vor allem für standardisierte und sich häufig wiederholende Tätigkeiten geeignet. Im folgenden werden deshalb wenige besondere Mitarbeitergruppen behandelt, für die spezielle Vorgehensweisen zu empfehlen sind.

Kreative Mitarbeiter

Unter Kreativität versteht man allgemein die Fähigkeit, Wissens- und Erfahrenselemente aus verschiedenen Bereichen unter Überwindung verfestigter Strukturen und Denkmuster zu neuen Ideen zu verschmelzen. Kreative Tätigkeiten führen dann zum Entwerfen neuer Produkte, zum Erstellen neuer Layouts, aber auch zur Weiterentwicklung bekannter Lösungen (aus Markterfordernissen oder auch aus eigenem Antrieb).

Neue und brauchbare Lösungen, die eine Entwicklung weiterbringen, können nur durch schöpferisches Denken zustande kommen. In der industriellen Praxis wird dieses schöpferische Denken vor allem in der Forschung, der Entwicklung, im Marketing und für Design, Layout, Textgestaltung, usw. benötigt. Es ist einer Beurteilung nur schwer zugänglich. Insbesondere eine Beurteilung der Effektivität der Arbeitsergebnisse und damit eine Effizienz der Arbeit ist praktisch nur hinterher möglich.

Man muß sich allerdings klar darüber sein, daß auch bei »Kreativen« die eigentliche kreative Tätigkeit nur einen kleinen Teil der gesamten Arbeitszeit ausmacht. Planungs-, Kontroll-, Änderungs- und Informationsbeschaffungsarbeiten belegen auch »Kreative« sehr stark. Ein wichtiger Punkt der späteren kritischen Analyse wird also die Suche nach Möglichkeiten zur Reduzierung der Routine- (und auch der Führungstätigkeiten) sein.

In der Konsequenz bedeutet dies eine Aufschreibung aller Tätigkeiten, vor allem um Zeitanteile zu ermitteln und ergänzende Analysen für die Beurteilung und Förderung der Erfolgsfaktoren der kreativen Tätigkeiten (siehe hierzu auch Hoffmann 1991 und Staudt 1986).

Routinetätigkeiten:
Bei Routinetätigkeiten der kreativen Mitarbeiter kann die kontinuierliche Aufschreibung also im üblichen Detail eingesetzt werden. Für die Aufgabenlisten der jeweiligen Abteilungen gibt es keine Besonderheiten. In den Tätigkeitenlisten der Kreativen werden folgende Tätigkeitengruppen empfohlen (gegebenenfalls mit Unterteilungen):

- Führungstätigkeiten,
- kreative Tätigkeiten,
- Gruppenarbeit zur Förderung der Kreativitätsentaltung (Kreativitätssitzungen, Bewertungsgespräche, usw.),
- Routinetätigkeiten,
- allgemeine Kommunikation,
- Büroarbeiten.

Ergänzend zu den stellenbezogenen Aufschreibungen sind auch vorgangsbezogene Datenerhebungen sinnvoll. Dem einzelnen Arbeitsfall (z. B. Konstruktionsauftrag) wird ein Laufzettel (hier: Zeichnungsbegleitschein) beigegeben, auf dem alle Zeichnungsdaten und die im Zuge der Bearbeitung auszuführenden Tätigkeiten von den Bearbeitern vermerkt werden. Der Schein folgt dem Arbeitsablauf und enthält auch Transport- und vor allem Liegezeiten. Eine manuelle Auswertung ist allerdings sehr aufwendig.

Kreative Tätigkeiten:
Für eine systematische Erschließung aller Möglichkeiten empfiehlt Kainz (1984) z. B. bei Entwicklern eine Gesamtanalyse. Sie beinhaltet:

Tätigkeitsanalyse:
wie vorstehend besprochen. Es interessieren die Tätigkeitsarten, die Ursache der Tätigkeiten, Größe und Art der erstellten Unterlagen und gebrauchte Zeit. Auch Aussagen über Arbeitsanforderungen und vorhandene Qualifikationen sind wichtig (Beispiel: Überqualifizierte Mitarbeiter werden für Routinearbeiten eingesetzt!).
Produktanalyse:
Hier geht es um die Effizienz der kreativen Entwicklungstätigkeit. Sie zeigt sich z. B. in der Position der Produkte am Markt, Zahl der Patente, Werbeerfolg einer Konzeption, usw.

Organisationsanalyse:
Untersuchung der Aufbau- und Ablauforganisation: zum Beispiel: Wirksamkeit von PMS-Systemen, geregelte Kommunikation zwischen zu vorgeschalteten Schnittstellen (Strategieplanung) und nachgeschalteten Schnittstellen (Arbeitsvorbereitung, Produktion).

Von besonderer Bedeutung ist hier auch der Einsatz von interdisziplinären Arbeitsteams zur Lösung komplexer Probleme. Sie fördern die sachliche Leistungsfähigkeit und erhöhen die Motivation.

Mittelanalyse:
Untersuchung der angewandten Methoden und eingesetzten Mittel.

TÄTIGKEITENANALYSE VON MANAGERN

Auch für Führungskräfte ist eine Selbstaufschreibung zu empfehlen. Unabhängig von den Erkenntnissen für die Führungskraft selbst spielt auch die Beteiligung als solche für die Mannschaft eine große Rolle.

Für die Tätigkeitenliste sind folgende Themen geeignet:

- Personalführung,
- Langfristplanung,
- Arbeitsplanung (im eigenen Bereich),
- operative Arbeiten,
- Informationsaufnahme,
- Informationsweitergabe,
- Entscheiden,
- Kontrolle.

Meist wird für die Erfassung eine Fortschrittszeitenform gewählt. Ein Beispiel:

Nr.	Tätigkeit	Anfang	Ende	Zeitdauer	Bemerkungen
.	.	.	.	.	.
.	.	.	.	.	.
.	.	.	.	.	.
.	.	.	.	.	.
.	.	.	.	.	.

In der Spalte Bemerkungen lassen sich mit standardisierten Kurzzeichen Einzelheiten über die Ausführungsart festhalten (T: Telefon, B: Besprechung, D: Dienstreise, R: Routine).

Für die Auswertung gibt es eine Fülle von Möglichkeiten. Vor allem sind die Zeitanteile von Interesse. Etwa, wie hoch ist die durchschnittliche Gesamtarbeitszeit, der Anteil für operative Routinearbeiten, für strategische Planung, für Personalführung?

Dann ist zu prüfen, ob ein zu hoher zeitlicher Dauereinsatz und eine ungenügende Prioritätensetzung durch eine systematische persönliche Zeitplanung verbessert werden kann (Seiwert 1988). Hohe Zeitanteile zum Beispiel für Besprechungen geben Anlaß darüber nachzudenken, ob Vorbereitung und Durchführung von Konferenzen optimierbar sind. Und nicht zuletzt ist zu überlegen, ob ein zu großer Aufwand für operative Arbeiten durch Delegation an qualifizierte Mitarbeiter abgebaut werden kann.

Das Projektteam wird sich bei der Analyse von Managementtätigkeiten allerdings vorwiegend auf die methodische Unterstützung und Beratung beschränken. Allenfalls sind Strukturvergleiche zwischen Führungskräften möglich. Im übrigen muß der Manager dann selbst prüfen, welche Verbesserungen seiner individuellen Situation möglich sind.

Indirekte Mitarbeiter in fertigungsnahen Bereichen

Gemeint sind Mitarbeiter in folgenden Bereichen:

- Vorgelagerte Bereiche: Konstruktion, Arbeitsvorbereitung, Disposition usw.
- Begleitende Bereiche: Werkzeugbau, Instandhaltung, Qualitätskontrolle, Transport, Lager, usw.
- Begleitende Funktionen: Steuern, Aufsicht, Rüsten, usw.
- Nachgelagerte Bereiche: Versand, Kundendienst, usw.

Von besonderer Wichtigkeit sind die Information der »Vor-Ort«-Mitarbeiter und die Bemühung, sie zur Mitwirkung zu gewinnen. Es muß deutlich werden, daß die Datentransparenz eine wichtige Voraussetzung für die Beseitigung von Ablaufstörungen ist. Es sollte ausdrücklich um Mithilfe gebeten werden. Die »Anerkennung« der Spezialisten ist auch sehr davon bestimmt, ob im Projektteam oder bei den Datenauswertern entsprechendes Know-how vorhanden ist.

Die Entscheidung über die Vorgehensweise hängt natürlich davon ab, ob an eine grundsätzliche Änderung des vorhandenen Systems gedacht ist (z. B. vollständige Fremdvergabe, Standortverlagerung, Aufgabe von Fertigungen, usw.) oder ob nur eine normale organisatorische Optimierung in Frage kommt.

Nur im letzteren Fall sind Basisdatenermittlungen, im allgemeinen in Form von angepaßten Selbstaufschreibungen, zweckmäßig. Natürlich wird man zur Vermeidung unnötiger Belastungen der Mitarbeiter versuchen, vorhandene Aufschreibungen (Lohnbelege, Gemeinkostenbelege, Stundenmeldungen, usw.) zu benutzen. In den zugehörigen Werkstattbüros können fast immer normale Aufschreibungen durchgeführt werden.

Nun einige praktische Beispiele, mit ergänzenden Hinweisen zum normalen Vorgehen:

Instandhaltung vor Ort:
Bei der Erfassung des Ist-Status sind folgende Punkte zusätzlich wichtig:

- Zuständigkeitsstruktur (Räumlich, Produkte, Bereiche, Technologien, Arbeitsteilung Betrieb/Instandhaltung),
- Anteil und Art Fremd/Eigen,
- Instandhaltungsphilosophie (vorbeugend, inspektionsorientiert, reparaturorientiert),
- Planungs- und Einsatzsteuerungssystem,
- Qualifikation/Ausbildung der Mitarbeiter.

Die Tätigkeitenliste kann normal erstellt werden, gegebenenfalls vom Vorgesetzten. Bei der Selbstaufschreibung muß neben der Tätigkeitsart auch der Aufgabeninhalt erfaßt werden. Hierzu einige Stichworte: Auftragsart (geplant, ungeplant), Störungsart, Störungsbild, Störungsursache, Störungsort, Behebungsart. Dafür ist ein eigenes Formular zweckmäßig.

Bei der späteren Analyse wären dann folgende typische Ansätze zu prüfen:

- Reicht der Mindestkapazitätsbedarf nach Abzug von Sonderprojekten?

- Konnten zeitkritische Störungen auch im Urlaub abgedeckt werden?
- Anteil plötzlicher Störungen durch Wartung/Inspektion verringern,
- Bereitschaftsdienst und Wartung/Inspektion koppeln,
- Planung/Steuerung einführen, inklusive Leitstand,
- Abläufe durch Arbeitsvorbereitung straffen,
- Fremdanteil erhöhen.

Transport:
Zum Ist-Status folgende Empfehlungen:

- organisatorische Anbindung der Transportfunktionen,
- Art der Einsatzsteuerung,
- »Fahrpläne, Routenpläne«,
- Art der Geräte und Zubehör,
- Wartungs- und Inspektionspläne,
- Wahrnehmung von Transportaufgaben durch andere.

Die Tätigkeitenliste kann als Gruppenliste ausgeführt werden.

Bei der Selbstaufschreibung müssen auch hier Aufgabeninhalte erfaßt werden. Diese lassen sich eventuell auch auf dem Aufschreibungsbogen unterbringen *(Abbildung 17)*. Letzterer muß für Staplerfahrer mit Klemmbrett zu befestigen sein.

Die normale Selbstaufschreibung muß unter Umständen mit Multimoment-Aufnahmen abgesichert werden, z. B. bei »kritischen Tätigkeiten«, wie Leerfahrten. Auch hier einige typische Analyseansätze:

Tätig.-Nr.	Start Uhrzeit	Fahrziel A-Ort LA-Ort F.St.Nr.	Anzahl und Art der transportierten Transportmittel Gitterbox/ Paletten · Schäferkasten · Boden/ Rahmen · Gestelle u. Großteile · sonstiges	Vollgut	Leergut	Leerfahrt

Abbildung 17: Selbstaufschreibungsbogen für Staplerfahrer

- »Ring«-Verkehr mit Bahnhöfen,
- gegebenenfalls Maschinen-Layout umgestalten,
- Sammeltransporte bei längeren Strecken,
- Anteil Leerfahrten,
- Behälterbegleitbelege,
- Technik der Fahrzeuge (z. B. Antrieb, Wendekreis, Traglast),
- induktiv gesteuerte Fahrzeuge einsetzen,
- Wartung/Instandhaltung optimieren.

Kundendienst (KD):
Einige Vorschläge zum Ist-Status:

- Kundendienst-Philosophie,
- Aufgaben, Auslastung, zeitliche Schwerpunkte,
- Standorte und Ausstattung dort,
- Kundendienstfahrzeuge (Art, Ausrüstung),
- Einsatzsteuerung, Berichtswesen,
- Entlohnungssystem,
- Tourenplanung,
- Zusammenarbeit mit Betrieb, QS und Entwicklung.

Die Tätigkeitenliste erstellt das zuständige Teammitglied im Interview mit ausgewählten Monteuren. Wegezeiten, Pausen, Innendienstanteile, Aushilfen im Betrieb, usw., sind als Tätigkeiten auszuweisen. Auch hier sind die Aufschreibungsbogen durch Informationen über Arbeitsinhalte zu ergänzen, z. B. Kunde, Auftrags-Nr., Serviceart, Kilometer, Hinweis auf Gruppeneinsatz, Hinweis auf Reiseberichte. Einige typische Analyseansätze sind:

- KD als Profitcenter,
- Standortoptimierung,
- ergebnisorientiertes Prämiensystem,
- Spitzen des KD-Bedarfs aus Zentrale abdecken,
- Tourenplanung mit Kundenabstimmung.

Die Beispiele machen deutlich, daß es eine Fülle unterschiedlicher indirekter Bereiche mit spezifischen Anforderungen gibt. Sie können hier nicht alle behandelt werden. Generell kann nur folgendes empfohlen werden:

- zwei bis drei Tage die Abläufe vor Ort durch Fachmann anschauen
- Hypothesen (prinzipielle Verbesserungsansätze) finden
- Welche Daten sind erforderlich, um Hypothesen abzusichern?
- Welche Methode ist geeignet, diese Daten zu erfassen?

E) Fremdaufschreibung mit Multimoment-Verfahren

Wir haben bisher nur Varianten der Selbstaufschreibung behandelt (siehe auch *Abbildung 12*). Fremdaufschreibungen, d. h. im Normalfall durch Beobachter, haben den Vorteil, daß sie die arbeitenden Mitarbeiter weniger oder garnicht belasten und auch den Arbeitsablauf und das Arbeitsergebnis nicht beeinträchtigen. Sie können aber nur angewendet werden, wenn die Art der jeweiligen Tätigkeit durch Beobachtung erkennbar ist.

Eines der bekanntesten Fremdaufschreibungsverfahren ist die Multimomentaufnahme. Sie ist für die quantitative Erfassung vieler menschlicher Tätigkeiten und maschineller Nutzungs- und Stillstandszeiten oder für die Ermittlung von Schwerpunkten für Rationalisierungsuntersuchungen geeignet (REFA 1992). Wegen der statistischen Streuungen ist sie im Lohnbereich (Vorgabezeiten) nicht brauchbar. Statt einer Dauermessung über den gesamten Ablauf eines Arbeitsvorgangs werden mehrfache, unregelmäßige Stichprobenbeobachtungen durchgeführt. Man notiert die gerade durchgeführten Tätigkeiten. Die prozentuale Häufigkeit des Vorkommens einzelner Tätigkeiten entspricht dann mit einer Streuung auch dem prozentualen Zeitanteil dieser Tätigkeit. Je nach gewünschter statistischer Sicherheit und Streubreite ist eine bestimmte Zahl von Beobachtungen erforderlich.

Die Normalform des Multimoment-Verfahrens wird deshalb auch als Häufigkeits-Zählverfahren bezeichnet.

Durchführung einer Multimomentaufnahme:
Folgende Schritte sind notwendig:

1. Benennung der zu untersuchenden Arbeitsplätze
2. Festlegung des Rundgangsweges
3. Aufstellung eines Tätigkeitenkatalogs
   Es muß vorher geklärt sein, welche beobachtbaren Tätigkeiten auftreten können

4. Bestimmung der gewünschten statistischen Sicherheit und des Streumaßes (Fehlertoleranz)
5. Ermittlung der erforderlichen Zahl von Beobachtungen N:

$$N = K_S \times \frac{p \times (100 - p)}{f^2}$$

Dabei ist: K_S: Faktor für statistische Sicherheit (üblich K = 3,84 für 95 Prozent Sicherheit)
f: Streumaß (üblich 2,5 Prozent)
p: Zeitanteil einer Tätigkeit (Prozent)

Für die Berechnung von N muß zunächst eine Annahme über den wahrscheinlich größten erwarteten Wert von p getroffen werden.
6. Bestimmung der täglichen Rundgänge:

$$R = \frac{N}{T} \qquad T = \text{verfügbare Arbeitstage}$$

Die obige Formel gilt nur, wenn es sich um *einen* Arbeitsplatz handelt. Sollen Durchschnittswerte von mehreren gleichen Arbeitsplätzen ermittel werden, so wird N durch die Zahl Z der Arbeitsplätze dividiert.
7. Festlegung der täglichen Rundgangszeiten:
Hierzu werden sogenannte Zufalls-Stunden- und Minutentafeln verwendet *(Tabelle 1)*.
Bei der Festlegung der Rundgangszeiten müssen natürlich bestimmte Randbedingungen beachtet werden, wie z. B. Zeitbedarf pro Rundgang, betrieblicher Arbeitsanfang und -ende, Pausenzeiten.
8. Beobachtungen durchführen:
Bei den Rundgängen wird durch Beobachtung festgestellt, welche Tätigkeit aus dem Tätigkeitenkatalog an einem Arbeitsplatz gerade stattfindet. Diese Tätigkeit läßt sich in einer Strichliste einfach erfassen.
9. Zwischenkontrolle durchführen:
Da die Zahl der erforderlichen Beobachtungen N nach der Formel Pkt. 5 vom jeweiligen Zeitanteil einer Tätigkeit abhängt, mußte eine Annahme für p getroffen werden. Diese wird nun durch eine

10	08	12	11	09	07	12	15	11	09
12	15	11	07	16	14	08	17	12	06
06	09	10	17	15	11	16	08	07	13
14	16	15	08	17	08	17	13	09	10
16	17	14	13	08	17	09	07	10	06
11	14	07	15	06	16	07	13	08	09
09	13	06	11	17	10	06	17	12	16
14	12	09	07	16	16	10	15	13	12
16	10	12	08	14	08	11	09	17	06
06	09	13	10	15	11	09	06	15	14
07	17	12	10	09	09	15	08	17	15
06	09	17	12	14	12	14	06	07	11
14	08	09	06	16	07	16	15	06	09
08	15	14	17	12	14	09	16	12	07
10	08	15	11	13	13	12	10	11	08

Tabelle 1: Zufalls-Stundentafel

Zwischenkontrolle überprüft, indem man nach etwa 25 bis 30 Prozent der vorgesehenen Beobachtungen über die Strichlistenergebnisse die Zeitanteile p ermittelt. Außerdem kann man durch Auflösung der unter Pkt. 5 genannten Formel die jeweilige Streuung f errechnen.

Es muß dann entschieden werden, ob N ausreicht und gegebenenfalls eine größere Streuung f akzeptiert wird oder ob die Rundgänge fortgesetzt werden sollen. Eine größere Zahl von Beobachtungen führt zu einer Einengung der Streuung, d. h. zu genaueren Werten.

Vor und Nachteile des Multimoment-Verfahrens:

Plus:
- Arbeitsablauf wird nicht gestört,
- gleichzeitige Beobachtung vieler Arbeitsplätze möglich,
- keine Zeitmeßgeräte erforderlich,
- kein besonderes Know-how der Beobachter erforderlich.

Minus:
- Arbeitsgänge müssen optisch erkennbar sein,
- kleine Häufigkeiten statistisch ungenauer,
- keine Leistungsgrade erfaßbar.

4.5.5 Kritische Analyse des Ist-Zustands (im Rahmen der »Klassischen Organisationsanalyse«)

Schon bei der Ist-Aufnahme können Schwachstellen und Änderungsvorschläge erfaßt worden sein, wenn sie bereits in dieser Phase erkennbar waren oder während der Erhebung von den betreffenden Mitarbeitern genannt wurden.

Der Aufnahme des Ist-Zustands schließt sich nun eine Phase der Kritik an, um in systematischer Analyse und Beurteilung die Schwachstellen und die verbesserungsfähigen Arbeitsabläufe deutlich zu machen. Diese kritischen Analysen finden hier abteilungsbezogen statt.

Aus Gründen von Aufwand-/Nutzen-Überlegungen konzentrieren sich die Rationalisierungsmaßnahmen zunächst auf sehr zeitaufwendige, sich oft wiederholende oder sehr kostenintensive Arbeitsprozesse. Hier können bereits kleinere Verbesserungen schon zu beachtlichen Einsparungen führen.

Es sei in diesem Zusammenhang an die ABC-Analyse erinnert (Schneider-Winden 1992). Die ABC-Analyse ist eine Zusammenstellung aller Elemente einer Gesamtmenge mit bestimmten Kriterien (Gewicht, Kosten, Zeit) und eine Rangreihenbildung entsprechend diesen Kriterien. Es zeigt sich zum Beispiel, daß in einem Lager eine kleine Zahl von Teilen (10 bis 15 Prozent) einen großen Teil der Gesamtkosten (60 bis 80 Prozent) ausmachen. Solche Verteilungen sind sehr häufig. Es ist einleuchtend, daß Kostensenkungsbemühungen besonders effizient sind, wenn man sich auf die obigen sogenannten A-Teile oder auf A-Arbeitsgänge konzentriert.

Für die Analyse und auch für die Erarbeitung des Soll-Konzepts werden Teilteams gebildet, die sich zusammensetzen aus dem verantwortlichen Mitglied des Projektteams, den Datenauswertern der jeweiligen Abteilung und ein oder zwei fachlich und menschlich erfahrenen Mitarbeitern der Abteilung.

Generell sind bei diesen Analysen folgende Fragen zu stellen:

- Wie ist die Zielsetzung der Untersuchung in dieser Abteilung? (Was will man erreichen?)
- Wo sind zielbeeinflussende Schwerpunkte? (zum Beispiel, wenn Verkürzung der Durchlaufzeit das Ziel ist, muß nach Tätigkeiten mit hohen Zeitanteilen gesucht werden.)

- Erkennbare Schwachstellen in den obigen Schwerpunkten?
  z. B. – große Bearbeitungszeiten,
  - geringe Leistung,
  - Rückstände,
  - hohe Lagerbestände,
  - lange Durchlaufzeiten,
  - Informationsmängel,
  - Mängel im organisatorischen Aufbau usw.

  (Von Bedeutung sind hier zusätzlich zu den eigenen Erkenntnissen sogenannte Kummerlisten: man bittet die Mitarbeiter der Abteilung einige Tage vorher, formlos diejenigen Schwachstellen aufzuschreiben, die sie persönlich in ihrem Arbeitsbereich sehen.)
- Denkbare Hypothesen (streichen, ändern, Alternativlösungen)?

Häufig sind aus diesen Betrachtungen bereits wesentliche und vielleicht sogar ausreichende Hinweise zu gewinnen. Es kann aber sein, daß eine solche mehr pauschale Vorgehensweise zu wenige Schwachstellenansätze bringt. Entweder, weil die Abteilung wirklich gut organisiert ist, oder weil die Mitarbeiter »mauern«, d. h. sich wegen ungenügender Information oder aus Sorge um ihre Arbeitsplätze nicht kooperativ an der Analyse beteiligen.

In solchen Fällen ist eine vertiefte Analyse erforderlich. Das Team untersucht anhand der Ist-Zustandsstruktur (*Abbildung 15,* S. 78) die Abteilung wie folgt: Man arbeitet sich, beginnend mit der allgemeinen Situation der Abteilung bis zur letzten Tätigkeit des einzelnen Mitarbeiters durch. Dazu verwendet man folgende Fragen:

a) Generelle Fragen:
   - Zweck der Abteilung
   - Ist die organisatorische Einordnung richtig?
   - Ist der geographische Standort richtig?
   - Gibt es gleiche Abteilungen oder Funktionen an anderen Stellen (im Konzern!)?
   - Werden unternehmerische Zielsetzungen erfüllt?

b) Abteilungsbezogene Fragen:
   - Sind vorhandene Aufgaben sinnvoll? (Gibt es z. B. Aufgaben, die mit dem Zweck der Abteilung nichts zu tun haben?)
   - Fehlen Aufgaben? (z. B. ein Vertrieb betreibt keine Akquisition, wegen einer derzeit günstigen Marktsituation)

- Sind Zeitanteile in Ordnung? (Hier ist zu prüfen, ob die eingesetzten Zeiten der Bedeutung der Aufgaben entsprechen. Zweckmäßige Zeitanteile lassen sich aus der Literatur entnehmen (Kurpjuhn/ Schmid 1990). Unternehmensberater verfügen häufig über entsprechende Kennzahlen aus früheren Projekten.
- Wie wird das zukünftige Geschäftsvolumen sein?

c) Tätigkeitsbezogene Fragen:
Bei der Vielzahl von Einzeltätigkeiten ist im Sinne der ABC-Analyse eine Schwerpunktbildung erforderlich. Zeitaufwendige und häufig vorkommende Tätigkeiten sind mit folgenden Fragestellungen zu analysieren:
   - Sind Tätigkeiten notwendig?
   - Werden sie in anderen Abteilungen in gleicher oder ähnlicher Form durchgeführt?
   - Ist der Zeitbedarf bei verschiedenen Sachbearbeitern unterschiedlich (Quervergleich)?
   - Ist der Zeitvergleich gegenüber Standards zu hoch?
   - Ist der sachliche Ablauf verbesserbar?
   - Können andere technische Mittel, insbesondere EDV, eingesetzt werden?
   - Mit welchem Mengenvolumen wird in Zukunft gerechnet?

Häufig müssen die durch dieses Vorgehen herausgearbeiteten Schwachstellen und Hypothesen durch weitere gezielte Isterfassungen überprüft werden, um Vermutungen abzusichern. Bei kritischen Fällen ist es auch bereits jetzt angebracht, mit dem Abteilungsleiter und den beteiligten Sachbearbeitern über die vorliegenden Hypothesen und deren Meinungen dazu zu sprechen. Wichtig ist bei der abschließenden Betrachtung in dieser Phase auch die Frage, ob in den jeweiligen Schwachstellenbereichen ein genügendes quantitatives Rationalisierungspotential besteht. Das Kosten-Nutzen-Verhältnis muß auch hier in Ordnung sein. Wenn sich in der Analysephase Schwachstellenhinweise auf bestimmte übergreifende Abläufe zeigen, für die bereits Untersuchungen in Fachausschüssen vorgesehen sind, wird der dort zuständige Projektmitarbeiter die Informationen weiterverarbeiten.

Damit sind die Voraussetzungen geschaffen, um in den wichtigsten Komplex der ganzen Untersuchung einzusteigen, nämlich die Erarbeitung der Soll-Konzeption.

4.5.6 Soll-Konzeption und Personalbemessung

Aufgabe der Soll-Konzeptionsphase ist es, für die in der Analyse ermittelten Schwachstellen verbesserte Abläufe zu entwickeln. Dabei ist es oft erforderlich, nicht nur nach Verbesserungen der bestehenden Verfahren zu suchen, sondern gegebenenfalls auch ein zur Zeit angewendetes Verfahren generell infrage zu stellen.

In einem zweiten Schritt erfolgt nach Verabschiedung der Soll-Konzeption die Festlegung der Personalbemessung und die Entscheidung über die notwendigen Anpassungsmaßnahmen.

Durch die Projektzielsetzung, die Ist-Aufnahme, die kritische Analyse und die Auswahl der Schwachstellen liegen dem Projektteam ausreichende Informationen vor, die die Basis für die Lösungssuche bilden können.

Die Soll-Konzeption wird in folgenden Schritten entwickelt (A–F).

A) Lösungssuche zur Schwachstellenbeseitigung, Kreativitätstechniken:

Hier bestehen mehrere Möglichkeiten. Insbesondere Unternehmensberater versuchen, Lösungen für analoge Problemstellungen bei anderen Unternehmen auf diesen Fall zu übertragen. Schwierigkeiten gibt es häufig dann, wenn das Lösungskonzept modifiziert werden muß, damit es optimal auf die jeweilige Problemlage paßt.

Durch die Anwendung von *Kreativitätstechniken* erreicht man einerseits synergetische Gruppeneffekte und andererseits eine bessere Anpassung an die betrieblichen Probleme. Da Kreativitätstechniken in einer außerordentlichen großen Zahl von Veröffentlichungen beschrieben worden sind (z. B. Schlicksupp 1977), sollen hier nur ganz kurz die wichtigsten Methoden dargestellt werden:

Gruppenarbeit:
Auch bei kreativen Prozessen spielt die Gruppenarbeit eine große Rolle. Zunächst einmal bringen mehrere Personen mehr Wissen und Erfahrung in den Prozeß ein als ein einzelner. Es müssen also die wesentlichen Fachgebiete, die zur Aufgabenstellung gehören, beteiligt sein. Die Arbeit in einer Gruppe fördert auch den Ideenschöpfungsprozeß, weil sich die Denkmuster der Teilnehmer überlagern bzw. kombinieren und auch Assoziationen entstehen und weiterverfolgt werden können.

Entscheidend ist allerdings, daß eine offene, gleichberechtigte und prestigefreie Kommunikation erreicht wird. Dies erfordert die Anwendung von Moderationstechniken und vor allem die Mitwirkung eines erfahrenen Moderators, der gruppenpsychologische Aspekte beherrscht.

Die optimale Gruppengröße für kreative Problembearbeitung liegt bei 5 bis 8 Teilnehmern. Für die Auswahl der Teilnehmer ist neben dem vorstehend gesagten zu beachten, daß eine gewisse Teamfähigkeit vorliegt und keine zu großen Hierarchieunterschiede bestehen. Der »große« Chef darf auf keinen Fall dabei sein.

In der Praxis wird man sich bei der Auswahl auf das Projektteam abstützen und für die Kreativitätssitzungen gewisse Modifikationen vornehmen. Zum Beispiel kann man wache und ideenreiche Mitarbeiter aus anderen Abteilungen (Einkauf!) zu den Sitzungen einladen.

Die Auswahl der Schwachstellenkomplexe:
Obwohl es in diesem Teil der Untersuchung nur um abteilungsbezogene Schwachstellen geht, kann doch ein Auswahlproblem entstehen, wenn in der Analysephase eine größere Zahl von wichtigeren und weniger wichtigeren Problemen herausgearbeitet worden ist. Da es sich in dem Kreativitätsteam schwerpunktmäßig um einschlägige Fachleute handelt, ist es häufig nicht schwierig, eine Bearbeitungsreihenfolge zu bilden. Mit Hilfe der sogenannten Prioritätenmatrix läßt sich dieser Vorgang vereinfachen *(Abbildung 18)*.

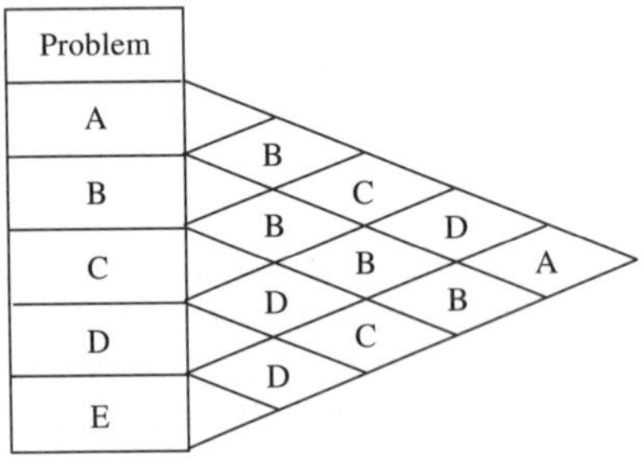

Problem	Häufigkeit	Rang
A	1	4
B	4	1
C	2	3
D	3	2
E	0	5

Abbildung 18: Prioritätenmatrix

Jedes Problem wird mit jedem Problem verglichen. Der Buchstabe des jeweils wichtigeren wird in die Matrix eingetragen. So sind z. B., ausgehend von A, die Probleme B, C und D wichtiger als A. Andererseits ist A wichtiger als E. Die Häufigkeit der Kennzeichnung (Buchstaben) ergibt die Rangfolge. Voraussetzung für die Bewertung ist, daß vorher ein Bewertungskriterium für die Wichtigkeit festgelegt worden ist (z. B. Höhe der Kostensenkung, kurzfristige Realisierbarkeit, Know-how vorhanden). Damit ist eine Klärung für die Durchführung der Kreativitätssitzungen erreicht.

Man unterscheidet im wesentlichen zwei große Gruppen von Ideenfindungsmethoden: 1. intuitiv-kreative und 2. systematisch-analytisch-kreative.

1. Intuitiv-kreative Methoden

Ziel dieser Methoden ist es vor allem, die Intuition in der Gruppe zu verstärken und die Teilnehmer anzuregen, die Ideen anderer aufzugreifen und assoziativ weiterzuentwickeln. Der Schwerpunkt besteht also hier im spontanen Suchen nach denkbaren Lösungen. Folgende Methoden aus dieser Gruppe sind besonders bekannt und werden häufig angewendet:

KLASSISCHES BRAINSTORMING

Das Brainstorming wurde Ende der dreißiger Jahre von dem Amerikaner Osborne erfunden. Er wollte vor allem die Nachteile der üblichen Gruppenarbeit vermeiden, nämlich:

- Hemmungen, öffentlich Ideen zu nennen,
- destruktive Kritik (»Das geht bei uns nicht«)
- Prestigeprobleme der »Fachleute«,
- Unfähigkeit, Kritik zu ertragen,
- Rivalitäten,
- Hierarchieeinflüsse (Chef entscheidet).

Um diese Probleme abzubauen, hat Osborne vier Grundregeln aufgestellt:

- freies und ungestörtes Aussprechen auch phantastischer Ideen,
- Ideen anderer aufnehmen und weiterentwickeln (Assoziation),

- Kritik ist in Suchphase verboten (Bewertung folgt später),
- Je mehr Ideen, desto besser (Viele Ideen erhöhen die Chance, gute Ideen zu finden).

Zur praktischen Durchführung noch einige Hinweise. Es ist wichtig, daß die zu lösende Aufgabe sichtbar aufgeschrieben wird. Wenn die Ideensuche freigegeben ist, nennt jeder frei und ohne Aufforderung seine Ideen, die lesbar an eine Tafel geschrieben werden.

Bei der Durchführung der Sitzung spielt das Unterdrücken von Kritik eine besondere Rolle. Das kreative Klima ginge kaputt, wenn nach jeder Idee eine unfreundliche Diskussion über ihre Zweckmäßigkeit einsetzen würde. Auf der anderen Seite kann es durchaus Mißmut und Verärgerung hervorrufen, wenn es verboten wird, vermeintlich oder tatsächlich wichtige Einwände gegen eine Idee jetzt nicht nennen zu dürfen. Hier sind Geschicklichkeit und Einfühlungsvermögen des Moderators gefragt. Je nach Problemumfang dauert eine Brainstorming-Sitzung 20 bis 30 Minuten.

Brainwriting

Das Brainwriting verfolgt die gleichen Ziele wie das Brainstorming: Ideenfindung durch wechselseitige Assoziation in der Gruppe. Die schriftliche Durchführung des Ideensuchprozesses kommt der europäischen Mentalität entgegen. Sie ist deshalb hier auch besonders verbreitet. Sie baut auch Konflikte zwischen den Gruppenmitgliedern ab und verhindert vor allem Kritik während der Suchphase. Allerdings fehlt dann auch die atmosphärische Stimulanz einer Gruppensitzung. Es gibt verschiedene Versionen:

Methode 635:
Die Methode arbeitet mit 6 Teilnehmern. Jeder Teilnehmer schreibt drei Lösungsvorschläge nieder. Die Niederschriften werden nach etwa 5 Minuten an die Nachbarn weitergereicht. Die Empfänger erarbeiten wiederum 3 Lösungsvorschläge, die entweder auf den schon ausgearbeiteten Lösungen der Vorgänger beruhen oder auch unabhängig sein können. Nach 5 Austauschschritten ist die Sitzung beendet.

Kartenumlauftechnik:
Das Vorgehen ist ähnlich. Die Teilnehmer benutzen Moderationskarten,

auf die sie mit Filzschreibern ihre Ideen in Kurzform niederschreiben. Die beschriebenen Karten werden von den Schreibern links abgelegt, greifbar für den Nachbarn. Sobald der jeweilige Nachbar keine Ideen mehr hat, nimmt er den neben ihm befindlichen Kartenstoß auf, liest ihn durch und versucht dadurch, neue Ideen zu gewinnen. Er legt dann seinerseits seine beschriebenen Karten links ab. Auch hier ist man nach 25 bis 30 Minuten »ausgebrannt«.

Das Arbeiten mit Moderationskarten bringt den zusätzlichen Vorteil, daß man später auf Moderationstafeln die vorgeschlagenen Ideen strukturieren und sortieren kann.

Schwachstellen-Brainstorming

Diese Brainstorming-Variante nutzt die Tatsache, daß die Ausgangslage für solche Veranstaltungen im allgemeinen Beanstandungen an einem bestehenden Zustand sind. Außerdem liegt es vielen Menschen mehr, ihre Kreativität in Form von Kritik zum Ausdruck zu bringen.

Man geht deshalb in zwei Stufen vor, wobei in jeder Stufe das klassische Brainstorming angewendet wird.

1. Stufe: Herausarbeiten aller Schwachstellen, die zu einem Problem bekannt sind
2. Stufe: Es werden nun unter den genannten Schwachstellen die Schwerpunkte herausgearbeitet und dazu Verbesserungsansätze entwickelt.

Anwendungen

Das Brainstorming und seine Varianten sind vor allem für nicht zu komplexe Suchprobleme geeignet, bei denen eine große Zahl von Lösungsideen erwünscht ist.

Bei Suchproblemen geht es darum, daß man Lösungen für bestimmte Suchkriterien finden will (z. B. kostengünstige Ausführungen für die Verbindung von Teilen oder geeignete Verfahren für einen technisch-administrativen Prozeß). Bei dieser Vorgehensweise kann allerdings die Lösungsqualität sehr unterschiedlich sein.

Die Vorauswahl von Lösungen

Insbesondere bei der Anwendung von Brainstorming ist es wichtig, die schöpferische Ideensuchphase von einer kritischen Beurteilung der Ideen zu trennen.

Selbstverständlich muß nach Abschluß der kreativen Phase eine intensive Prüfung der Vorschläge einsetzen, um die Realisierbarkeit und den Grad der Zielerreichung beurteilen zu können. Dabei muß berücksichtigt werden, daß gerade die Brainstorming-Vorgehensweise zu einer Vielzahl von tatsächlich unbrauchbaren Einzelideen führen kann, die man aus den besprochenen Gründen in der Ideensuchphase aber akzeptieren will und muß.

Es ist deshalb zweckmäßig, daß bereits das Kreativitätsteam eine Vorauswahl vornimmt. Eine solche Grobbeurteilung kann man in folgender Form durchführen: Man geht alle erfaßten Ideen einzeln durch und beurteilt sie nach folgenden Kriterien:

Kriterium I: Realisierbarkeit?, Ziellerreichung?
Kriterium II: Weitere Prüfung erforderlich?
Kriterium III: Unbrauchbar?

Die weitere Behandlung der realisierbaren Vorschläge wird unter B) »Die Bewertung von Lösungsalternativen« behandelt.

2. Systematisch-analytisch-kreative Methoden

Die bekannteste der analytischen Ideenfindungsmethoden ist die Morphologie. Das Wort Morphologie stammt aus dem Griechischen und bedeutet in engerer Übersetzung etwa »Lehre von den Gebilden, Formen, Gestalten und Strukturen« und ihren Aufbau- und Ordnungsprinzipien. Von den vom Schweizer Astrophysiker Zwicky auf dieser Grundlage der »Lehre vom geordneten Denken« entwickelten morphologischen Methoden findet heute in der betrieblichen Praxis der Morphologische Kasten am häufigsten Anwendung.

MORPHOLOGISCHER KASTEN

Der morphologische Kasten ist eine Methode, bei der eine vorgegebene Aufgabenstellung (Produkt oder Problem) in voneinander möglichst unabhängige Teilkomplexe (Parameter) zerlegt wird. Zu den einzelnen Parametern lassen sich unterschiedlich viele Lösungsmöglichkeiten (Ausprägungen) finden. Durch Kombination solcher Teillösungen ergeben sich mögliche Gesamtlösungen *(Abbildung 19).*

Die Ideensuche bzw. Lösungsfindung mit Hilfe des morphologischen Kastens erfolgt in fünf Schritten:

Parameter	Ausprägungen				
Bereitstellung der Zeitangaben	manuell bedientes Federwerk	automatisches Federwerk	quarzgesteuerte Elektronik mit Batterie	Mikroprozessor mit Batterie	
Vermittlung der Zeitangaben	Ziffernblatt mit Zeiger	Digitalanzeiger	Tastfeld (Blindenuhr)	Zeitansage über künstl. erzeugte Sprache	
Ausgestaltung	Gehäuse mit Armband	Gehäuse mit Kette	Integration in Schmuckstück (Armreif, Brosche)	Integration in Gebrauchsgegenstand (Kugelschreiber)	Integration in Taschenrechner

Abbildung 19: Morphologischer Kasten (Beispiel Uhr)

1. Definition des Problems oder Gegenstands.
2. Bestimmung der Parameter des Gegenstands, d. h. der wesentlichen Strukturelemente.
3. Suche nach allen denkbaren, konkreten Ausführungsmöglichkeiten für die Parameter, also den Ausprägungen.
4. Erstellung des morphologischen Schemas, d. h. der obigen Matrix mit Parametern und Ausprägungen.
5. Zusammenstellung von Gesamtlösungen durch Kombination jeweils einer Ausprägung für jeden Parameter (zielorientiert).

Mit zunehmender Zahl der Parameter und Ausprägungen steigt die Anzahl der Lösungsmöglichkeiten sehr schnell an. Es ergeben sich deshalb häufig neue, bisher nicht erkannte Lösungen. Die Anforderungen an die Kreativität der Benutzer werden durch die Methode erheblich reduziert. Jedoch erfordert die Erarbeitung möglicher Ausprägungen der Parameter nicht nur die Sammlung bislang bekannter Möglichkeiten, sondern im Sinne durchschlagender Lösungen auch die Entwicklung neuer Vorstellungen. Damit bietet es sich an, für diese Suche nach Ausprägungen z. B. wieder mit Brainstorming zu arbeiten.

Der morphologische Kasten ist gut geeignet für Konstellationsprobleme, d. h. solche Fälle, bei denen man Varianten zu einer Grundstruktur sucht.

B) Die Bewertung von Lösungsalternativen

Die Lösungssuche führt in der Praxis häufig zu mehreren denkbaren Lösungen. Die Fachabteilungen haben dazu Aussagen über Vor- und Nachteile sowie erwartete Kosten gemacht. Das Projektteam muß sich nun entscheiden, welche Lösungen in die Soll-Skizzierung einfließen sollen. Es kann sich dabei um unterschiedliche Strukturen handeln, nämlich: Einzelprobleme, Problemkomplexe, Gesamtkonzeptionen.

Um eine abschließende Entscheidung treffen zu können, müssen die Alternativen bewertet werden.

Monetäre Bewertung

Wenn die Auswahl einer optimalen Alternative mit Hilfe von zahlenmäßigen, im wesentlichen finanziellen Werten möglich ist, können die Verfahren der Wirtschaftlichkeitsrechnung bzw. der Investitionsrechnung angewendet werden. (Siehe Kapitel 7.)

In Bürobereichen wird mit einer speziellen Form der Wirtschaftlichkeitsrechnung, der Kosten- und Nutzenanalyse gearbeitet. Bei der *Kostenanalyse* werden die direkten Kosteneinsparungen erfaßt und verglichen.

Dazu gehören:

- Personalkosten,
- Materialkosten,
- Fremdleistungen,
- Kapitalkosten.

Diese Kosten können *einmalig* (während der Projektierung oder Einführung) oder *dauernd* während der Nutzung anfallen.

Bei der *Nutzenanalyse* werden monetär bezifferbare Leistungsverbesserungen erfaßt, die sich sozusagen als Sekundärwirkung bestimmter Maßnahmen ergeben.

Einige Beispiele:

- Durchlaufzeitverkürzungen,
- Erhöhung der Ausbringungsmengen,
- Flexibilität von Betriebsmitteln.

Solche Maßnahmen können sich z. B. meßbar in Ertragssteigerungen auswirken.

Ein langfristiger Vergleich von Nutzen und Kosten führtzur Ermittlung der *Nutzenschwelle.* Man versteht darunter den Gleichstand von Nutzen und erforderlichen Kosten. Dabei werden einmalige Kosten im Normalfall über die Abschreibungen in den jährlichen Kosten berücksichtigt.

Nutzwertanalyse

Die Bewertung von Alternativen mit zahlenmäßigen betriebswirtschaftlichen Erfolgsgrößen, z. B. Gewinn, Kostensenkung oder Kapitalrentabilität, ist nicht immer möglich oder nicht ausreichend. Häufig müssen nicht quantifizierbare Kriterien einbezogen werden. Zu erwähnen wären etwa technische oder praktische Eigenschaften, Design-Gesichtspunkte oder im Bürobereich aktuellere Informationen, höhere Arbeitszufriedenheit, usw.

Ein Verfahren, welches die Beurteilung von Alternativen mit Hilfe von Kriterien der oben erwähnten Art erlaubt, ist die Nutzwertanalyse oder auch Multifaktorentechnik. Man geht dabei in folgenden Schritten vor:

1. Bestimmung der Bewertungskriterien:
Das sind die Gesichtspunkte, die bei den zu beurteilenden Alternativen von Bedeutung sind, d. h. die von Alternativen mehr oder weniger gut erfüllt werden.

Ein Beispiel: Der Flächenbedarf verschiedener Maschinen. Zur Beurteilung legt man Ziele fest (hier z. B. max. 35 qm).

Die Kriterien müssen voneinander unabhängig sein und für alle Alternativen in gleicher Weise gelten.

2. Festlegung der Gewichtung:
Da die Bedeutung der einzelnen Kriterien unterschiedlich sein kann, müssen diese gewichtet werden. Gewichtung ist der zahlenmäßige Ausdruck für die Bedeutung der Bewertungskriterien im Verhältnis zueinander.

Die Gewichtung erfolgt entweder mit Hilfe einer Prioritätenmatrix (siehe Kap. Kreativitätstechniken) oder durch Vergeben von Prozentanteilen bzw. von Punkten aus einer vorher festgelegten Skala. Beispiel:

Kriterien	A:	60 Prozent oder:	6 Pkt. (von 10)
	B:	10 Prozent	1 Pkt.
	C:	30 Prozent	3 Pkt.

3. Bestimmung der Benotungsskala für Zielerreichung:
Mit Hilfe dieser Skala wird eingeschätzt, wie gut die in die Bewertung einbezogenen Alternativen die verschiedenen Bewertungskriterien erfüllen. Üblich ist eine 5er-Skala:

Vollständig erfüllt:	Note 4
Weitgehend erfüllt:	3
Einigermaßen erfüllt:	2
Teilweise erfüllt:	1
Nicht erfüllt:	0

4. Ermittlung der Teilnutzwerte:
Die Multiplikation der Gewichtungsfaktoren mit der jeweiligen Zielerreichungsnote ergibt den Teilnutzwert. Die Addition führt zu den Gesamtnutzwerten der Alternativen *(Abbildung 20).*

Kriterium	Gewichtung %	Alternative 1		Alternative 2	
		o. Gew.	m. Gew.	o. Gew.	m. Gew.
A	60	4	2,4	0	0
B	20	2	0,4	3	0,6
C	20	1	0,2	4	0,8
Gesamtnutzwert		7	3,0	7	1,4

Abbildung 20: Nutzwertmatrix

5. Abschließende Beurteilung:
Mit Hilfe der nun errechneten Gesamtnutzwerte ergibt sich damit eine Rangreihe der zu bewertenden Alternativen. Die günstigste Alternative ist diejenige mit dem höchsten Nutzwert; im vorstehenden Beispiel also die Alternative 1.

Zu erörtern bleibt noch die Frage, wie man vorgeht, wenn das Ergebnis nicht eindeutig ist, d. h. nur geringe Unterschiede bei den Gesamtnutzwerten vorliegen. Zunächst wird man den rechnerischen Vorgang, die Gewichtung und Benotung noch einmal überprüfen. Vielleicht kann man auch zusätzliche Kriterien einführen, die eine Differenzierung erleichtern. Eine genauere Benotung ist auch möglich, wenn man eine Hierarchie von Kriterien einführt. Ein Beispiel dazu:

Das Kriterium »Sicherheit« bei einem Straßenfahrzeug läßt sich auflösen in die Teilkriterien:

- Fahrwerksauslegung,
- Sicherheit der Karosserie,
- Sicherheitspolsterung im Fahrerhaus,
- Schlechtwetterausstattung.

Die Ergebnisse eventuell durchgeführter Wirtschaftlichkeitsberechnungen und der Nutzwertermittlung der beurteilten Alternativen werden dann zusammengestellt und liefern somit eine Entscheidungsbasis.

Es bleibt also immer noch ein unternehmerischer Entscheidungsspielraum, da wir zwei unabhängige Beurteilungen haben. Strittig in Literatur und Praxis ist die Überlegung, ob man in der Nutzwertanalyse auch monetäre Kriterien aufnehmen kann, die dann über die Gewichtung sofort zu einer Gesamtentscheidung führen.

C) Soll-Skizzierung

Die Entwicklung der Soll-Konzeption vollzieht sich in zwei Abschnitten:

- die Soll-Skizzierung,
- die Erarbeitung der Soll-Konzeption im Detail (Punkt E)

Bei der kritischen Analyse des Ist-Zustandes und dem Vergleich möglicher anzuwendender Verfahren hat sich das Projektteam für bestimmte Abläufe und Verfahren entschieden, mit denen die Zielsetzungen am besten erfüllt werden. Auch das zu erwartende Mengenvolumen liegt fest.

Dieser erstrebenswerte Soll-Zustand wird nun kurz skizziert. Diese

Soll-Darstellung kann noch nicht alle Feinheiten des künftigen Zustandes enthalten. Sie soll aber in kurzer und verständlicher Form den Soll-Vorschlag erläutern. Dazu gehören Skizzen des Arbeitsprozesses, Angaben über vorgesehene Betriebsmittel und ein kurzer Vergleich von Soll und Ist (Vor- und Nachteile). Diese Skizzierung kann auch durchaus mehrere Alternativen enthalten. Dies stärkt für die dann folgende Abstimmung den Eindruck, daß noch keine endgültige Entscheidung getroffen worden ist.

Die vorstehend beschriebenen Sachverhalte sollten trotz des Aufwandes immer in Schriftform erfolgen. Dies zwingt das Team dazu, alle Vorschläge sorgfältig zu durchdenken.

D) Abstimmung über Soll-Vorstellungen

Die Soll-Skizzierung wird mit den betroffenen Abteilungen (Vorgesetzte und Schlüsselkräfte) diskutiert. Dieses Vorgehen hat wesentliche Vorteile. Zum einen können die zuständigen Mitarbeiter die neue Konzeption kritisch prüfen und eventuell durch eigene Vorschläge verbessern. Zum andern sind sie motiviert; man hat sie vorher gefragt und deshalb werden sie bei der späteren Einführung wahrscheinlich positiver reagieren.

Nach dieser Abklärung wird das Konzept der Geschäftsleitung bzw. dem Lenkungsausschuß in einer weiteren Zwischenpräsentation vorgetragen. Dies kann auch abteilungs- oder bereichsweise geschehen.

Neben den Aussagen über sachliche Aspekte werden hier bereits erste konkrete Überlegungen über die zukünftige Personalsituation besprochen werden können. Einzelvorschläge sind möglicherweise schon auf der Basis der Soll-Skizzierung realisierbar. Auch einzelne Personalfälle sind damit schon prüfbar geworden.

Nach der Grundsatzentscheidung über das Soll-Konzept ist nun die Erarbeitung der Soll-Konzeption im Detail möglich.

E) Soll-Konzeption im Detail

An dieser Stelle soll sozusagen vorsichtshalber darauf hingewiesen werden, daß es in diesem Kapitel in erster Linie um die abteilungsinterne Reorganisation geht. Der Schwerpunkt liegt also bei Aufgaben, Tätigkeiten und Abläufen, die begrenzt innerhalb von Abteilungen stattfinden.

Selbstverständlich wird man dann, wenn übergreifende Abläufe im Rahmen eines Reorganisationsprogramms neu gestaltet werden (siehe Kapitel 4.8), die Auswirkungen solcher Überlegungen in den abteilungsinternen Konzeptionen berücksichtigen, bzw. letztere generell daran ausrichten. Beide Arbeitslinien der Reorganisation müssen sachlich und zeitlich aufeinander abgestimmt sein (siehe hierzu *Abbildung 8,* S. 56, und *Abbildung 9,* S. 66, über Ablauf eines Reorganisationsprogramms).

Nachstehend einige Grundsätze, die bei der Gestaltung interner Konzeptionen beachtet werden sollten:

1. Aufbauorganisation:
   - Eindeutige Regelungen für Ziele, Aufgaben und Kompetenzen
   - Definition von Leistungsinhalten
   - Schaffung marktorientierter Verantwortungsbereiche
   - Optimierung der Hierarchie (Kontrollspanne, Miniabteilungen, Entscheidungsprozeß)
   - Einrichtung von Stäben zur fachlichen Entlastung
   - Aufbau von Planungsinstanzen (Arbeitsvorbereitung, Rationalisierung)
   - Organisation der Informationsprozesse
   - Trennung von schöpferischer Grundsatzarbeit, leitender und ausführlicher Tätigkeit
   - Bemessung des Personalbedarfs nach Normalbedarf und nicht nach Spitzen

2. Ablauforganisation:
   - Ausrichtung der Organisation an Regelfällen
   - Funktionelle und dem Arbeitsfluß entsprechende Anordnung der Arbeitsstationen
   - Minimierung von Arbeitsstationen und Wegen
   - Optimale Auswahl und Gestaltung der Arbeitsmittel
   - Aufgabenentsprechende Information und Schulung der Mitarbeiter
   - Arbeitsverteilung anforderungs- und qualifikationsgerecht
   - Optimierung zwischen wirtschaftlicher Arbeitsteilung und motivierender Gruppenarbeit
   - Einbau von Leistungs- und Aufwandskontrollen

F) Personalbemessung

Aus den Ergebnissen der Ist-Zustandserfassung und den Festlegungen der Soll-Konzeption sind die jeweiligen Arbeitsmengen und die mittleren Bearbeitungszeiten pro Fall in den Abteilungen bekannt. Bei Tätigkeiten, die von anderen abhängen (z. B. Fakturierung und Versand von Anzahl der Aufträge), muß man entsprechende Umrechnungen durchführen. Bei den mittleren Bearbeitungszeiten müssen Verteilzeitzuschläge berücksichtigt werden. Dieser Zuschlag liegt bei etwa 1,4. Durch den Verteilzeitzuschlag werden Ermüdung, Erholung und persönliche Bedürfnisse abgegolten. Urlaub, Krankheit und sonstige Ausfallstunden sind hier nicht berücksichtigt.

Die Logik der Personalbedarfsermittlung zeigt *Abbildung 21.*

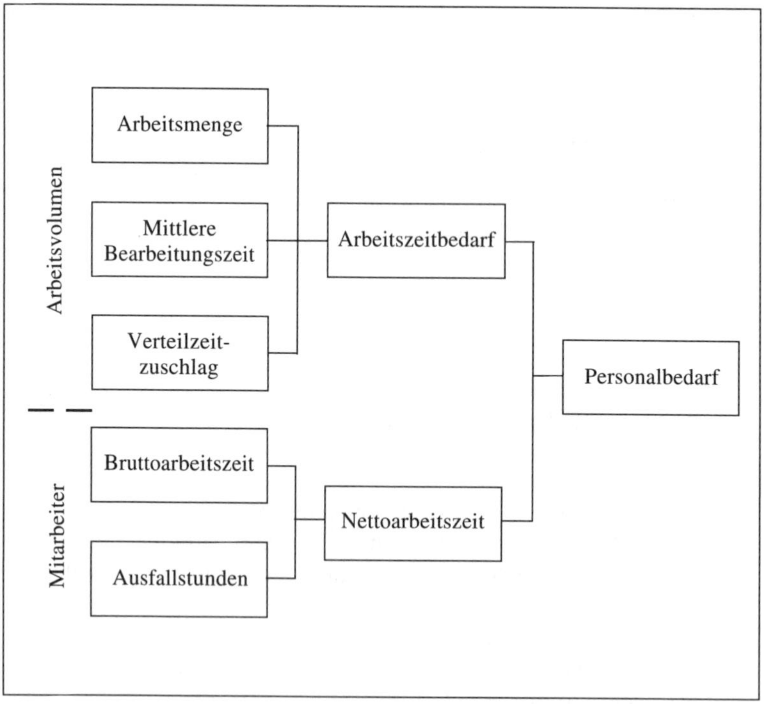

Abbildung 21: Ermittlung des Personalbedarfs

Rechnerisch wird der Personalbedarf einer Abteilung oder eines Arbeitsprozesses wie folgt ermittelt (die Daten gelten pro Monat oder Jahr):

$$P = \frac{\text{Arbeitsmengen} \times \text{Bearbeitungszeit} \times \text{Verteilzeitfaktor}}{\text{Nettoarbeitsstunden}}$$

Die Nettoarbeitsstunden, d. h. die tatsächlich verfügbaren Arbeitsstunden ergeben sich aus folgender Rechung als Beispiel *(Tabelle 2):*

Arbeitstage im Jahr	252
Arbeitsstunden je Tag	8
Arbeitsstunden je Jahr	2016
Urlaubsstunden (23 Tage)	184
Krankheitsstunden (5 %)	92
Sonstige Ausfallstunden (1 %)	18
Ausfallstunden gesamt	294
Tatsächliche Arbeitsstunden je Jahr	1722
Tatsächliche Arbeitsstunden je Monat	143
Tatsächliche Arbeitsstunden je Woche	33

Tabelle 2: Errechnung der verfügbaren Arbeitszeit

Ein besonderes Problem besteht bei schwankendem Arbeitsanfall in Büros. Meist wird das Problem so gelöst, daß man die Stellenbesetzung am Spitzenbedarf ausrichtet. Dies ist zweifellos unwirtschaftlich. Besser wäre eine Orientierung am durchschnittlichen Arbeitsanfall. Aber auch hier tritt zeitweise Unterbeschäftigung auf. Am kostengünstigsten wäre die Bemessung nach dem geringsten Volumen, inklusive gezielter Aktionen zur Spitzenabdeckung.

Mit der sorgfältigen und alle menschlichen und sachlichen Gesichtspunkte berücksichtigenden Erarbeitung der Soll-Konzeption ist der Erfolg des Reorganisationsprogramms noch keineswegs gesichert. In der Praxis entstehen häufig die ernsthaftesten Schwierigkeiten bei der Umsetzung, d. h. der Realisierung der Konzeption. Dieser entscheidende Schritt wird im Kapitel 6 behandelt.

Nach der sehr ausführlich behandelten »Klassischen Organisationsanalyse« sollen nun noch einige andere Verfahren dargestellt werden, die das gleiche hier behandelte Hauptziel mit anderen Mitteln erreichen.

4.6 Zero Base Budgeting (ZBB)

4.6.1 Zielsetzung

Zero Base Budgeting ist eine Planungs- und Analysetechnik mit dem Ziel der Senkung der Gemeinkosten für das Gesamtunternehmen und einer Umverteilung der insgesamt knappen Mittel im Sinne der unternehmerischen Ziele (Meyer-Piening 1985). ZBB wurde ursprünglich als ein Budgetierungsverfahren für die Kostenplanung entwickelt. Es geht aber in Wirklichkeit um viel mehr, nämlich um die Gestaltung des Gemeinkosten-Budgets als Führungsinstrument.

4.6.2 Konzept

Zero Base Budgeting bedeutet »Null-Basis-Planung«, weil man, ausgehend von der Basis Null, alle bestehenden Gemeinkosten in Frage stellt. Bestehende Aktivitäten und Kosten müssen im Hinblick auf Notwendigkeit, Art und Umfang sozusagen neu begründet werden. Es reicht nicht aus, Zuwächse aus bestehenden Verhältnissen abzuleiten. Jede Führungskraft, die für Kosten verantwortlich ist, muß seine Aufgaben und die dadurch verursachten Kosten überdenken. Dabei sind unterschiedliche Niveaus für die zu erbringenden Leistungen möglich. Geld soll nur für solche Leistungen ausgegeben werden, die für das Unternehmen wichtig sind. Nicht benötigte Leistungen sollen abgebaut werden, damit die verkaufsfähigen Produkte mit den geringstmöglichen Kosten hergestellt werden können. Auf der anderen Seite ist es denkbar, daß für strategisch wichtige Aufgaben mehr Mittel als bisher eingesetzt werden.

Die Notwendigkeit bestimmter Aufgaben und die Art ihrer Erfüllung orientieren sich an der unternehmerischen Zielsetzung. Daraus werden die Teilziele für Bereiche und Abteilungen abgeleitet. Sie dienen dann auf allen Führungsebenen als Orientierungsgröße bei der Beurteilung der Ist-Aufgaben und der Bestimmung einer Rangreihe. Ein von der Unternehmensleitung festgelegter Budgetschnitt entscheidet dann darüber, auf welche Leistungen in Zukunft verzichtet werden muß.

4.6.3 Die einzelnen Stufen des ZBB

Die ZBB-Analyse wird in neun Stufen durchgeführt:

1. Unternehmensziele und ZBB-Bereiche:
Die Unternehmensleitung legt absatzwirtschaftliche, technische und finanzwirtschaftliche Ziele fest, die die zukünftige Marschrichtung des Unternehmens bestimmen. Außerdem werden in dieser Stufe diejenigen ZBB-Bereiche (Gemeinkostenabteilungen) ausgewählt, die in die Analyse einbezogen werden sollen.

2. Entscheidungseinheiten bilden; Teilziele ableiten:
Die ZBB-Bereiche werden von ihren Leitern (z. B. Abteilungsleiter) in sogenannte Entscheidungseinheiten (EE) aufgeteilt. Eine Entscheidungseinheit ist eine Summe von gleichartigen Tätigkeiten, die analysiert werden soll. Sie umfaßt eine Gruppe von Mitarbeitern mit gemeinsamen Aufgaben. Das sind kleinere Abteilungen oder Gruppen in größeren Abteilungen (z. B. Buchen in Debitorenbuchhaltung).

Für jede EE müssen aus den Unternehmenszielen Teilziele abgeleitet werden. Die Formulierung muß so präzise sein, daß die Beurteilung der Erfüllung von Aufgaben danach möglich ist. Ein Beispiel: Für eine Kundendienstwerkstatt könnte ein Ziel heißen: Anzahl und Art von Reklamationen begrenzen. Abschließend werden die wesentlichen Aufgaben, die zur Erfüllung der Teilziele in den EE bearbeitet werden müssen, niedergeschrieben.

3. Leistungsniveaus festlegen:
Unter Leistungsniveau versteht man die Summe der Arbeitsergebnisse einer Entscheidungseinheit, die nach Menge und Qualität, Häufigkeit und Pünktlichkeit voneinander unterschieden werden können.

Für jede Entscheidungseinheit werden in der Regel drei Entscheidungsvorlagen gebildet: eine niedrige, eine mittlere und eine hochwertige. Das Leistungsniveau 1 beschreibt das geringst mögliche Arbeitsergebnis, mit dem gerade noch eine sinnvolle Leistung erbracht werden kann. Das mittlere (LN 2) und das hohe (LN 3) kennzeichnen darüber hinausgehende zusätzliche Arbeitsergebnisse, die aber auch zusätzliche Kosten erfordern. Das LN 2 entspricht etwa dem derzeitigen Stand. Ein Beispiel aus der Kostenrechnung:

LN 1: quartalsweiser Kostenarten – Soll-Ist-Vergleich,
LN 2: monatlicher Kostenarten/Kostenstellen – Soll-Ist-Vergleich,
LN 3: wie LN 2, zusätzlich mit Analyse nach wichtigsten Einflußgrößen.

Entscheidungseinheit Nr.: _____ | **Leistungsniveau: _____ von _______**

Bezeichnung:

Stelle(n): erstellt: Datum:

Bereich: genehmigt: Datum:

1. AUFGABENZWECK:

2. BESCHREIBUNG DER AKTIVITÄTEN:

notwendige Ressourcen	**geschätz-tes Ist**		**Budget**			
			dieses Niveau		**kumul. Niveau**	
Personen-zahl	Ltg.	MA	Ltg.	MA	Ltg.	MA
Personal-kosten						
Fremd-leistung						
Sach-kosten						
Kalk. Kosten						
Summe Kosten						
Investi-tionen						

3. ALTERNATIVE VERFAHREN:

4. VORTEILE DIESES LEISTUNGSNIVEAUS:

5. WIRKUNGEN AUF ANDERE ENTSCHEIDUNGSEINHEITEN:

Quelle: Meyer-Diening 1985

Abbildung 22: Formular Entscheidungspaket

Selbstverständlich wird in dieser Phase auch die Frage gestellt, ob die vorhandene Aufgabe an dieser Stelle oder überhaupt notwendig ist (Leistungsniveau 0?).

4. Alternative Verfahren erarbeiten:
Mit Hilfe von Kreativitätstechniken wird untersucht, ob die Erfüllung der festgelegten Aufgaben auch mit anderen Verfahren und Techniken als mit den bisher angewendeten möglich ist. Denkbare Alternativen werden formuliert. Personelle und sachliche Ressourcen sowie die daraus resultierenden Kosten werden ermittelt.

5. Beschreibung von Leistungspaketen:
Für jede Entscheidungseinheit werden nun auf der Basis der drei Leistungsniveaus drei sogenannte Leistungspakete (oder auch Entscheidungspakete) beschrieben *(Abbildung 22)*. Sie beinhalten die jeweilige Aufgabe, das zu erreichende Niveau, alternative Verfahren, Kosten, Vorteile usw. Damit erhalten die Führungskräfte alle Informationen, um Prioritäten setzen zu können.

6. Festlegen der Rangordnung:
Die Rangordnung der Leistungspakete bedeutet das Setzen von Prioritäten über die gesamte Organisation. Zur Erleichterung dieses komplexen Vorgangs beginnt man damit, daß die Abteilungsleiter zunächst für ihre Leistungspakete eine Rangreihe bilden. Dann fassen die Bereichsleiter ihre Abteilungen zusammen und bei nicht zu großen Unternehmen kann dann sogar eine Rangreihe für das ganze Unternehmen erstellt werden *(Abbildung 23)*. Die Darstellung bedeutet, daß die Leistungspakete von in diesem Beispiel drei Entscheidungseinheiten A, B und C nach ihrer relevanten Bedeutung zueinander zugeordnet werden. Wichtig ist, daß das niedrigste Leistungsniveau einer bestimmten Entscheidungseinheit immer eine höhere Priorität hat als die nächst höheren Leistungsniveaus. Diese Rangordnungen erfordern eine hohe Kooperationsbereitschaft der Führungskräfte, vor allem bei der gemeinsamen Rangreihenbildung zwischen mehreren Abteilungen. Sie verbessern aber auch die Kommunikation zwischen den Bereichen und Führungsebenen. Die Bildung der Rangordnung läßt sich dadurch wesentlich erleichtern, daß man bei größeren Unternehmen für verschiedene Bereiche getrennte Rangreihen bildet und die Geschäftsleitung festlegt, wie die

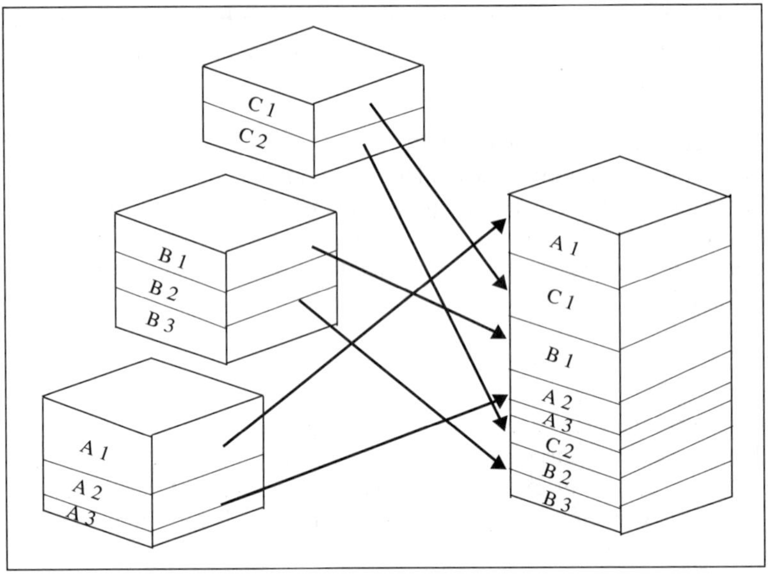

Abbildung 23: Rangordnung von Leistungspaketen

Ressourcen auf die Bereiche verteilt werden. Für die ermittelten Rangreihen werden gleichzeitig kumulativ die Kosten der Leistungspakete dargestellt.

7. Budgetschnitt:
Nun legt die Geschäftsleitung die verfügbaren Mittel fest und vollzieht damit implizit für die Rangfolge der Leistungspakete einen Budgetschnitt. Aus der Rangreihe mit den kummulierten Kosten ist nun ablesbar, welche Leistungspakete in Angriff genommen werden dürfen und welche Aktivitäten gestrichen werden müssen. Selbstverständlich ist diese mathematische Trennlinie keine absolute Entscheidung. Man wird ernsthaft darüber diskutieren, welche Konsequenzen der Wegfall oder eine Verschiebung für das Unternehmen haben und ob Gegenmaßnahmen erforderlich sind.

8. Festlegen der Maßnahmen:
In dieser Stufe werden die Maßnahmen zur Durchführung erarbeitet und

die Führungskräfte und Mitarbeiter über die geplanten Änderungen informiert.

9. Überwachung der Durchführung:
Die resultierenden Maßnahmen werden in ihrem Vollzug überwacht (Einzelheiten zur Realisierung siehe Kap. 6, S. 167).

Alle Maßnahmen bis zur Stufe 7 (Budgetschnitt) sollen in etwa sieben Wochen abgeschlossen sein. Insgesamt rechnet man einschließlich der Durchführung mit einem Zeitraum von drei bis sieben Monaten.

4.6.4 Projektorganisation

Wie bereits besprochen, wird auch hier aus qualifizierten Mitarbeitern ein Projektteam gebildet, welches das Projekt vorbereitet und die Geschäftsführung sowie die beteiligten Führungskräfte bei der Durchführung unterstützt.

Voraussetzung ist aber wegen der besonderen Methodik und der möglichen Komplikationen im Detail eine gründliche Schulung des Projektteams und wahrscheinlich auch die begleitende Beratung eines externen Fachmanns. Der Arbeitsschwerpunkt liegt aber bei denjenigen Führungskräften, die als Abteilungsleiter für die Erarbeitung der Leistungspakete und die Bildung der Rangordnungen verantwortlich sind. Die Geschäftsführung ist im Projekt deshalb sehr gefordert, weil sie über die endgültige Rangordnung entscheiden und den Budgetschnitt festlegen muß.

4.7 Gemeinkostenwertanalyse (GWA)

4.7.1 Grundidee/Zielsetzung

Die Gemeinkostenwertanalyse wurde von der amerikanischen Unternehmensberatungsgesellschaft McKinsey entwickelt und in den siebziger Jahren auch in Deutschland eingeführt. Ziel ist die schnelle Senkung von Gemeinkosten in einer Einmalaktion durch Abbau von verzichtbaren Leistungen und Anwendung wirtschaftlicherer Verfahren (Roever 1983).

Da Gemeinkosten überwiegend aus Personalkosten bestehen, führt

Gemeinkostensenkung meist zu Personalabbau. Dieser personalpolitische Aspekt hat zeitweise zu großen sozialpolitischen Diskussionen geführt. Es wird deshalb heute meist auf direkte Personalentlassungen verzichtet (wenn die Lage der Firma dies erlaubt!!) und ein eventuell erforderlicher Personalabbau über die Ausnutzung der Fluktuation erreicht.

Ein weiterer Einwand besteht darin, daß die Zielsetzung einer schnellen Kostensenkung dazu führt, daß auch solche unternehmerischen Aktivitäten gestrichen werden, die langfristig für den geschäftlichen Erfolg wichtig sind (z. B. Marktforschung, Weiterbildung). Oder noch weiter gefaßt: Die Methode gehe mit ihrer engen Beschränkung auf Kostensenkung an den existentiellen Problemen der Unternehmen vorbei. Der wettbewerbsentscheidende Faktor sei eine strategieorientierte, qualitative Weiterentwicklung von Führung, Organisation, Marketing und Technologie, und erst danach komme die natürlich notwendige Wirtschaftlichkeitsfrage. Diese Bedenken führten dazu, daß man heute sozusagen als Vor-Check eine Diagnose des Unternehmens durchführt, die einerseits zeigt, daß man sich auch um die Struktur, die Strategie und den Markt kümmert, aber objektiv natürlich auch Schwachstellen in diesen Bereichen herausarbeitet.

Vor allem in mittleren und kleineren Unternehmen wird die Gemeinkostenwertanalyse aber auch heute noch häufig eingesetzt. Berater und Unternehmen haben verschiedene Abwandlungen und Bezeichnungen entwickelt.

4.7.2 Konzept

Folgende Hauptmerkmale sind zu erwähnen:

- Kernpunkt sind nicht Aufgaben oder Personen, sondern erbrachte Ergebnisse oder Leistungen.
- Die Kosten dieser Leistungen werden durch Schätzungen erfaßt.
- Es wird ein massives und für alle einheitliches Einsparungsziel formuliert.
- Kosten und Nutzen der Leistungen werden gegenübergestellt (Nutzerbefragung).
- Leistungen sollen nicht nur effizienter durchgeführt werden; sie werden überhaupt in Frage gestellt.

- Die Methode wird von den Führungskräften des Unternehmens durch eigene Ideen und eigene Entscheidungen praktiziert.
- Die Vorgehensweise bringt sehr rasche Ergebnisse, wenn auch nur im beschränkten Rahmen.

4.7.3 Vorgehensweise

Die wesentliche vorbereitende Maßnahme besteht in der Bildung von sogenannten Untersuchungseinheiten (UE). Dies sind im allgemeinen die Abteilungen oder Gruppen mit gleichartigen Aufgaben. Deren Leiter (LUE) sind normalerweise auch die Verantwortlichen für die Untersuchungseinheiten. Die Untersuchung läuft in fünf Schritten ab. Für die Durchführung wurden von McKinsey Standardformulare entwickelt.

1. Ist-Struktur erfassen:
Von den LUE werden die Einzelleistungen (Outputs) der Analyseeinheiten erfaßt und ebenso die jährlichen Mengen (Aufträge, Lieferscheine usw.) und die Empfänger bzw. Nutzer der Leistungen. Außerdem wird der Personalaufwand in Mannjahren für die Einzelleistungen ermittelt.

2. Rationalisierungsvorschläge erarbeiten:
Der LUE macht Vorschläge, die den Zeitaufwand in der UE um 40 Prozent reduzieren. Die sehr hohe Vorgabe wird gewählt, um den LUE zu zwingen, wirklich alle zeitverbrauchenden Leistungen in seiner Analyseeinheit in Frage zu stellen. Er soll auch auf Nachteile hinweisen, die mit Leistungsverzichten oder -einschränkungen verbunden sind.

3. Vorschläge bewerten
Für die Bewertung wird ein Analyseteam aus betriebserfahrenen Mitarbeitern eingesetzt. Sie bewerten die Vorschläge gemeinsam mit dem LUE und den Nutzern der jeweiligen Leistungen. Die Bewertung hängt im wesentlichen von drei Kriterien ab: der Wirtschaftlichkeit, dem Risiko, das mit Einführung verbunden ist, und der Zeitdauer der Realisierung.

4. Entscheidungen über Maßnahmen treffen:
Die vom Analyseteam akzeptierten Vorschläge werden zur Genehmigung an den Lenkungsausschuß weitergeleitet. Sie werden von allen

Beteiligten unterschrieben und enthalten auch Angaben über notwendige Voraussetzungen, Termine und verantwortliche Mitarbeiter. Der Lenkungsausschuß begutachtet die Vorschläge und entscheidet dann über den endgültigen Maßnahmeplan und die eventuell notwendigen Investitionen.

Zur Beschleunigung des gesamten Prozesses wird empfohlen, pro Schritt konsequent nur eine Woche einzusetzen. Bei großen Unternehmen ist es sinnvoll, bestimmte Bereiche nacheinander abzuarbeiten.

5. Realisierung:
Die Leiter der Untersuchungseinheiten führen mit ihren Mitarbeitern ihre eigenen genehmigten Vorschläge selbst durch. Unterstützt werden sie gegebenenfalls von Spezialisten oder Fachabteilungen. Für bereichsübergreifende Vorschläge werden besondere Arbeitsteams eingesetzt.

4.7.4 Projektorganisation

Auch eine Gemeinkostenwertanalyse erfordert zwecks systematischer und zeitgerechter Durchführung einen organisatorischen Hintergrund. Dies umfaßt im einzelnen:

- Ein Projektteam (interne Projektverantwortliche und eventuell externe Berater) für die Projektvorbereitung und die Betreuung der Abwicklung.
- Untersuchungseinheiten mit ihren Leitern.
- Analyseteams für die Beurteilung der Vorschläge.
- Ein Entscheidungsgremium, den Lenkungsausschuß. Meist besteht dieser aus Mitgliedern der Geschäftsleitung und dem Projektleiter.

4.8 Optimierung übergreifender Systeme, Fachfragen und Abläufe

4.8.1 Allgemeines

Es wird heute in Theorie und Praxis häufig die Auffassung vertreten, daß Kostensenkungsprogramme für sich ein unzweckmäßiges Mittel zur Rettung oder zur gesunden Weiterentwicklung von Unternehmen seien.

Nur wenn im Rahmen einer ganzheitlichen Betrachtung zunächst eine strategieorientierte qualitative Analyse von Marketing, Technologie, Führung und Organisation stattgefunden habe, sei eine anschließende Wirtschaftlichkeitsbetrachtung der Organisation, der Produkte, der Logistik und schließlich der Gemeinkosten sinnvoll. Insofern ist die in diesem Buch gewählte Reihenfolge bei der Bearbeitung von Unternehmensproblemen (erst Kostensenkung anpacken) vielleicht angreifbar.

Zwei Überlegungen seien dazu angestellt: Es gibt natürlich Unternehmen, die bei einer an sich gesunden Struktur vom Markt herrührende Kostenprobleme (der billigere Konkurrent!) mittelfristig rein von der Kostenseite her glauben bekämpfen zu können. Schließlich sind grundsätzliche Umstrukturierungen, die zu neuen Märkten, Produkten und Strukturen führen, finanziell und zeitlich außerordentlich aufwendig. Auch ist ihr Erfolg nicht von vornherein gesichert. Nicht umsonst gehen z. B. diversifizierende Unternehmen wieder auf ihr Kerngeschäft zurück. Außerdem wird es dem aufmerksamen Leser nicht entgangen sein, daß das hier dargestellte Konzept kein Nacheinander, sondern ein paralleles Arbeiten mit gegenseitiger Abstimmung vorsieht (siehe hierzu Abbildung 9, S. 66). Dies ist auch aus zeitlichen Gründen rationeller.

Für die weiteren Darstellungen gehen wir nun davon aus, daß im Rahmen der Strukturanalyse bestimmte übergreifende Fragestellungen aufgeworfen worden sind und im Rahmen des Reorganisationsprogramms gelöst werden sollen.

4.8.2 Arbeitsorganisation

Übergreifende, komplexe Aufgabenstellungen erfordern Teamarbeit. Die Zweckmäßigkeit von Gruppenarbeit und die Arbeitsweise solcher Fachausschüsse sind früher bereits ausführlich dargestellt worden (siehe Kap. 4.2.2 Projektorganisation). Ergänzend hierzu noch einige Bemerkungen:

- Man muß davon ausgehen, daß sich solche Ausschußarbeiten über einen längeren Zeitraum hinziehen (drei bis vier Monate).
- In diesem Zeitraum sind meist wöchentliche oder 14tägige Sitzungen zweckmäßig. In der Zwischenzeit können von einzelnen Teil-

nehmern diejenigen »Hausaufgaben« erledigt werden, für die Gruppenarbeit nicht erforderlich ist.

- Die Sitzungen sollten nicht länger als vier bis fünf Stunden dauern, sonst werden sie als Begründung für Überlastung mißbraucht.
- Es dürfen nur vorbereitete Themen besprochen werden. Fehlen Informationen zur Entscheidungsfindung, wird das Thema vertagt.
- Spezialisten dürfen nur hinzugezogen werden, wenn es ein besonderes Thema verlangt.
- Gut organisierte und klimatisch gelungene Gruppenarbeit fördert allgemein die Kommunikation im Unternehmen.

4.8.3 Erfassung des Ist-Zustands

Selbstverständlich muß vorbereitend auch hier der Ist-Zustand erfaßt werden. Dies soll am Beispiel eines übergreifenden Ablaufes beschrieben werden.

Unter einem Arbeitsablauf versteht man die räumliche und zeitliche Reihenfolge von zusammengehörenden Arbeitsgängen. Den Arbeitsgängen sind dabei bestimmte Personen und Arbeitsmittel zugeordnet. Es gibt verschiedene Möglichkeiten der Darstellung. Am bekanntesten sind die sogenannten Flußdiagramme *(Abbildung 24)*. Für die Darstellung werden genormte Symbole verwendet, die in der DIN-Norm 66 001 zusammenfassend beschrieben sind. Solche Diagramme sind sehr übersichtlich und erfordern nur einen geringen Beschreibungsaufwand. Sie zwingen dazu, Abläufe systematisch zu durchdenken, insbesondere an den Verknüpfungsstellen und Weichen. Es ist erstaunlich, wie viele Dinge nicht geregelt sind.

Die Tätigkeitsbeschreibungen in den einzelnen Kästchen sollten möglichst identisch sein mit den mitarbeiterbezogenen Tätigkeiten bei der klassischen Organisationsanalyse (siehe Kapitel 4.4.2). Ergänzungen lassen sich in den Erläuterungen unterbringen, z. B. Mengenangaben, Art der Tätigkeitserfüllung.

4.8.4 Die Bearbeitung der Aufgabenstellung

Im folgenden Kapitel 9 wird an einigen Beispielen die Lösung übergreifender Aufgabenstellungen in Fachausschüssen dargestellt.

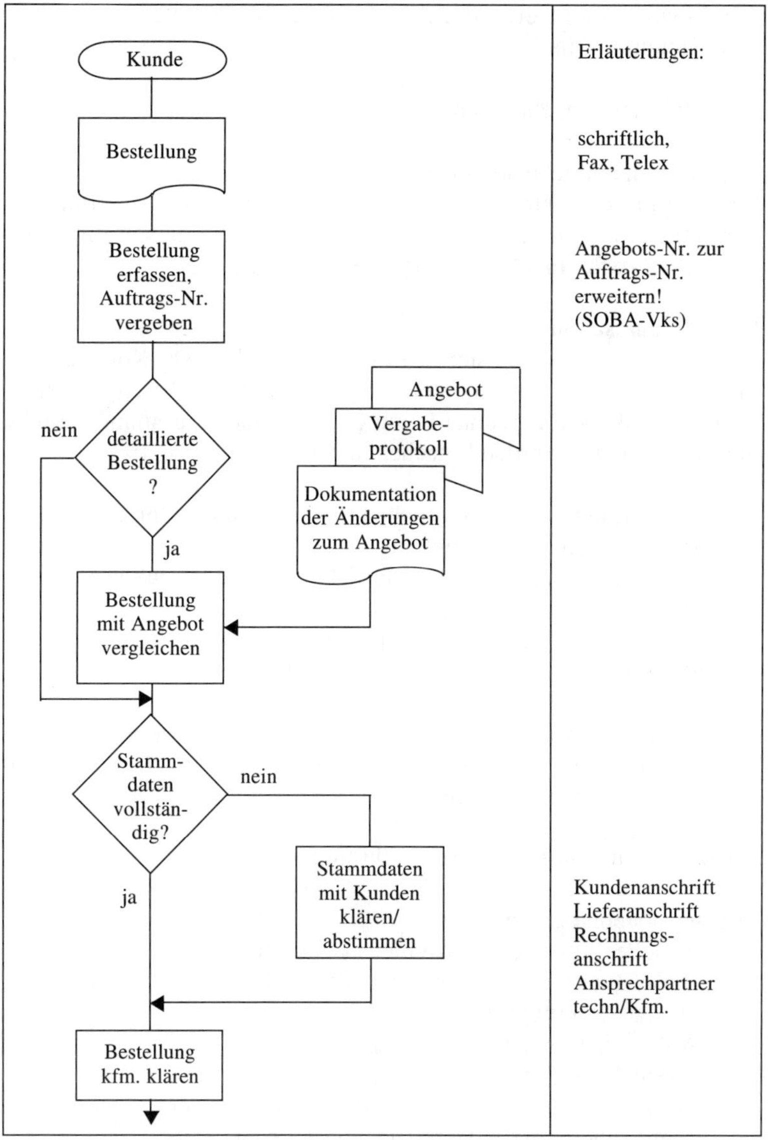

Abbildung 24: Flußdiagramm (Beispiel Auftragsabwicklung)

4.9 Lösung übergreifender Aufgabenstellungen mit Fachausschüssen

4.9.1 Beispiel: Angebots- und Auftragsabwicklung

Ziele setzen, Aufgabe abgrenzen:
Reduzierung der Durchlaufzeit (DLZ) sowie eine Verbesserung der Termintreue in den der Fertigung vorgelagerten Bereichen für »kritische« Produktfamilien um mindestens 15 Prozent.

Projektorganisation:
Es wurde ein Team aus sieben Mitarbeitern (Vertrieb, Konstruktion, Materialwirtschaft, Auftragssteuerung, Fertigungsvorbereitung, kaufmännische Abwicklung) unter Leitung eines Beraters zusammengestellt. Für die Sitzungen wurden Entscheidungsregeln festgelegt:

- Prinzip: Konsens bei wesentlichen Ergebnissen zur Vorlage bei Produktgruppenleiter bzw. Lenkungsausschuß,
- bei Nichterzielung Vorlage bei Projektleiter und Produktgruppenleiter zur Entscheidung,
- Entscheidungsfristen laut festgelegtem Projektzeitplan,
- Widerspruch bis maximal drei Tage nach Protokollverteilung.

Die Projektdauer wurde auf zirka sechs Monate festgelegt, mit Entscheidungsterminen für die nachfolgenden Durchführungsschritte; Sitzungen alle drei bis vier Wochen.

Die einzelnen Schritte der Durchführung:

a) Status (Meßlatten) ermitteln
   - aktuelle, historische Aktivitäten (zum Thema),
   - Einschätzung vorhandener Arbeitsmittel,
   - DLZ und Termintreue im Vorjahr,
   - Ablaufdiagramme Ist-Zustand.

   An besonderen Problemen wurde festgestellt:
   - Der größere Teil der »DLZ-Reserven« liegt in der Produktion und damit außerhalb des Untersuchungsbereichs.
   - Die Meßbarkeit der Abläufe kann problematisch sein.

- Diverse Auftragsarten stehen bei der Abarbeitung in unmittelbarer Konkurrenz zueinander und behindern sich.
- Die eigentlichen Probleme sind nicht eindeutig formuliert.

b) Schwachstellen ermitteln
(Kartenmethode der Moderationstechnik)

c) Erkannte Ablauf-Mängel in ihrer Bedeutung bewerten
(Punktbewertung der Moderationstechnik)

d) Lösungsansätze für Schwerpunkte formulieren;
Risiken und Fristigkeit der Umsetzung beurteilen. Einige Beispiele:
- dezentrale Stücklisteneingabe,
- bestimmte Produkte aufsplitten und bekannte Baugruppen vorab aufgeben,
- Rohteile stärker standardisieren und entsprechend bevorraten,
- Vereinheitlichung der Auftragsabwicklung,
- Netzpläne für Ablauf.

e) Lösungen im operativen Geschäft umsetzen

f) Erfahrungen der Linie aufnehmen und Kurskorrekturen vornehmen

g) Erfolgskontrolle durch Arbeitskreis
(gegenüber Vorjahr)

h) Aktivitätenblätter mit Terminen und Verantwortlichen für langfristigere Maßnahmen
Terminfestlegung für Audit (spätere Nachkontrolle)

Ergebnis:
Die Ergebnisse nach Abschluß dieses Teilprojektes zeigten, daß mit einer Verkürzung der Durchlaufzeit in den einzelnen beteiligten Abteilungen von *30 bis 35 Prozent* gerechnet werden kann.

4.9.2 Beispiel: Störgrößenanalyse in Produktbereich

Zielsetzung:
Ermittlung und Beseitigung von Hauptstörgrößen im terminlichen Geschäftsablauf durch rasche Ad-hoc-Verbesserungen.

Arbeitsorganisation:
Unter Vorsitz des Produktbereichsleiters wurde eine Arbeitsgruppe von acht Führungskräften gebildet (Vertrieb, Konstruktion, Auftragsbearbeitung, Kalkulation, kfm. Verwaltung, Kundendienst, Außenmontage).

Für die Durchführung der Analyse wurde beschlossen, die Standard-Problemlösungstechnik der Moderationstechnik anzuwenden. Die Arbeitsgruppe sah sich nicht in der Lage, einen konkreten Terminplan festzulegen. Es wurde deshalb verabredet, trotz der starken Belastung der Führungskräfte durch die Tagesarbeit die herauszuarbeitenden Problemschwerpunkte mit Hochdruck und so schnell als möglich auszuwerten und zu lösen, jedenfalls soweit dies im Einflußbereich des Produktbereichs liegt.

Erfassung der Hauptstörgrößen:
Mit Hilfe der Kartenmethode wurden die Hauptstörgrößen erarbeitet und zu folgenden Themengruppen zusammengefaßt:

1. Kostenermittlung,
2. Fertigungstermine (außerhalb Produktbereich),
3. Prüfstandsbelegung und -auslastung,
4. Materialbeschaffung,
5. Arbeitsmittel und Methoden der Konstruktion,
6. Personalkapazität,
7. Produktbereichs-Organisation,
8. Auftragsklärung,
9. Auftrags-Terminplanung und -Überwachung,
10. Versand,
11. Qualitätssicherung,
12. Papierdurchlauf außerhalb Produktbereich,
13. Eilaufträge.

Bearbeitung in Kleingruppen:
Folgende Themen wurden wegen ihrer Dringlichkeit zur sofortigen Bearbeitung ausgewählt: Nr. 7, Nr. 8, Nr. 4 und 9. Das Thema 7 untersuchte die gesamte Arbeitsgruppe, während die Themen 8 und 4 und 9 von einzelnen, fachlich besonders betroffenen Mitarbeitern aus der Arbeitsgruppe in sogenannten Kleingruppen analysiert wurden. Für die Analyse verwendeten die Kleingruppen das in Kap. 3.7.3 beschriebene Arbeitsszenario (*Abbildung 7,* S. 52).

Die Kernidee besteht darin, daß jeweils Spezialisten die Teilthemen nach einem einheitlichen Schema sachverständig bearbeiten und dann dem Gesamtteam sozusagen aus der Distanz Gelegenheit gegeben wird, die Ergebnisse zu beurteilen und zu ergänzen. Bei der Behandlung der

Störungen, die ja eigentlich Auswirkungen von nicht immer bekannten Ursachen darstellen, erscheint es wichtig, die Ursachen systematisch zu suchen. In Japan ist für das Suchen der Ursachen von Problemen eine Technik bekanntgeworden, die als Ishikawa-Diagramm oder Ursache-Wirkungs-Diagramm bezeichnet wird *(Abbildung 25)*.

Das angesprochene Problem wird als Ausfluß (oder Ergebnis) des Zusammenwirkens verschiedener Faktoren (Ursachen) gesehen. Dabei werden die Ursachen den Oberthemen Mensch, Maschine, Material und Methode zugeordnet. Es wird systematisch nach mehreren Ursachen aus diesen vier Bereichen gefragt. Dann erfolgt eine Gewichtung nach Pareto (ABC-Analyse) und eine entsprechende Bearbeitung.

Wesentliche Ergebnisse (am Beispiel des Themas 7: Produktbereichs-Organisation):

- Herauslösung Ersatzteil- und Reparaturgeschäft aus Konstruktion und Übertragung auf eine selbständige Kundendienstfunktion,
- Abgrenzung der Funktion kaufmännischer Aufgaben im Technischen Vertrieb,
- Kompetenzabgrenzung einiger Vertretungen gegenüber Vertrieb des Produktbereichs,
- Entscheidungsbefugnis über Provisionen geklärt,
- Zuständigkeit für Terminaussagen an Kunden festgelegt,
- Zuständigkeiten für Dokumentationen, Zertifikate und Abnahmen geregelt,
- Terminverantwortung für Kundenbeistellteile geklärt.

4.9.3 Beispiel: Produktplanung = Suche nach neuen Produkten

Bei der Darstellung dieses Beispiels wird weitgehend Bezug genommen auf entsprechende Veröffentlichungen des VDI (VDI 1983 und 1980).

Zielsetzung:
Systematische Suche und Auswahl zukunftsträchtiger Produktideen und deren weitere Verfolgung. Basis dieser Maßnahmen müssen verabschiedete Unternehmensziele sein.

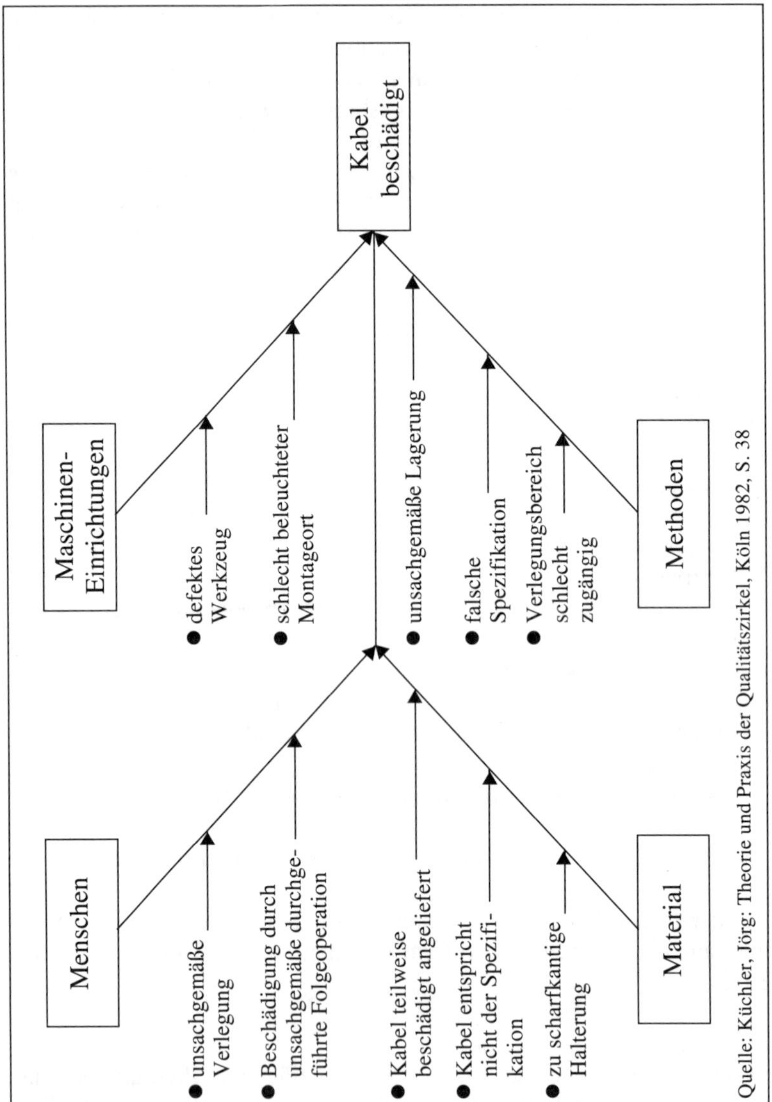

Quelle: Küchler, Jörg: Theorie und Praxis der Qualitätszirkel, Köln 1982, S. 38

Abbildung 25: Ursache-Wirkungs-Diagramm

Produktplanungsorganisation:
Zweifellos ist die Produktplanung eine interdisziplinäre Aufgabe. Einerseits sind, wie die nachfolgende Beschreibung der einzelnen Schritte zeigt, in vielen Funktionsbereichen eines Unternehmens produktplanerische Teilaufgaben zu bearbeiten. Andererseits bestehen hinsichtlich eines neuen Produktes bzw. der Verbesserung eines vorhandenen Produktes in der Regel unterschiedliche Interessen in den einzelnen Unternehmensbereichen, die koordiniert werden müssen.

Wenn es eine Stabsstelle Produktplanung im Unternehmen gibt, kann dessen Leiter die Betreuung und Moderation eines Produktplanungsteams übernehmen, das aus fachlich und persönlich geeigneten Mitarbeitern verschiedener Unternehmensbereiche besteht. Dieses Team ist auf Dauer mit Produktplanungsaufgaben befaßt oder – besser – jeweils für eine bestimmte Produktplanung. Eine Produktplanung läuft in folgenden Schritten ab:

Analyse des Unternehmenspotentials:
Das Unternehmenspotential beschreibt die Gesamtheit der Möglichkeiten eines Unternehmens, eine Nachfrage nach Problemlösungen befriedigend erfüllen zu können. Es umfaßt alle Mittel, die dem Unternehmen zur Verfügung stehen.

Man unterteilt das gesamte Potential in die Teilbereiche Entwicklung, Beschaffung, Produktion und Vertrieb und diese dann noch in die Potentialarten Information, Sachmittel, Personal und Finanzmittel. Diese Potentialbereiche und -arten sind nun systematisch zu analysieren, um die besonderen Stärken und Schwächen des Unternehmens herauszuarbeiten. Es ist verhängnisvoll, sich ohne Know-how in neue Märkte zu begeben bzw. neue Produkte zu produzieren.

Ein Beispiel für Informationspotentiale im Bereich der Entwicklung könnte sein:

- Erfahrung bei der Entwicklung bestimmter Funktionen und Eigenschaften,
- Erfahrung bei der Anwendung bestimmter Arbeitsprinzipien und Organisationsmethoden,
- aber auch: *fehlende* Erfahrungen oder Kenntnisse in kritischen Fällen!!
- Schutzrechte (Patente, Lizenzen).

Ermittlung aussichtsreicher Suchfelder:
Suchfelder sind der Produktfindung vorzugebende Aktionsbereiche, innerhalb derer nach neuen Produktideen gesucht werden soll.

Es ist von wesentlicher Bedeutung für den Erfolg der Produktfindung, daß von vornherein ein erfolgreicher Rahmen für das Aufspüren von neuen Produktideen abgesteckt wird. Diese zur Vorbereitung der Produktfindung zählende Aufgabe wird häufig vernachlässigt. Suchfelder sollen dem Unternehmenspotential entsprechen und zukunftsträchtig sein. Sie werden beschrieben durch:

- Funktionen,
- Stoffe,
- Verfahren,
- Abnehmerbereiche.

Im Rahmen einer Funktionskette: Fertigen, Prüfen, Verpacken und Transportieren könnte sich zum Beispiel eine Spedition entscheiden, neben ihrer bisherigen Unternehmensaufgabe »Transportieren« auch die Funktion »Verpacken« für Produzenten zu übernehmen. Ein Suchfeld, in dem nach konkreten Lösungen gesucht werden soll, könnte also »Möglichkeiten für Verpackungsaufgaben« heißen. Die Ermittlung aussichtsreicher Suchfelder erfordert eine systematische Vorgehensweise, die drei Schritte umfaßt:

Schritt 1: Benennung und Gewichtung der Anforderungen,
Schritt 2: Aufstellung möglicher Suchfelder,
Schritt 3: Selektion aussichtsreicher Suchfelder.

Anforderungen an Suchfelder könnten z. B. sein:

- Übereinstimmung mit Unternehmenszielsetzung,
- Zukunftsträchtigkeit,
- Eignung bezüglich des Unternehmenspotentials,
- Substitutionsprodukt für ein vorhandenes Produkt,
- Nutzung vorhandener freier Fertigungskapazität.

Für die Selektion aussichtsreicher Suchfelder mit Hilfe gewichtiger Kriterien (Anforderungen) ist die im Kap. 4.5, S. 105) beschriebene Nutzwertanalyse besonders geeignet.

Ideenfindung und -auswahl:
Mit der Analyse des Unternehmenspotentials und der Festlegung der Suchfelder ist die Basis für eine gezielte Produktfindung gegeben. Es sind nun Ideen im Rahmen der ausgewählten Suchfelder zu erarbeiten und auszuwählen.

Die dazu anzuwendenden Methoden sind ebenfalls im Kap. 4.5, S. 97) ausführlich beschrieben.

Produktplanungsverfolgung:
Man versteht darunter die begleitende Beobachtung des Entwicklungsprozesses mit dem Ziel, für die Einhaltung der im Pflichtenheft festgelegten Planungsdaten zu sorgen. Die Produktplanungsverfolgung findet mit Hilfe des sogenannten Meilensteinplanes statt *(Abbildung 26)*. Meilensteine sind nach DIN 69900 Ereignisse von besonderer Bedeutung. Für die Soll-Ist-Vergleiche wird festgehalten, welche Plandaten zu diesen Zeitpunkten erreicht sein müssen (z. B. Kosten, technische Ergebnisse, Marktanalysen).

Die Zeitpunkte, zu denen diese Ereignisse eintreten oder eintreten

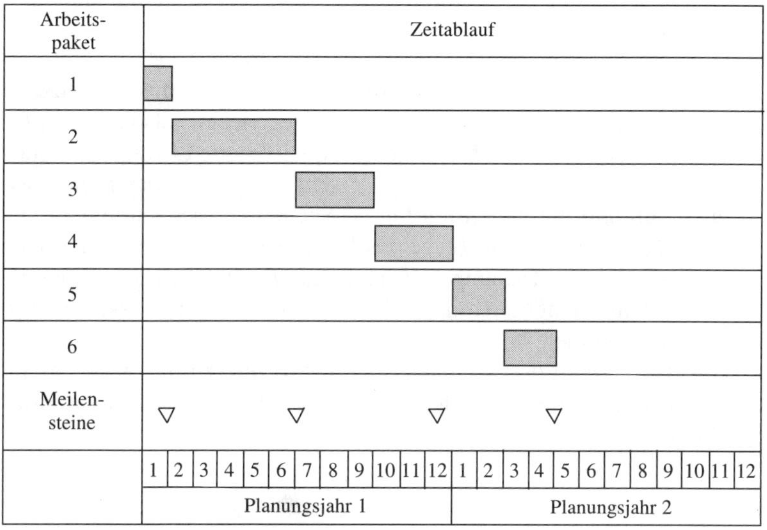

Abbildung 26: Terminplan mit Meilensteinen

sollten, bieten gute Gelegenheiten, bisherige Ergebnisse zu überprüfen bzw. Planungsfestlegungen zu korrigieren. Es kann sogar vorkommen, daß bei gravierenden Abweichungen eine Entwicklung abgebrochen werden muß.

4.9.4 Risiken bei der Arbeit mit Fachausschüssen

Trotz der vielen positiven und zielführenden Möglichkeiten, die sich durch die Arbeit mit Fachausschüssen und Arbeitskreisen eröffnen, müssen auch einige Risiken erwähnt werden:

- die Gefahr, daß sich das Team mit nicht-optimalen Lösungen gegenüber Fachabteilungen durchsetzt,
- unterschiedliche Interessen von Fachausschüssen mit der Folge, daß Ausschußergebnisse von der Geschäftsführung oder dem Lenkungsausschuß abgelehnt werden,
- Ungeübtheit der Teammitglieder hinsichtlich Problemanalyse und Konzeptionserarbeitung,
- Unterschätzung des Zeitbedarfs,
- Fehleinschätzung der Teammitglieder über ihre Rechte in einer solchen Ausschußarbeit.
  Hierzu noch einmal eine grundsätzliche Aussage: Die Teammitglieder sind Fachleute aus verschiedenen Disziplinen, die die Aufgabe haben, eine von der Geschäftsführung gegebene Zielsetzung zu erfüllen. Die Zielsetzung besteht darin, qualifizierte Lösungen zu erarbeiten und vorzuschlagen. Die Entscheidung trifft der Lenkungsausschuß und die Durchführung ist Sache der Fachabteilungen. Es sollte aber wiederum Aufgabe des Teams sein, die zeitliche und vom Ergebnis her der Planung entsprechende Durchführung zu überwachen. Damit hängt auch das folgende Problem von Ausschußtätigkeiten zusammen:
- Geschäftsleitung/Lenkungsausschuß informieren das Team nicht, wenn sie die genehmigte Konzeption des Ausschusses nachträglich ändern.

5. Spezielle Methoden zur Optimierung oder Neukonzeption von Arbeitssystemen

5.1 Wertanalyse

Neben der im Kapitel 4.9 beschriebenen »normalen« Arbeitsweise von Fachausschüssen und ihrer Anwendung bei speziellen Fällen sind einige international sehr bekannte Systeme und Verfahren von besonderer Bedeutung, die übergreifende Funktionsoptimierungen und/oder Kostensenkung mit standardisierten und teilweise sogar genormten Vorgehensschritten erreichen. Dies gilt auch für Gemeinkostenbereiche.

5.1.1 Ursprung und Entwicklung der Wertanalyse

Der Ursprung der Wertanalyse liegt in den Vereinigten Staaten von Amerika. Der Ausgangspunkt war die Erkenntnis, daß in häufig kriegsbedingten Mangelsituationen eine intensive Suche nach Ersatzlösungen (Material, Fertigungsverfahren, organisatorische Abläufe usw.) stattfindet. Eine Auswertung dieser Vorgänge nach dem Zweiten Weltkrieg zeigte, daß überraschenderweise diese Ersatzlösungen meist deutlich kostengünstiger als die bisherigen Lösungen waren und oft auch diese in der Qualität der Funktionserfüllung für den Anwender übertrafen.

Die amerikanische Firma General Electric beauftragte damals ihren Einkaufsleiter Lawrence D. Miles, diese Erscheinung zu erforschen und eine Methode zu erfinden, wie man diesen interessanten Effekt der Wertverbesserung nicht nur zufällig, sondern gewollt und systematisch erreichen kann.

Miles untersuchte die größeren Projekte, mit denen man bei General Electric damals versucht hatte, die vorstehend beschriebenen Probleme zu lösen. Er fand heraus, daß sich die erfolgreichen Projektabläufe in typischen Elementen ähnelten, entwickelte daraus eine spezielle Methode und veröffentlichte diese 1947 unter dem Titel »Value Analysis«. Er definierte die Wertanalyse wie folgt (Miles, 1967):

»Die Wertanalyse ist eine organisierte Anstrengung, die Funktionen (Eigenschaften) eines Produktes mit den niedrigsten Kosten zu erstellen, ohne daß die erforderliche Qualität, Zuverlässigkeit und Marktfähigkeit des Produktes negativ beeinflußt wird«.

Die Wertanalyse breitete sich zunächst in der amerikanischen Industrie sehr schnell aus. In der Bau- und Rüstungsindustrie wurde ihre Anwendung bei größeren öffentlichen Aufträgen sogar vorgeschrieben. Inzwischen hat sie einen Siegeszug rund um die Welt angetreten. Seit 1962 ist die Wertanalyse auch in der Bundesrepublik bekannt. Um die Verbreitung und Systematisierung hat sich insbesondere der VDI (Verein Deutscher Ingenieure) verdient gemacht. Mit Unterstützung namhafter Verbände und Institutionen übernahm zunächst der VDI-Gemeinschaftsausschuß Wertanalyse und ab 1984 das VDI Zentrum Wertanalyse (ZWA) die Betreuung der Wertanalyse.

Die Erfahrungen bei der langjährigen Anwendung der Wertanalyse haben vor allem in der Bundesrepublik und in Österreich zu einer wesentlichen Weiterentwicklung der Methode geführt. Man spricht heute vom *Wirksystem Wertanalyse,* weil es gelungen ist, in optimaler Weise Arbeitstechniken, Verhaltensweisen und Managementaspekte zur Lösung von Problemen eines Auftraggebers zusammenzuführen (VDI Zentrum Wertanalyse, 1991).

5.1.2 Zielsetzung und Kernelemente

Das System Wertanalyse ist eine umfassende Arbeits- und Vorgehensweise zur Analyse und Lösung komplexer Probleme und Aufgabenstellungen. Im speziellen besteht die Zielsetzung darin, bei einem Objekt (z.B. einem Produkt) bestimmte, vom Markt benötigte Funktionen (Eigenschaften) mit den niedrigst möglichen Kosten zu erstellen, ohne daß der Wert des Produktes aus der Sicht des Abnehmers und Herstellers beeinträchtigt wird. Kennzeichnend bei der Anwendung sind drei Kernelemente:

Funktionsanalyse:
Im Vordergrund stehen die Funktionen, die Eigenschaften, z.B. eines Produktes aus der Sicht eines Anwenders oder Nutzers. Sie besitzen für den Nutzer einen bestimmten Wert. Auf der anderen Seite entstehen dem Hersteller, dem Lieferanten, Kosten bei der Bereitstellung dieser Funktionen. Es wird nun kritisch gefragt, ob alle Funktionen erforderlich sind. Vielleicht gibt es unnötige Funktionen oder unwichtige und teure Funktionen. Abschließend können die Soll-Funktionen festgelegt werden, also die aus der Sicht des Nutzers wirklich wichtigen Eigen-

schaften. Dies können auch neue, zusätzliche Funktionen sein. In späteren Phasen werden dann mit Hilfe von Kreativitätstechniken kostengünstige technische Lösungen zur Erfüllung dieser Soll-Funktionen gesucht und eingeführt.

Hier zeigt sich auch der wesentliche Unterschied zur klassischen Rationalisierung, die sich nur auf den letzten Punkt beschränkt und deshalb wesentlich weniger leistungsfähig ist.

Interdisziplinäres Arbeitsteam:
Eine entscheidende Voraussetzung für den Erfolg der Wertanalyse ist der Einsatz von Mitarbeitern aus den verschiedenen fachlich beteiligten Abteilungen in einem Team. Wissen und Erfahrungen vieler Mitarbeiter sind erforderlich, um das Problem von allen Seiten beleuchten zu können. Von besonderer Bedeutung ist die Beteiligung der Nutzerseite. Stellvertretend für den Kunden ist dies im allgemeinen der Verkauf. Es soll im Team eine kreative Spannung zwischen dem Leistungsnutzer und den Leistungserstellern (Konstruktion, Einkauf, Fertigung) entstehen, die zu einer kritischen und fruchtbaren Diskussion über die Marktbedürfnisse einerseits und die technischen Möglichkeiten des Herstellers andererseits führt. Weitere Hinweise über Zusammensetzung, Größe und Arbeitsweise solcher Teams können den Kapiteln 3.2 und 4.2.2 entnommen werden.

Auch hier sei noch einmal darauf hingewiesen, daß die Leistungsfähigkeit dieser Arbeitsteams sehr stark von dem Moderator abhängt, der das Team steuert. Er muß das System Wertanalyse in Theorie und Praxis beherrschen, aber auch das Team zielorientiert führen können, Diskussionen aktiv gestalten und insgesamt das Team zu einer wirklichen Arbeitsgemeinschaft entwickeln.

Selbstverständlich gilt auch für die wertanalytische Arbeit, daß es außer den Schwerpunkten für die Gruppenarbeit auch solche Tätigkeiten gibt, die schneller und wirtschaftlicher von Einzelnen erledigt werden können. Verrichtungen, die der Gruppe vorbehalten bleiben müssen, sind z. B. die Durchsprache und die Beurteilung von Informationen (analytisch-kreative Phase) sowie Ideensuche (synthetisch-kreative Phase) und grundsätzliche Entscheidungen, die den Arbeitsfortgang betreffen. Wirtschaftlicher als in Gruppenarbeit können die einzelnen Mitarbeiter:

- ein Maximum an Informationen herbeischaffen,
- eine Funktionskostenbewertung erstellen,
- bestimmte, vom Team bezeichnete Lösungen ausarbeiten,
- Prüfungen vornehmen und
- den Fortgang sowohl unter zeitlichen Gesichtspunkten, als auch vom Aufwand her, beobachten.

Der Wertanalyse-Arbeitsplan:
Der WA-Arbeitsplan legt die Struktur des WA-Arbeitsablaufes dar. Er muß bei jeder WA-Arbeit eingehalten werden, wobei projektspezifische Abwandlungen möglich sind *(Abbildung 27)*. Er besteht aus drei Hauptabschnitten: Vorbereitung (Grundschritt 1), Lösung der Aufgabenstellung (Grundschritte 2 bis 5) und Realisierung der Lösungen (Grundschritt 6).

Das Wertanalyse-Verfahren wurde mit seinen wesentlichen Elementen wie Zweck, Anwendungsbereich, Arbeitsplan, Begriffe, usw. in verschiedenen Normen (DIN 69910, ÖNORM A 6750) festgeschrieben.

5.1.3 Anwendungsbereiche

Die Wertanalyse ist ein anwendungsneutrales System zur Optimierung von Funktionen und zur Minimierung von Kosten. In allen Wirtschaftsbereichen, allen Unternehmen und allen Bereichen dieser Unternehmen gibt es potentielle Wertanalyse-Objekte. Auch öffentliche Verwaltungen werden heute mit Wertanalyse untersucht. Einige Beispiele dazu:

- komplette Produkte,
- Baugruppen und Einzelteile,
- Abläufe,
- Aufgaben in öffentlichen Verwaltungen,
- Entwicklung von Produkt- und Marketing-Konzeptionen,
- Produktionsverfahren,
- Instandhaltungstätigkeiten,
- Informationsprozesse usw.

Von besonderem Interesse ist bei der Anwendung der Wertanalyse auch der Zeitpunkt, bezogen auf die Lebensdauer des Objektes. Diese Frage stellt sich vor allem bei gegenständlichen Objekten, also Produkten oder

Wertanalyse-Arbeitsplan	
Grundschritt	Teilschritt (Reihenfolge und Bearbeitungsintensität der Teilschritte sind projektabhängig)
Nr	Nr
1 Projekt vorbereiten	1.1 Auftrag entgegennehmen 1.2 Ziele setzen 1.3 Untersuchungsrahmen abgrenzen 1.4 Projektorganisation festlegen 1.5 Projektablauf planen
2 Ausgangssituation analysieren	2.1 Projekt- und Umfeld-Informationen beschaffen 2.2 Kosteninformationen beschaffen 2.3 Funktionenstruktur erstellen 2.4 Eigenschaften quantifizieren 2.5 Kosten den Funktionen zuordnen
3 Soll-Zustand festlegen	3.1 Informationen auswerten 3.2 Soll-Funktionsstruktur erstellen 3.3 Soll-Funktionen und -Eigenschaften quantifizieren 3.4 Kostenziele den Soll-Funktionen zuordnen
4 Lösungsideen entwickeln	4.1 Ideenfindungstechniken anwenden 4.2 Informationsquellen nutzen
5 Lösung festlegen	5.1 Lösungsideen bewerten 5.2 Ideen zu Lösungsansätzen verdichten und darstellen 5.3 Lösungsansätze bewerten 5.4 Lösungen ausarbeiten 5.5 Lösungen bewerten 5.6 Entscheidungsvorlage erstellen 5.7 Entscheidungen herbeiführen
6 Lösung verwirklichen	6.1 Realisierung im Detail planen 6.2 Realisierung einleiten 6.3 Realisierung überwachen 6.4 Projekt abschließen

Abbildung 27: Wertanalyse-Arbeitsplan

Teilen. Es ist klar, daß die aufgrund einer Wertanalyse veranlaßten Änderungen an Produkten nicht sehr wirtschaftlich sind, wenn alle Werkzeuge und Vorrichtungen für die Fertigung bereits erstellt sind, eine große Zahl von Teilen am Lager liegen und das Fertigungsende des Produkts bereits abzusehen ist. Deshalb versucht man heute die Wertanalyse bereits in der Entwicklungsphase anzuwenden, um die geschilderten Probleme zu vermeiden. Es besteht als Ist-Zustand dann kein fertiges Produkt, sonden nur die Beschreibung des zu entwickelnden Produktes in Form eines Pflichtenhefts. *Abbildung 28* zeigt die drei möglichen Hauptphasen für den zeitlichen Einsatz der Wertanalyse.

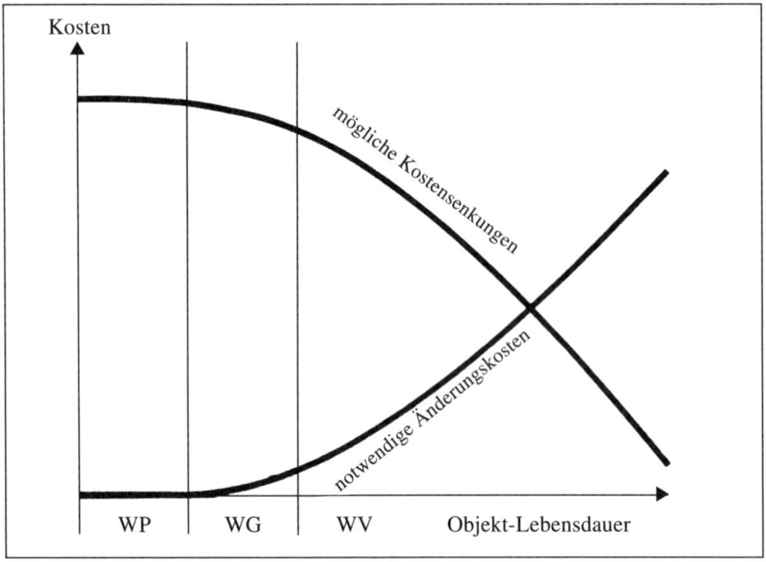

Abbildung 28: Einsatzzeitpunkte der Wertanalyse

Es bedeuten:

- WP = Wertplanung:
  Suchen und Bewerten neuer Produktideen, im Sinne einer Marktstudie. Das Ziel der Wertplanung ist die Erarbeitung eines detaillierten Pflichtenheftes, als Basis für die dann folgende Entwicklung. Die Erfahrung zeigt, daß Produkte, deren Pflichtenhefte mit Hilfe einer

wertanalytischen Wertplanung erarbeitet worden sind, wesentlich erfolgreicher werden.

- WG = Wertgestaltung:
  Hier handelt es sich um den bereits oben beschriebenen Fall des Einsatzes der Wertanalyse parallel zur Entwicklung. Es ist dabei Aufgabe der Wertgestaltung, die Entwicklung zu unterstützen, ein im Pflichtenheft vorgegebenes Kostenziel zu erreichen bzw. zu unterschreiten. Es wird dabei vorausgesetzt, daß im Rahmen einer Wertplanung eine sorgfältige Erfassung der Anwenderbedürfnisse stattgefunden hat.
- WV = Wertverbesserung:
  Wir sprechen von Wertverbesserung, wenn die Wertanalyse zur Kostensenkung und zur funktionalen Optimierung eines bestehenden Objektes, insbsondere eines Produktes eingesetzt wird. Man erreicht bei Produkten erfahrungsgemäß Kostensenkungen in der Größenordnung von 15 bis 35 Prozent.

5.1.4 Der Ablauf der Wertanalyse im Gemeinkostenbereich (Beispiel: Änderungswesen)

Hierzu einige für diesen Fall relevante Stichworte, bezogen auf die im Arbeitsplan (vgl. *Abbildung 27,* S. 137) aufgeführten Grund- und Teilschritte.

Grundschritt 1: Projekt vorbereiten

1. Auftrag entgegennehmen:
Der Auftrag für den Arbeitskreis »Änderungswesen« lautete: Reduzierung von Kosten und anderen nachteiligen Auswirkungen von Änderungen durch wirtschaftliche Planung und Durchführung von Änderungen. Dabei werden unter Änderungen die Änderungen von Zeichnungen, Stücklisten, Auftragslisten und dadurch verursachte Folgeänderungen verstanden. Voraussetzung soll die abgeschlossene Originalerstellung und die Mikroverfilmung einer Zeichnung sein.
Hauptansatzpunkte:
- Wirtschaftlichkeitsbetrachtungen bei Änderungen verstärken (Ziel: Zahl der Änderungen reduzieren),
- Ablauf bei Änderungen rationeller gestalten.

2. Ziele setzen:
Als Kostensenkungsziel wurden 20 Prozent der Änderungskosten (Ablaufkosten + Folgekosten) festgelegt.

3. Untersuchungsrahmen abgrenzen
Nach eingehender Erörterung von »Muß«- und »Kann«-Ursachen für Änderungen wird beschlossen, die Untersuchung auf »Kann«-Änderungen bei laufenden Produkten (d.h. zum Beispiel ohne Prototypeneinführungen) zu beschränken.

»Kann«-Änderungen sind solche Fälle, bei denen die Änderungen von betriebsinternen Entscheidungen veranlaßt werden und nicht aufgrund von externer Schadenbeseitigung, Kundenforderungen, Fertigungsproblemen, Normänderungen usw.

4. Projektorganisation festlegen:
Das Wertanalyse-Team bestand aus sechs Mitgliedern (Konstruktion, WA-Abteilung, Arbeitsvorbereitung, Kostenrechnung, Zentrale Normung, WA-Moderator).

5. Projektablauf planen:
Basierend auf den Erfahrungen des Moderators bei ähnlichen Projekten wurden in einem Kalenderzeitraum von 2,5 Monaten neun Sitzungstermine festgelegt.

Grundschritt 2: Ausgangssituation analysieren

1. Projekt- und Umfeldinformationen beschaffen (inklusive 2.2):
Folgende wesentliche Informationen wurden beschafft und ausgewertet.

- Abläufe Änderungswesen (inklusive Formulare, Verteiler),
- zahlenmäßige Anteile der Änderungsursachen,
- Änderungskostenerfassung (erfaßte Kostenarten, Verrechnung, Soll-Ist-Vergleiche usw.)
- Kosten für Zeichnungsänderungen (Durchschnitt),
- Kosten für organisatorische Realisierung (EDV usw.) von Zeichnungsänderungen,
- möglich Folgekosten,
- erkannte Probleme und Verbesserungsansätze.

Bei der Aussprache zeigte sich ein gravierendes Problem. Die Änderungskostenerfassung war teilweise nur mit Schätzungen möglich, weil das betriebliche Rechnungswesen insbesondere in den technischen Büros keine Änderungskosten erfaßte. Aber auch im Betrieb ergaben sich Schwierigkeiten. Zum Beispiel wurden natürlich Verschrottungskosten erfaßt, aber ohne Angabe der Verschrottungsursache. Es bewährte sich auch hier die Struktur eines Wertanalyse-Teams, weil die Zusammenarbeit verschiedenster Fachleute in guter Atmosphäre doch oft zu pragmatischen Lösungen führte, die für die Wertanalyse genügend genau waren.

3. Funktionenstruktur erstellen (Ist-Zustand)
Es wurde eine Ist-Funktionenstruktur erarbeitet, die den Gesamtzusammenhang vom Änderungsantrag bis zum möglichen Austausch von Teilen beim Kunden deutlich macht (siehe *Abbildung 29*). Im konkreten Fall war die obige Funktionenstruktur von links nach rechts wesentlich detaillierter als dargestellt. Zum Beispiel gliederte sich die Funktion 1.7 in weitere 15 Unterfunktionen auf. Wichtig ist an dieser Stelle eine Betrachtung der Ist-Funktionen unabhängig von den im Augenblick zuständigen Org.-Einheiten.

Grundschritt 3: Soll-Zustand festlegen

Der Soll-Zustand wurde in folgende wesentliche Funktionen unterteilt (Soll-Funktionenstruktur) (rechte Seite von *Abbildung 29*):

- Änderungen entscheiden (Antrag, Änderungsvorklärung, Kostenabschätzung usw.),
- konstruktive Änderungen durchführen,
- technische Daten anpassen (Stammdaten, Änderunsdatenbank usw.),
- Fertigungsdaten anpassen (Arbeitspapiere, Mat.-Disp., Werkzeugkonstruktion),
- Änderung in Fertigung durchführen (Werkzeuge, Teile, Verschrottungen),
- Kundendienstmaßnahmen durchführen,
- Controlling praktizieren (Änderungsablaufkosten, Verschrottung, Kostenplanung, Soll-/Ist-Vergleiche).

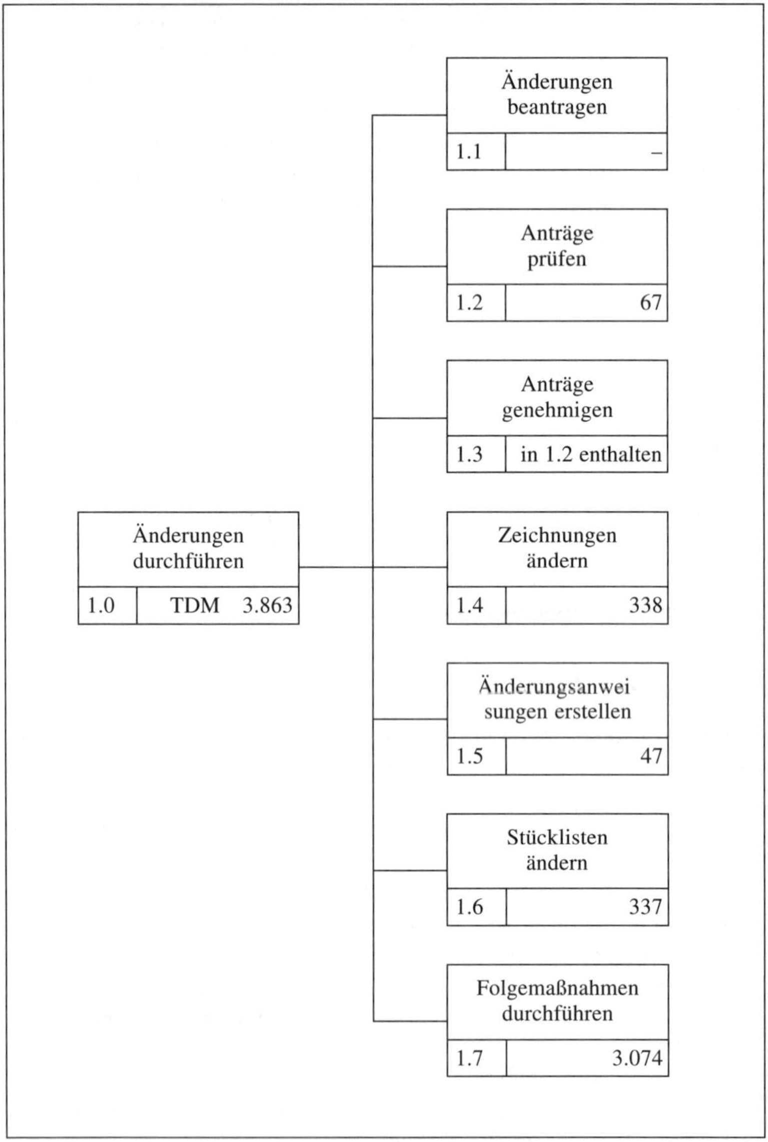

Abbildung 29: Ist-Funktionenstruktur und Ist-Kosten

Aus dem funktionalen Soll-Zustand wurde ein systematischer, einheitlicher Soll-Ablauf entwickelt, der vor allem über die Änderungsvorklärung und diverse Controlling-Maßnahmen zu einer deutlichen Reduzierung der Änderungszahl führen wird.

Grundschritte 4 und 5: Lösungsideen entwickeln und Lösungen festlegen

Zusammenfassend lassen sich nachfolgende Ergebnisschwerpunkte festhalten:

- Einheitliche Abläufe im Hause zur Erleichterung von Personen- und Fertigungswechsel.
- Präzisere, detailliertere Änderungsvorklärung mit Wirtschaftlichkeitsbetrachtungen unter Einbeziehung auch der wichtigsten administrativen Kostenverursacher sowie Beteiligung aller wesentlichen Know-how-Träger bei der Durchführung.
- Verstärkter Einsatz der Wertanalyse bereits in der Phase der Neukonstruktion.
- Systematische Änderungsursachen-Erforschung.
- Entlastung der Konstruktion durch gezielte Einzelmaßnahmen, z. B. Verzicht auf Werkstoffangaben in der Zeichnung und Zurückstellung einer Änderung bis zu einem neuen Auftragsbedarf.
- Sicherstellung geänderter Abläufe auf Dauer durch Audits.

Bei vorsichtiger Schätzung kann damit gerechnet werden, daß die vorgeschlagenen Maßnahmen das derzeitige Kostenvolumen von jährlich 3,9 Mio. DM um mindestens 700 TDM reduzieren. Festzuhalten ist, daß bestimmte Kostenarten, wie Zinskosten für durch Änderungen erforderliche zusätzliche Teile und Vorrichtungen sowie Verschrottungskosten in Verbindung mit Änderungen, nicht erfaßt werden können.

Grundschritt 6: Lösungen verwirklichen

Die Umsetzung/Realisierung einer Konzeption wird in Kapitel 6 behandelt.

5.2 Qualitätszirkelarbeit

Im Rahmen japanischer Qualitätsverbesserungsprogramme wurde unter anderem das Konzept der Qualitätszirkel entwickelt. Es wird inzwischen in allen industriellen Ländern der Welt angewendet.

Definition

Ein Qualitätszirkel (QZ) besteht aus einer Gruppe von Mitarbeitern der Produktionslinien oder der Stabsbereiche, welche

- gleichartige Arbeit verrichten, diese also genauestens in allen Einzelheiten kennen,
- sich freiwillig regelmäßig zusammenfinden, um als Gruppe Arbeitsprobleme, die sie hindern, effektiver zu sein, zu bearbeiten und realistische Lösungen zu entwickeln.

Ursprünglich bezogen sich die Arbeiten auf das Gebiet der Qualitätssicherung, haben sich aber inzwischen auf alle betrieblichen Sachgebiete ausgedehnt. Die Lösungsvorschläge werden dem Management zur Entscheidung vorgetragen und soweit wie möglich von der Gruppe selbst realisiert.

Ziele der Qualitätszirkelarbeit

1. Ziele des Lernens:
Mitarbeiter lernen in einer Gruppe an gemeinsamen Problemen zu arbeiten, Techniken und Methoden der Problemfindung, Problemanalyse und -lösung sowie die Lösungsdarstellung. Sie lernen, die Bedeutung der Qualität und Produktivität für den Bestand des Unternehmens erkennen; Meister und andere Vorgesetzte lernen, ihre Mitarbeiter zu schulen und mit ihnen an gemeinsamen Problemen zu arbeiten. Das Management lernt, einen umfassenden und schwierigen Sozialprozeß verantwortlich zu planen, zu steuern und zu überwachen.

2. Ziele zur Schaffung einer neuen Einstellung zur Arbeit:
Mitarbeiter entwickeln Kompetenz und Selbstwertgefühl. Vorgesetzte

erkennen, daß ihre Mitarbeiter durchaus kompetent sind, an Problemen mitzuarbeiten.

3. Ziele zur Erhöhung der Produktivität und Qualität
Schwachstellenanalyse insbesondere des Produktionsprozesses, Einführung von Problemlösungen und Verfolgen der Verwirklichung.

Regeln für die Durchführung von Qualitätszirkeln

- Die Teilnahme ist freiwillig.
- Die Gruppe soll maximal acht Mitarbeiter umfassen.
- Manche Zirkel treffen sich für etwa zwei Monate wöchentlich für je eine Stunde, um die Zirkelarbeit zu lernen. Später trifft man sich in der Regel alle 14 Tage.
- Die Leitung des Zirkels übernimmt der Linienvorgesetzte, z. B. Meister, Gruppenleiter, Vorarbeiter etc. Die Vorgesetzten absolvieren aber vorher eine Schulung als Moderatoren und müssen dann auch entsprechend arbeiten.
- Teilnehmer aus anderen Bereichen, z. B. aus technischen Abteilungen, der Qualitätskontrolle etc., sollten nur bei besonderem Bedarf hinzugezogen werden.
- Die Treffen sollten außerhalb des Arbeitsplatzes stattfinden. Möglichkeiten zur Visualisierung müssen gegeben sein.
- Die Sitzungen finden während der Arbeitszeit statt und werden bezahlt.
- Verbesserungsvorschläge können als Gruppenvorschlag in das betriebliche Vorschlagswesen eingebracht werden.

Themen für die Qualitätszirkelarbeit

Es sind alle Themen zugelassen, welche sich mit der Arbeit und den Arbeitsplätzen der Teilnehmer befassen, z. B. Arbeitsverfahren, -mittel, -umgebung, Transport etc. Nicht zu den erlaubten Themen gehören Produktpolitik, Absatzstrategie oder organisatorische und tarifpolitische Fragen.

Die Themen sollten möglichst von der jeweiligen Gruppe selbst gewählt werden, wobei das Hier und Heute Vorrang hat. Vergangenheitsfehler zu erörtern sollte vermieden werden.

Organisation der Qualitätszirkel

In westlichen Ländern hat sich folgende Organisationsform durchgesetzt:

Elemente:	*Funktionen:*
Steuergruppe	Unternehmerischer Wille zur Einführung und Durchsetzung von Qualitätszirkeln
Koordinator	Unterstützung, Versorgung und Logistik für Zirkel
Zirkelleiter	Leitung der Zirkel, Fertigkeitsvermittlung für die Teilnehmer
Teilnehmer	Durchführen der Zirkel

Methoden in Qualitätszirkeln

Die Qualitätszirkel arbeiten mit folgenden Methoden (Rehm, Strombach 1983):

- Datensammlung,
- Einsatz von Checklisten,
- ABC-Analyse, meist nach Kostengesichtspunkten,
- Kreativitätstechniken, meist Brainstorming,
- Ursache-/Wirkungsdiagramm (Ishikawa-Diagramm),
- Moderationstechnik,
- Präsentationstechnik.

Erfolgskontrollen

Es ist unbedingt notwendig, nach Einführung einer Problemlösung eine Erfolgskontrolle durchzuführen. Man kann nur von einem Erfolg einer Gruppenarbeit sprechen, wenn eine Verbesserungsidee auch tatsächlich umgesetzt worden ist. Wenn der geplante Erfolg ganz oder teilweise ausgeblieben ist, muß sich die Gruppe erneut mit diesem Fall beschäftigen.

Nach Rehm, Strombach muß sich die Arbeitsgruppe zur Kontrolle des Erfolgs folgende Fragen stellen:

- Wurde eine verabschiedete Lösung tatsächlich eingeführt? Wenn dies nicht der Fall ist, müssen die Gründe gesucht werden. Gibt es einleuchtende Gründe?

- Wurde die Lösung so wie geplant eingeführt? Wenn die eingeführte Lösung von der genehmigten abweicht, müssen ebenfalls die Ursachen ermittelt werden. Eventuell muß sich die Gruppe erneut mit der Aufgabenstellung befassen.
- Sind alle wesentlichen ursprünglich festgestellten Probleme beseitigt? Wenn nein, ist auch in diesem Fall eine Überarbeitung angebracht.
- Sind zu Beginn der Untersuchung (z. B. bei der Problemanalyse) Ist-Daten gesammelt worden, die Soll-Ist-Vergleiche erlauben?
- Welche Termine sind für die Erfolgskontrollen zweckmäßig? Es muß dazu abgeschätzt werden, wann voraussichtlich erste Auswirkungen der durchgeführten Maßnahmen erkennbar sein können.

Neben Datenvergleichen ist vor allem das Ergebnisdiagramm ein sehr geeignetes Mittel, die Auswirkungen von Maßnahmen zu verfolgen und darzustellen *(Abbildung 30).*

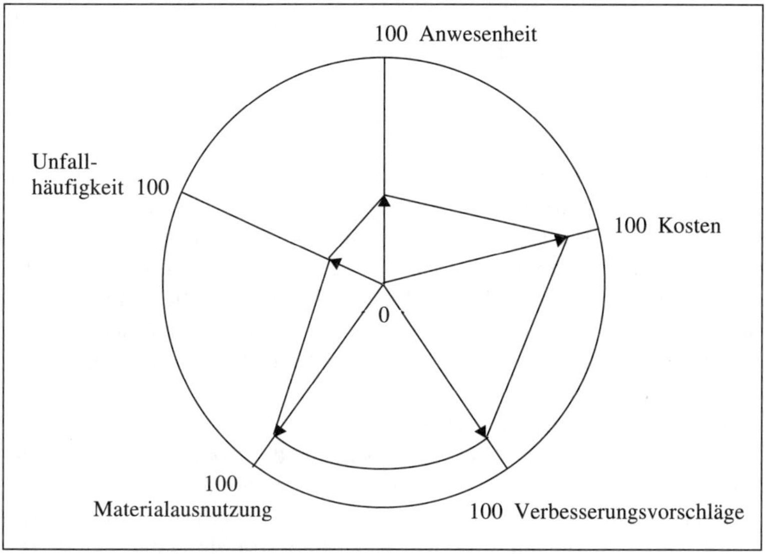

Abbildung 30: Ergebnisdiagramm

Wie die Abbildung zeigt, werden die geplanten Ziele als vom Mittelpunkt ausgehende Achsen dargestellt. Der Mittelpunkt ist der Ausgangspunkt, d. h. der Ist-Zustand vor Einführung eines Vorschlags. Der äußere Kreis stellt mit 100 Prozent die jeweilige volle Zielerreichung dar, während die innere Fläche den erreichten Erfolg zu einem bestimmten Zeitpunkt der Erfolgskontrolle ausdrückt. Von Zeit zu Zeit werden weitere Kontrollen durchgeführt, die dann größere Kreisgebilde ergeben, die sich dem äußeren Kreis nähern.

Mit der vollen Annäherung an den äußeren Zielkreis sind die Zielvorstellungen einer QZ-Gruppe erreicht.

5.3 Sechs-Stufen-Methode nach REFA

5.3.1 Einleitung

Die geistige Aufgabe, neue System-Konzeptionen zu entwickeln oder komplexe Probleme zu lösen, erfordert nicht nur spezielles fachliches Know-how, sondern auch Methoden der Arbeitsgestaltung. Diese Problematik ist nicht neu und hat schon viele Geister beschäftigt. Man unterscheidet in diesem Zusammenhang zwei Arten von Problemen oder Aufgabenstellungen:

Wohlstrukturierte Probleme:
Das sind solche Fälle, bei denen die Lösúng einer Aufgabe mit Hilfe eindeutiger Vorschriften für die Vorgehens- oder Denkweise, sogenannten Algorithmen, erreicht werden kann. Diese Algorithmen sind z. B. mathematische Formeln, Programme oder auch »Spielregeln«. Häufig wird die Tatsache, daß wohlstrukturierte Probleme in diesem Sinne vorliegen, nicht erkannt und das Rad immer wieder neu erfunden. Dabei könnte man diese mit geringem Aufwand mit Algorithmen oder standardisierten Abläufen lösen.
Schlecht strukturierte Probleme:
Es gibt natürlich auch viele Aufgaben, für die der Lösungsweg nicht von vornherein bekannt ist. Man kann hier nicht auf eindeutige Algorithmen zurückgreifen, sondern versucht, durch mehr experimentelles, schrittweises Vorgehen mit jeweiliger Neubestimmung der nach Erreichen einer bestimmten Situation sinnvollen Maßnahmen, eine Lösung

zu finden. Allgemeine Erfahrungen, Kreativität und Intuition sind hier gefragt.

Mit dieser letzteren Art von Aufgaben beschäftigt sich die Heuristik, die man auch als die »Lehre vom planmäßigen Probieren« bezeichnet (Stier, 1972).

Es gibt allerdings Möglichkeiten, die Erfolgschancen solcher Prozesse mit dem Einsatz sogenannter heuristischer Prinzipien zu verbessern. Man versteht darunter Suchregeln oder Heuristiken, die Kreativität und geistige Prozesse fördern. Solche Heuristiken sind zum Beispiel:

- Systematische Strukturierung eines Problems,
- Kombinationen und Variationen,
- Bildung von Analogien (etwa aus der Natur),
- Abstraktion von Begriffen.

In den bekannten Kreativitätstechniken (z. B. Brainstorming, Morphologischer Kasten, Synektik) sind solche Heuristiken zur gezielten Anregung von Denkprozessen eingebaut.

Der REFA-Verband für Arbeitsstudien und Betriebsorganisation hat sich ebenfalls dieser Sache angenommen und eine generelle Logik für die Lösung komplexer Aufgabenstellungen entwickelt (REFA, 1985). Diese *Sechs-Stufen-Methode zur Gestaltung von Arbeitssystemen* ist ein Arbeitsplan (Strategie) zum stufenweisen Vorgehen bei der Bearbeitung und Optimierung von Systemen aller Art. Dabei ist nicht daran gedacht, dem Bearbeiter eine bestimmte Vorgehensweise unbedingt aufzuzwingen, sondern er soll zu einer logischen und heuristischen Vorgehensweise angeregt werden. Die Sechs-Stufen-Methode ist sowohl für die Ablaufplanung in Fertigung und Verwaltung als auch zur Verbesserung von Arbeitsplätzen geeignet.

5.3.2 Der Begriff Arbeitssystem

Stier definiert den Begriff Arbeitssystem als eine Verbindung von Menschen und Arbeitsmitteln, mit der eine Eingabe (Input) so verändert wird, daß eine gewünschte Ausgabe (Output) erzielt wird. In diesem Sinne kann der Begriff Arbeitssystem ganz allgemein verwendet werden und trifft auf alle Arten von Systemen zu, z. B. auf

- Produktionssysteme,
- Dienstleistungssysteme,
- Informationssysteme,
- Waffensysteme.

Im allgemeinen ist jedes Arbeitssystem Bestandteil einer Hierarchie von Systemen. Es gehört also zu einem höheren System und besteht seinerseits aus Subsystemen. Dies muß insbesondere bei der Definition von Input und Output beachtet werden.

5.3.3 Die sechs Stufen der Arbeitssystemgestaltung

Nach REFA versteht man unter Arbeitsgestaltung das Schaffen eines aufgabengerechten, optimalen Zusammenwirkens von arbeitenden Menschen, Betriebsmitteln und Arbeitsgegenständen durch zweckmäßige Organisation von Arbeitssystemen unter Beachtung der menschlichen Leistungsfähigkeit und Bedürfnisse. Die Ziele der Arbeitsgestaltung bestehen darin, mit der Gestaltung der Arbeitssysteme eine hohe Wirtschaftlichkeit zu erreichen und mit ergonomische und sozialen Maßnahmen die Humanisierung der Arbeit sichern.

Die obige Methode, die in den Grundideen auf Nadler (1969) zurückgeht, arbeitet mit folgenden sechs Stufen *(Abbildung 31)*.

1. Ziele setzen:
Das üblicherweise für eine solche Aufgabe eingesetzte Team erhält seine quantifizierten Ziele von der Geschäftsleitung oder einem Lenkungsausschuß (siehe auch Kap. 3.1). Es kann sich dabei um wirtschaftliche oder häufig auch um nicht-wirtschaftliche Ziele handeln. Die Ziele müssen im allgemeinen in Unterziele gegliedert werden, um dazu Teilaufgaben formulieren zu können. Wichtig sind auch die Hintergründe der Gestaltungsaufgabe. Was war zum Beispiel der Anlaß für dieses Projekt, wer ist der eigentliche Veranlasser? Welche Motive oder Beweggründe haben zu der Aufgabe geführt?

2. Aufgabe abgrenzen:
In dieser Stufe muß die Aufgabe des zu gestaltenden Systems sorgfältig beschrieben werden (mit Hauptwort und Verb, etwa im Gemeinkostenbereich: Materialbedarf X ermitteln), und zwar so, daß eine eindeutige

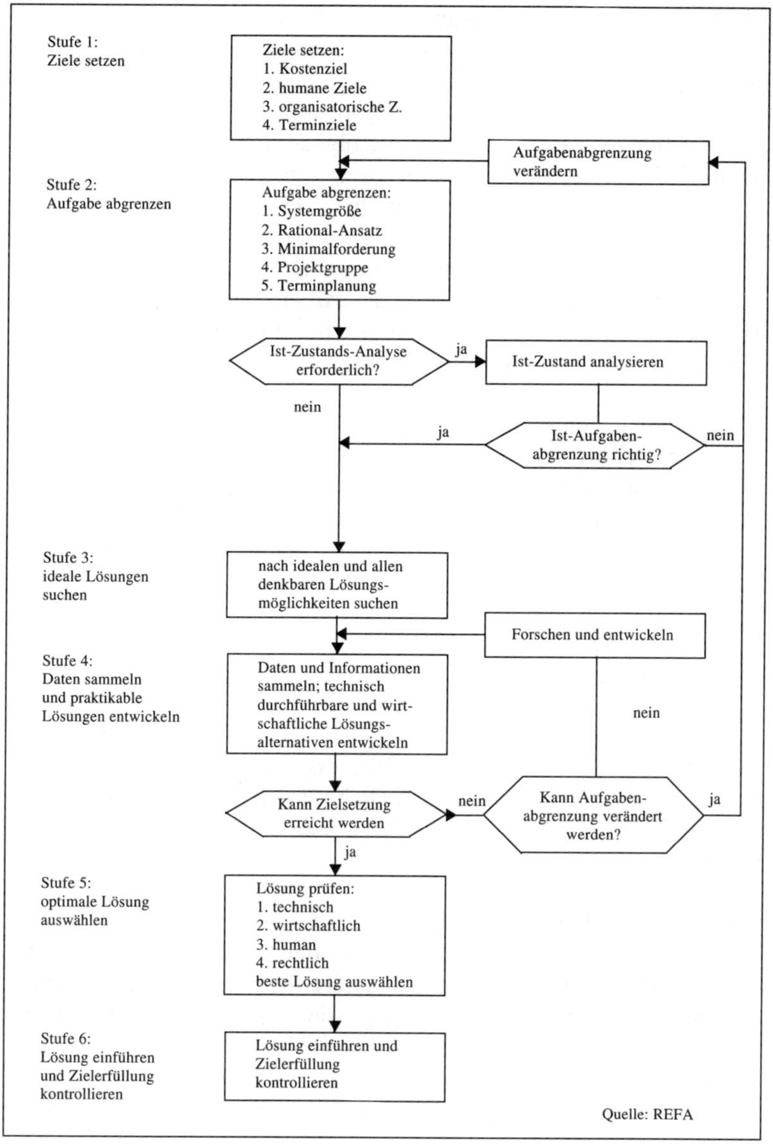

Abbildung 31: Sechs-Stufen-Methode der Systemgestaltung

Abgrenzung zu anderen Systemen entsteht. Darüber hinaus muß entschieden werden, ob übergeordnete oder untergeordnete Systeme einbezogen werden müssen oder nicht. Forderungen an das System, die die Lösungsmöglichkeiten beeinflussen, müssen präzisiert werden, zum Beispiel zulässige Betriebskosten, verfügbare Räume usw. Der Ist-Zustand wird dabei nur soweit erfaßt, wie er zum Erkennen der Ist-Aufgaben erforderlich ist. Es geht also nur um die Frage nach dem »Was« und nicht nach dem »Wie«.

Im Rahmen der Aufgabenpräzisierung kann dann auch entschieden werden, ob die Zusammensetzung des Arbeitsteams richtig ist. Letztlich wird das Terminziel für die Aufgabenerfüllung festgelegt und mit dem Auftraggeber abgestimmt.

3. Ideale Lösungen suchen:
In diesem Schritt liegt das Besondere der Methode. Das Arbeitsteam soll seine Anregungen und Ideen zur Optimierung nicht aus den Mängeln eines Ist-Zustands ableiten, den man analysiert und punktuell verbessert. Dies ist zwar bei vielen Methoden zur Rationalisierung der übliche Weg; meist aus Gründen der Zeitersparnis und häufig aus Bequemlichkeit.

In Anlehnung an Nadler (1969) entwickelt das Team zunächst eine ideale Lösung unter idealen Bedinungen. Das heißt, irgendwelche Beschränkungen aus einem Ist-Zustand werden vorerst nicht beachtet. Man plant eine »Fabrik auf der grünen Wiese«. Diese Vorgehensweise führt eher zu neuen, zukunftsweisenden Lösungen, die mindestens als Denkanstöße für das Gestalterteam aber auch für den Auftraggeber von großer Bedeutung sind. Man erreicht fast immer umfassendere und bessere Ergebnisse.

4. Daten sammeln und praktikable Lösungen entwickeln:
Natürlich muß man auch hier wieder auf den Boden der Tatsachen zurückkommen. Das heißt, es erfolgt nun mit Hilfe aller zugänglichen Daten und Informationen eine Überprüfung, wie weit das entwickelte ideale System unter den Bedingungen der Wirklichkeit machbar ist. Es ergeben sich meist mehrere reale praktikable Alternativen. Sie werden soweit spezifiziert, daß sie bezüglich Auslegung, Kosten und Zielerfüllung beurteilt werden können.

5. Optimale Lösung auswählen:
Es erfolgt nun eine Prüfung und Bewertung der Lösungen nach folgenden Gesichtspunkten:

- Grad der Problembeseitigung,
- Maß der Zielerfüllung,
- Wirtschaftlichkeit (Kostenvergleich),
- technische Sicherheit (Unfallverhütung),
- menschlich zumutbare Bedingungen,
- rechtliche Bedingungen (Tarifbestimmungen).

Gegebenenfalls müssen auch neue Arbeitsverfahren erprobt oder Angebote eingeholt werden, bevor dann eine optimale Lösung dem Auftraggeber zur Entscheidung vorgelegt werden kann.

6. Lösung einführen; Zielerfüllung kontrollieren:
Die neue Lösung wird von den Fachabteilungen (nicht von den Arbeitsgruppen) eingeführt. Dazu sind folgende Punkte zu klären:

- Einführung in einem Zuge oder in Teilfolgen?
- Eigenherstellung oder Bezug von auswärts?
- Vermeidung von Übergangsstörungen,
- zeitlicher Ablauf,
- Einsatz und Anleitung von Mitarbeitern und externen Spezialisten.

Wesentlich ist nach dem Start der Realisierungsmaßnahmen die Kontrolle der Zielerfüllung. Dazu sind periodische Überwachungen erforderlich.

Im Kapitel 6 werden die *Umsetzung/Realisierung einer Konzeption sowie Audits zur langfristigen Sicherung der Ergebnisse* ausführlich behandelt.

5.4 Moderne, ganzheitliche Unternehmens- und Managementstrategien und -methoden

5.4.1 Lean Production/Lean Management

Die Zielsetzung dieses Buches, aus einer grundsätzlichen Analyse einer Unternehmenssituation heraus neue taktische und strategische Ansätze zur Zukunftssicherung zu entwickeln, läßt es nicht zu, das obige Thema zu übergehen. Es besteht allerdings die Gefahr, daß bei der Fülle der zu behandelnden Themen dieser bedeutende Komplex nicht ausreichend gewürdigt werden kann. Der Verfasser bittet also bereits jetzt um Nachsicht.

Was ist Lean Production bzw. Lean Management? Ausgangspunkt der öffentlichen Diskussion über diese japanische Unternehmensphilosophie war eine Großuntersuchung des amerikanischen MIT (Massachusetts Institute of Technology) über die Automobilindustrie in Japan, Nordamerika und Westeuropa. Es bestand der Wunsch, nähere Informationen über die Leistungsstärke der japanischen Industrie zu gewinnen. Die Ergebnisse dieser MIT-Studie liegen auch in einer deutschen Übersetzung vor (Womack/Jones/Roos, 1991). Am Beispiel der Firma TOYOTA wird eine japanische Unternehmens- und Produktionsphilosophie unter dem von MIT erfundenen Namen Lean Production beschrieben, die in ihren Erkenntnissen als sensationell bezeichnet werden kann.

Grundlage dieser Philosophie ist eine Gesamtbetrachtung des vollständigen Leistungsprozesses im Unternehmen einschließlich des tätigen Managements. Das ganze Unternehmen mit seinen externen Partnern wird in seiner Leistungskette so optimiert und gestrafft, daß in kürzerer Zeit und mit geringeren Kosten qualitativ bessere Produkte entwickelt und produziert werden können.

Die wichtigsten Merkmale solcher »schlanken« Unternehmen sind:

- Konsequente Marktorientierung in allen Bereichen und Tätigkeiten des Unternehmens. Kundenwünsche haben höchste Priorität.
- Konzentration auf das Kerngeschäft, d. h. auf diejenigen unternehmerischen Tätigkeiten, für die das notwendige Know-how vorhanden ist und mit denen ein Markterfolg erwartet werden kann.
- Optimierung der gesamten Leistungskette (von der Entwicklung über die Produktion bis zur Auslieferung) mit kurzen Durchlaufzeiten,

niedrigen Lagerbeständen und flexibler Anpassung an den Kundenbedarf.
- Dabei wird die Fertigungstiefe verringert. Die Zulieferer werden voll in den eigenen Produktionsprozeß integriert.
- Alle Tätigkeiten im Unternehmen stehen unter dem Motto Fehlerlosigkeit bzw. Beseitigung von Fehlerursachen.
- Flache Hierarchien mit weitgehender Delegation der Entscheidungen dorthin, wo die Wertschöpfung stattfindet.
- Einsatz qualifizierter Mitarbeiter in funktionsübergreifenden Arbeitsgruppen mit weitgehend autonomer Teamarbeit.

Die Ausdehnung der Lean Production-Philosophie auf das gesamte Unternehmen und die Führungstätigkeit hat zu dem erweiterten Begriff Lean Management geführt.

Gewisse Einzelelemente dieser japanischen Unternehmens- und Industriekultur, die heute unter dem Oberbegriff Lean Management beschrieben und angewendet werden, sind auch in den USA und Europa schon länger bekannt. Sie werden als spezifische Methoden in Theorie und Praxis erörtert und benutzt. Die wichtigsten dieser Vorgehensweisen und Managementmethoden seien nachfolgend beschrieben:

5.4.2 KAIZEN (ständige Verbesserung)

Eines der wichtigsten »Rezepte« für den japanischen Erfolg ist KAIZEN. Es bedeutet in direkter Übersetzung »Verbesserung« und ist im Kern der Ausdruck einer positiven Lebenseinstellung, die nach Verbesserung um der Verbesserung willen strebt. Dementsprechend bedeutet hier KAIZEN nicht nur Produktverbesserung, sondern Verbesserung sämtlicher Vorgänge, von der Idee über die Fertigstellung bis hin zur Vermarktung und zur Kundenpflege einschließlich der stetigen Weiterentwicklung des arbeitenden Menschen.

Die Grundidee von KAIZEN ist in der betrieblichen Anwendung so zu verstehen, daß nur eine kontinuierliche Verbesserung des Arbeitssystems, einschließlich der durchgeführten Prozesse und der eingesetzten Betriebsmittel, zu einer Aufrechterhaltung der Wettbewerbsfähigkeit des Unternehmens führt. In diesen Prozeß müssen alle Beteiligten, die Mitarbeiter, die Führungskräfte, die Lieferanten mit einbezogen werden.

Alle Mitarbeiter müssen diese Einstellung entwickeln und praktizieren; es handelt sich also auch um eine Frage der Unternehmenskultur. Sie erfordert auch eine Neuorientierung der Vorgesetzten. Diese haben primär die Aufgabe, den Arbeitsprozeß der Mitarbeiter zu fördern. Dazu ist ein anderer Führungsstil notwendig. Nicht Hierarchiedenken und Durchsetzungsvermögen sind gefragt, sondern Qualitätsarbeit durch Information und Beratung der Mitarbeiter.

Die Durchführung der KAIZEN-Philosophie setzt auch eine neue Einstellung zu betrieblichen Problemen voraus. Man muß sich darüber im klaren sein, daß

- es keinen Bereich ohne Probleme gibt,
- bestehende Probleme bereichsübergreifend sein können,
- die Lösung solcher Probleme bereichs- oder funktionsübergreifende Zusammenarbeit in Teams erfordert,
- keine Schuldigen gesucht werden; jeder darf ungestraft die Existenz von Problemen zugeben. Probleme sind ein erfreulicher Anlaß, etwas besser zu machen.

Nach außen zeigt sich die Wirkung des gesamten Systems zum Beispiel auch in einem wesentlich intensiveren Vorschlagswesen. In Japan werden etwa 200 Mal so viel Vorschläge erarbeitet wie in Deutschland.

5.4.3 Gruppenarbeit

Wichtigstes Merkmal einer schlanken Organisation ist eine besondere Form von Gruppenarbeit. Hier muß allerdings differenziert werden, denn japanische Gruppenarbeit unterscheidet sich deutlich von europäischen und deutschen Vorstellungen.

Zunächst also die japanische Version. Vor allem religiöse Einflüsse (Konfuzianismus) haben dazu geführt, daß Japaner eine stark kollektivistische Grundhaltung haben. Gemeinschaftssinn ist viel wichtiger als Selbstverwirklichung und Individualismus. Auch die traditionelle Familienorientierung führt zu Unterordnungsbereitschaft, sozialverträglicherem Verhalten und zu stärkerer Bindung an das Unternehmen. Deshalb ist auch Gruppenarbeit für Japaner sozusagen eine natürliche Arbeitsweise und ein »Wir«-Gefühl ist quasi »angeboren«.

In der Regel bestehen die Gruppen aus fünf bis zehn Personen mit laufender Rotation der Aufgaben. Als Leiter der Gruppen ist ein Supervisor tätig, der Fach-, Führungs- und Integrationskompetenz besitzt. Diese Gruppen können reine Fertigungsgruppen sein oder auch Produktion und Fachbereiche integrieren. Auch für die Arbeit dieser Teams gilt das KAIZEN-Prinzip, d. h. kontinuierliche Verbesserung von Produkt- und Prozeßqualität. Die Teams behandeln sich untereinander wie Kunden und legen größten Wert darauf, fehlerhafte Leistungen zu vermeiden und nur hochwertige Leistungen für die »Kunden« zu erbringen.

Unterstützt wird das Null-Fehler-Konzept durch konsequente Systeme der Fehlerentdeckung und -beseitigung sowie durch besondere Formen der Information (z. B. Ergebnis- und Fehlervisualisierung in den Betriebsbereichen).

Die Entscheidungen in den Gruppen sollen möglichst nur einstimmig gefällt werden. Die deshalb im allgemeinen langwierigen Entscheidungsprozesse führen allerdings meist zu kurzen Umsetzungszeiten, weil hier dann nicht mehr viel Überzeugungsarbeit erforderlich ist. Auf jeden Fall besteht in japanischen Gruppen eine ausgesprochene Leistungsorientierung, die sich vor allem in höherer Produktqualität, einem Rückgang der Fehlzeiten und einer Erhöhung der Produktivität auswirkt.

Die klaren, einfachen und flachen Hierarchien werden allerdings vom sogenannten Senioritätsprinzip durchlöchert. Senioren haben Autorität ohne Status. Es ergeben sich Altershierarchien, die dem Prinzip der flachen Hierarchien entgegenstehen.

In Deutschland hat sich eine Form der Gruppenarbeit herausgebildet, die versucht, wirtschaftliche *und* soziale Ziele in den Gruppen zu verwirklichen. Das Unternehmen soll Vorteile haben aber auch der Mitarbeiter. Hauptanwender in Deutschland ist die Automobilindustrie (Opel, BMW, Daimler-Benz).

Grün (1993, S. 50) nennt folgende Grundprinzipien der »deutschen« Gruppenvariante:

1. Die Gruppe sollte aus 12 bis 15 Mitarbeitern bestehen. Dabei ist es wichtig, bestehende soziale Strukturen möglichst zu erhalten.
2. Das Unternehmen gibt der Gruppe eine gemeinsame Aufgabe und stellt für die Erfüllung Arbeitspapiere, Betriebsmittel, Material und Räume zur Verfügung. Es muß sich um einen abgegrenzten und überschaubaren Bereich handeln.

3. Die Gruppe kann in gewissem Umfang ihre Arbeit selbst organisieren, z. B. bei der internen Arbeitsaufteilung, der Pausenregelung, der Urlaubsplanung usw. Auch Arbeitsplatzwechsel ist möglich. Dazu sind Qualifizierungsangebote von Seiten des Unternehmens erforderlich.
4. Die Höherqualifizierung der Gruppenmitglieder kann sich auf wechselnde Tätigkeiten beziehen (Rotation) oder auch auf produktionsfremde, zusätzliche Aufgaben (Qualitätskontrolle, Reparatur usw.).
5. Die Gruppe wählt selbst einen Gruppensprecher und meist einen Vertreter. Diese haben keine Weisungs- und Disziplinarrechte, sondern erledigen anfallende Arbeiten im Auftrage der Gruppe, z. B. interne Koordinierung oder extern die Vertretung der Gruppe nach außen. Dies ist etwa notwendig gegenüber vor- oder nachgelagerten Gruppen oder Fachabteilungen des Hauses.
6. Für die externe Zusammenarbeit mit dem Unternehmen spielt die Situation des Meisters eine große Rolle. Der Meister hat eine veränderte Führungsrolle. Er wird von produktionsbezogenen Aufgaben weitgehend entlastet und mehr zum Manager, der die Gruppen (er betreut etwa drei bis vier) berät und unterstützt (Zielvereinbarungen, Schaffung günstiger sachlicher und persönlicher Arbeitsbedingungen usw).
7. Die Gruppen führen regelmäßig Gruppengespräche durch, wobei die Wahl der Themen frei ist. Auf Wunsch können sich auch gruppenfremde Mitarbeiter der Firma beteiligen, wenn fachspezifische Fragen behandelt werden sollen.

Insgesamt wird von dieser Gruppenarbeit erwartet:

- Erhöhung der Qualität, Verbesserung der Produktivität und vor allem Reduktion von Ausschuß und Nacharbeit,
- Reduzierung der Fehlzeiten aufgrund eines höheren Interesses an der Arbeit, vielleicht aber auch aufgrund des Gruppendrucks,
- laufende Verbesserungen an Arbeitsplätzen und bei Abläufen (KAIZEN),
- verbesserte Kommunikation intern und extern,
- Weiterqualifizierung der beteiligten Mitarbeiter,
- erhöhte Motivation und Arbeitszufriedenheit, aber auch generell aufgrund der verbesserten Möglichkeiten der Mitgestaltung.

Man muß sich allerdings darüber klar sein, daß die Einführung eines derartigen Gruppenarbeitssystems ein langfristiger Prozeß ist, der auch keine kurzfristigen wirtschaftlichen Erfolge zeitigt. Die gesamte Unternehmensorganisation muß angepaßt werden (Aufbauorganisation, Lohnsystem, Ermittlung von Zeitvorgaben, Arbeitsbewertungen usw.).

5.4.4 Total Quality Management (TQM)

Das Streben nach Qualität muß eine unternehmensweite Aufgabe sein. Es leitet sich eigentlich aus dem KAIZEN-Prinzip ab. Deshalb ist auch TQM eine konsequente Weiterentwicklung, indem der Null-Fehler-Gedanke auf das gesamte Management und auf alle internen und externen Leistungen des Unternehmens übertragen wird. Wir können auch hier von einer Geisteshaltung sprechen, die sich auf alle beruflichen und privaten Aspekte des persönlichen Lebens auswirkt. Im einzelnen bedeutet dies folgendes:

- Das Null-Fehler-Prinzip ist der logische Schlußpunkt aller »ständigen Verbesserungen« erbrachter Leistungen.
- Deshalb wirkt TQM bei allen ausführenden und Leitungsfunktionen und gilt natürlich auch für bestehende und neue Produkte oder Dienstleistungen.
- TQM wird selbstverständlich kundenorientiert durchgeführt und schließt auch Lieferanten ein.
- TQM wird von jedem Einzelnen im Unternehmen mitgetragen, weil er davon überzeugt ist, daß die Qualität aller Tätigkeiten wesentlich zur Gewinnsicherung beiträgt.
- In der Praxis bedeutet dies, daß sich jeder Mitarbeiter intensiv bemüht, alle persönlichen Leistungen im Unternehmen sozusagen von Anfang an richtig zu machen und sie mit einem Minimum an Aufwand durchzuführen. Jeder Mitarbeiter ist für seinen Beitrag verantwortlich.

5.4.5 Simultaneous Engineering (SE)

Der stärkere Wettbewerbsdruck führt dazu, daß immer bessere und kostengünstigere Produkte in immer kürzerer Zeit hervorgebracht werden müssen. Dies ist vor allem eine Aufgabe der Entwicklung. Der entscheidende Schritt zur Erreichung dieses Zieles besteht in einer parallelen und funktionsübergreifenden Entwicklung und Planung von Produkt und Produktionsprozeß. Eine solche Vorgehensweise nennt man *Simultaneous Engineering.*

Sie wird nicht nur in den Planungs- und Entwicklungsabteilungen des eigenen Unternehmens praktiziert, sondern auch die Lieferanten von Material und Betriebsmitteln werden in diesen Prozeß einbezogen.

Diese ganzheitliche Arbeitsweise, die auch Teamarbeit erfordert, war übrigens auch schon das Erfolgsrezept der Pioniere der Automobilindustrie, wie z. B. Henry Ford, die nicht nur ihre Autos selbst entwikkelten, sondern auch den Produktionsprozeß und die notwendigen Fabrikhallen selbst planten. Die zunehmende Größe der Unternehmen und die steigende Komplexität der Erzeugnisse ließ dies später nicht mehr zu.

Bis zum heutigen Tag wird daher in vielen Unternehmen eine rein sequentielle Arbeitsweise angewendet. Der Konstrukteur entwickelt und konstruiert sein Produkt, legt es in Detailzeichnungen fest, erstellt Stücklisten, Materialspezifikationen usw. und erwirkt die Produktfreigabe. Erst danach bekommt die Fertigungsplanung die notwendigen Unterlagen, um den Fertigungsablauf zu konzipieren sowie Betriebsmittel festzulegen und zu beschaffen. Dies führt zu langen Durchlaufzeiten und zu Qualitäts- und Kostenproblemen. Zum Beispiel ist eine nachträgliche Konstruktionsänderung aus Zeitgründen nicht mehr möglich, obwohl sie aus Fertigungsgesichtspunkten durchaus notwendig wäre. Der skizzierte Ablauf ist die Folge der üblichen funktionalen Organisation mit ihrer klaren Trennung von Aufgaben und Verantwortungen.

Simultaneous Engineering löst dieses Problem vor allem dadurch, daß SE-teams gebildet werden, die gemeinsam die dargestellten übergreifenden Aufgaben lösen. Die Mitglieder der Teams kommen aus den beteiligten Unternehmensbereichen und können auch Fachleute der Zulieferfirmen einschließen.

Ausgangspunkt aller SE-Maßnahmen sind:

- Festlegung des Pflichtenhefts mit klarer Darstellung der gewünschten kundenorientierten Funktionen, der Marketing- und der Entwicklungsziele,
- Beschreibung des Produktkonzepts,

- Budgetierung der Entwicklungsaufwendungen,
- Festlegung des Entwicklungsterminplans,
- Organisation des Entwicklungs-Controllings.

Eversheim (1990, S. 208) nennt folgende vorrangige Aufgaben für das SE-Team:

- Analyse des Produktkonzepts: Festgestellte Mängel müssen von den zuständigen Fachabteilungen beseitigt werden.
- Formulierung von Standardisierungsmaßnahmen: Dadurch werden Kostenreduzierungen bei der Auslegung der Produktionseinrichtungen und auch eine Senkung der künftigen Herstellkosten des Produkts erreicht.
- Formulierung von Flexibilitätsanforderungen: Bei der Planung des Produktionsmitteleinsatzes soll eine Nutzung des Betriebsmittels auch bei anderen Produkten ermöglicht werden.
- Untersuchung und Auswahl neuer Produktionstechnologien.
- Quantitative Bewertung der zu treffenden Maßnahmen: Es ist eine quantitative Bewertung möglicher Maßnahmen unter Berücksichtigung der Zielsetzung erforderlich.

Organisatorische Verbesserungen im Sinne des SE sind anstelle von SE-Teams auch in Form eines räumlichen Zusammenschlusses von Konstruktion und Fertigungsplanung, der gleichermaßen die Führungsebene umfaßt, erreichbar. Es besteht dabei allerdings der Nachteil, daß andere beteiligte Bereiche nicht eingeschlossen sind.

Wie bei eigentlich allen Optimierungs- und Rationalisierungsverfahren werden auch bei SE keine speziellen Arbeitsmethoden und Hilfsmittel vorgeschrieben. Sie sind von Fall zu Fall auszuwählen.

Die Einführung von SE ist oft aus menschlichen Gründen problematisch und langwierig. Es ist viel Überzeugungsarbeit erforderlich. Deshalb wird auch dringend eine Einführung im Unternehmen über gezielt ausgewählte Pilotprojekte empfohlen, für die motivierte Führungskräfte verantwortlich sind. Es muß auch in der Betriebsöffentlichkeit bekannt sein, daß die Geschäftsleitung diese Projekte voll unterstützt.

5.4.6 Quality Function Deployment (QFD)

QFD ist ein wichtiges Teilelement von SE. Wie bereits ausgeführt, basiert die gesamte Lean-Management-Philosophie auf einer ausgesprochenen Kundenorientierung. Der Kundennutzen hat hohe Priorität. Deshalb wird auch die Planung neuer Produkte, d. h. die Erarbeitung eines Produktprofils, sehr stark aus der Sicht des Marktes abgeleitet. QFD ist ein kundenwunschorientiertes Produktplanungsverfahren. Es wurde in Japan an Universitäten entwickelt und Anfang der siebziger Jahre in der japanischen Industrie (Mitsubishi, Toyota) eingeführt (Brunner, 1992). Später breitete sich das neue Verfahren in US-amerikanischen Unternehmen und über deren Tochtergesellschaften dann auch in Europa aus.

Der Kernpunkt des Verfahrens besteht wiederum im Einsatz von Teams. Diese bestehen aus Marketingfachleuten, Produktplanern, Entwicklungsingenieuren, Fertigungstechnikern, Wertanalysespezialisten und Mitarbeitern der Qualitätssicherung. Das Team benötigt für das komplizierte Verfahren einen Moderator.

Arbeitsbasis ist eine sogenannte Produktplanungsmatrix gemäß *Abbildung 32*. Sie wird auch »The House of Quality« genannt, weil sie optisch das Aussehen eines Hauses hat. In dieser Matrix werden vom Team alle wesentlichen Daten des zu entwickelnden Produktes festgelegt (Kunden, Konkurrenz, Technik, Wirtschaftlichkeit). Ein systematischer Wettbewerbsvergleich führt zu einer gezielten Ausrichtung eines Produktes auf die als wichtig angesehenen Kundenanforderungen. QFD sorgt dafür, daß diese Anforderungen zu Beginn sorgfältig erfaßt und dann in allen Stufen bis zur Fertigung beachtet bzw. eingehalten werden. Die angewandte Systematik führt zu

- wesentlichen Produktverbesserungen,
- weniger Änderungen nach Produktfertigstellung,
- erheblichen Reduzierungen der Produktentwicklungszeit (in Verbindung mit den übrigen Maßnahmen des Simultaneous Engineering).

Von besonderer Bedeutung ist die Ermittlung der Markt- und Kundenanforderungen. Hier sind häufig Detailanalysen erforderlich, um die (meist wenigen) wirklich entscheidenden Kundenwünsche herauszufinden. Diese Kundenanforderungen werden zunächst in die Matrix eingetragen und nach ihrer Bedeutung gewichtet. Diese Gewichtung kann für

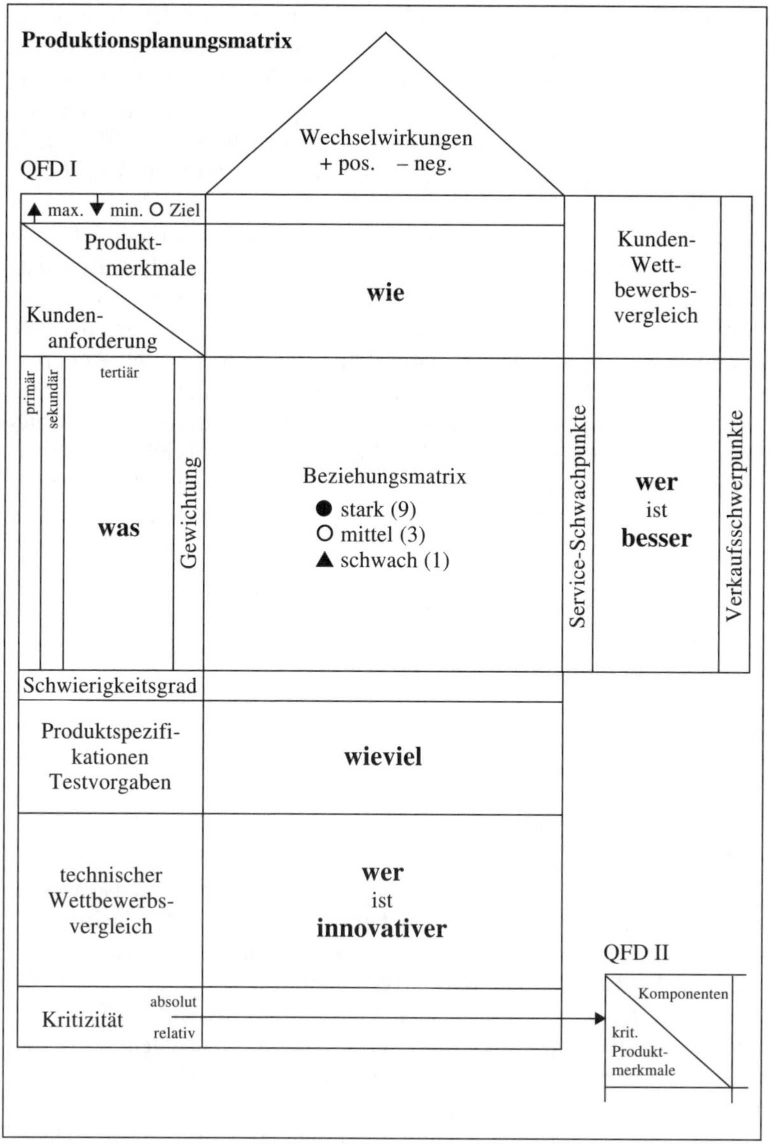

Abbildung 32: Produktplanungsmatrix

einzelne Zielgruppen unterschiedlich sein. Im horizontalen Bereich der Matrix werden dann die vorgesehenen technischen und ökonomischen Produktmerkmale eingetragen. Im Kern der Matrix erfolgt dann eine Vernetzung der Kundenanforderungen mit den Produktmerkmalen. Damit wird z. B. die Frage beantwortet, wie weit bestimmte Merkmale erforderlich sind, um gewisse Anforderungen zu erfüllen. Um diesen Kern herum erfolgt eine Standortbestimmung des eigenen Produktes gegenüber dem besten Wettbewerber, und zwar einmal aus der Sicht des Kunden und einmal aus der Sicht des Herstellers. Das Konfliktpotential zeigt sich, wenn diese Bewertungen auseinanderklaffen.

Im obersten Teil des Hauses werden die Wechselwirkungen der Produktmerkmale untereinander dargestellt. Das bedeutet, daß Änderungen bei einem Merkmal sich auch auf andere Merkmale auswirken können. Aus den Standortbestimmungen und den Erkenntnissen der Beziehungsmatrix lassen sich dann Schlußfolgerungen für das künftige Marktverhalten und die notwendige Entwicklungsarbeit am Produkt ziehen.

QFD muß auch in den weiteren Produktrealisierungsphasen angewendet werden. Folgende Stufen werden empfohlen:

- Baugruppencharakterisierung (QFD II),
- technologisches Fertigungskonzept (QFD III),
- Produktionsanforderungen (QFD IV).

Input für die einzelnen Stufen sind jeweils die Erkenntnisse aus den vorherigen Stufen.

5.4.7 Kostenmanagement/Target Costing

Ein wichtiger Bestandteil eines erfolgreichen Unternehmens muß ein modernes *Kostenmanagement* sein. Die betriebswirtschaftliche Entwicklung auf diesem Gebiet ist bisher im wesentlichen dadurch gekennzeichnet, daß Instrumente zur Kostenverrechnung entwickelt wurden, die Steuerung der Kosten selbst aber relativ wenig Beachtung fand. Die konjunkturellen und strukturellen Probleme der deutschen Wirtschaft haben zu einem wachsenden Kostendruck geführt, der zu einer anderen Behandlung der Kostenfrage zwingt.

Unternehmen müssen deshalb im Rahmen ihrer strategischen Unternehmenssteuerung auch strategisch mit den Kosten umgehen. Kostenmanagement ist deshalb mehr als Senkung der Kosten. Es bedeutet, sich zu beschäftigen mit Fragen der Kostenstruktur und des Kostenniveaus. Wo sind die Schwerpunkte, wo sind die Kosten aus dem Ruder gelaufen? Es heißt aber auch, zu prüfen, welchen Einfluß der Markt und die Kundenwünsche auf das interne Kostenniveau haben. Kann man dieses Niveau durch Verringerung der Fertigungstiefe bzw. durch Straffung der Produktpalette abbauen oder vielleicht auch durch Weitergabe der Kosten in den Preisen entschärfen?

Die letztere Form der Preisbildung ist aber nicht mehr der Normalfall, und das Ergebnis wird sehr häufig am Markt nicht mehr akzeptiert. Man muß sich den Ablauf vergegenwärtigen. Unternehmen entwickeln technologisch hochwertige Produkte, weil sie führend am Weltmarkt sein wollen. Sie fragen nicht danach, ob Kunden diese Produkte wollen. Sie drücken diese Produkte mit einem Preis in den Markt, der ihren Kosten entspricht und wundern sich dann über Absatzschwierigkeiten. Nur wenige Firmen wollen derartige High-Tech-Produkte.

Richtig ist auch hier, im Sinne des Lean Management vom Kundennutzen auszugehen. Ein marktorientiertes Kostenmanagement, das nach diesem Ansatz vorgeht, ist *Target Costing* oder Zielkostenmanagement. Auch dieses Instrument wurde in Japan entwickelt. Auf der Basis von Marktforschungsdaten wird zunächst ein Produktkonzept entwickelt (QFD). Mit »Conjoint Measurement« läßt sich der Produktnutzen und die Preisbereitschaft der Kunden messen. Aus dem realistischen Verkaufspreis ergibt sich nach dem Abzug eines strategisch notwendigen Gewinns der zulässige Selbstkostenbetrag als sogenannter Zielkostenwert (Schneider-Winden, 1993).

Diese Vorgehensweise ist nicht nur für im Markt etablierte, sondern ebenso für neu einzuführende Produkte sinnvoll. Mit Hilfe der Wertanalyse läßt sich in beiden Fällen erreichen, die aus der Sicht der Kunden sinnvollen Produkteigenschaften mit den zulässigen Selbstkosten zu erzeugen.

6. Die Umsetzung / Realisierung einer Konzeption

6.1 Einleitung

Wie die Praxis zeigt, ist der Erfolg eines Reorganisationsprojektes (oder eines Produktverbesserungsprojektes) keineswegs dadurch sichergestellt, daß nach sorgfältiger Erarbeitung einer Konzeption und offizieller Verabschiedung durch die Geschäftsleitung ein Erledigungsauftrag an die zuständigen Fachabteilungen ergangen ist. Häufig stellt man nach längerer Zeit fest, daß das teure Projekt im Sande verlaufen und letztlich nichts geschehen ist. Im günstigsten Falle sind Teilerfolge zu verzeichnen, die den Aufwand aber keineswegs rechtfertigen.

Was ist die Ursache für solche katastrophalen Fehlentwicklungen? Der Hauptgrund besteht im allgemeinen darin, daß für die Einführung einer Soll-Konzeption kein klarer Plan mit Festlegung der gewünschten Ziele, der einzelnen Schritte, der geplanten Termine und nicht zuletzt der verantwortlichen Mitarbeiter *erarbeitet* und *bekanntgegeben* worden ist. Wenn die Geschäftsleitung annimmt, sie könne sich den zweifellos erheblichen *schriftlichen* Planungsaufwand für die Realisierung sparen, weil die Fachabteilungen schon wüßten, was zu tun sein, ist der Mißerfolg programmiert.

Einige Beispiele mögen dies illustrieren. Die Mitarbeiter des Projektteams, bei denen wir einmal Motivation und innere Akzeptanz für die Konzeption voraussetzen, übergeben ihre Planungsergebnisse zur Weiterbearbeitung an die Fachabteilungen (z.B. Vertrieb, Konstruktion, Arbeitsvorbereitung, EDV). Die dort zuständigen Mitarbeiter waren möglicherweise an der Erarbeitung der Konzeption nicht beteiligt und sind vielleicht nicht einmal konkret über das Projekt informiert.

Wenn Sie dann auch noch fachlich mit den vorgeschlagenen Lösungen nicht einverstanden sein sollten, werden sie einfach nichts machen. Sie finden schon einen Grund, um nicht anzufangen. Vielleicht ist es auch nur die Belastung durch die Tagesarbeit!

Ein anderes Beispiel: Bei der Einführung des Projektes ergeben sich Probleme und Entscheidungsnotwendigkeiten. Auch ein engagierter Mitarbeiter findet möglicherweise in einer größeren Organisation niemanden, der die notwendige Entscheidung trifft!

Eine vereinfachte und mehr auf Zuruf stattfindende Einführung ist allenfalls bei sehr kleinen Firmen möglich, bei denen die Fachleute des Projektteams auch persönlich in ihren Stammabteilungen für die Realisierung verantwortlich sind.

6.2 Die Planung der Realisierung

6.2.1 Realisierungsvoraussetzungen

Im folgenden werden einige wichtige Voraussetzungen aufgeführt, die erfüllt sein müssen, damit das Kernstück »Realisierung« erfolgreich verläuft:

Dokumentation der Konzeption bzw. einzelner Verbesserungen:

- Beschreibung der Änderungsmaßnahmen und ihrer Notwendigkeit,
- Beschreibung der organisatorischen und materiellen Voraussetzungen,
- Darstellung des Nutzens und vor allem des quantitativen Effektes,
- Wenn erforderlich, Erörterung nennenswerter Risiken und kritischer Schnittstellenaspekte.

Beschlußfassungen:
Die Entscheidungen, die ggf. auch Änderungen der ursprünglichen Konzeption beinhalten, sind im allgemeinen Sache der Geschäftsleitung bzw. eines speziellen Lenkungsausschusses. Dies schließt nicht aus, daß gewisse untergeordnete Fragen aus tieferliegenden Führungsebenen entschieden werden. Der gesamte Entscheidungsprozeß mit den Entscheidungsträgern und eventuell wichtigen Randbedingungen muß nachvollziehbar dokumentiert werden.

Realisierungsblätter:
Für die Einführung der Konzeption sind Realisierungsblätter zweckmäßig *(Abbildung 33)*, die folgende Informationen enthalten müssen:

- Dokumentation des zu verändernden Zustandes,
- Begründung/Problematik,

THEMA/PROBLEM

IST-ZUSTAND

PROBLEMATIK/BEGRÜNDUNG

VORSCHLAG/AKTIVITÄTEN	REALISIERUNG	
	Wer?	Wann?

ANMERKUNG/ERGEBNIS

Abbildung 33: Realisierungsblatt

- Lösungsvorschläge und Einzelschritte, inklusive notwendiger Voraussetzungen,
- Realisierungsverantwortliche (der Linie),
- Realisierungstermine.

Die Realisierungsverantwortlichen bestätigen mit ihrer Unterschrift, daß sie mit den inhaltlichen Aussagen auf den Blättern einverstanden sind. Sie müssen sich mit diesen Aussagen wirklich identifizieren. Es darf nicht sein, daß sie später erklären, man habe sie zur Unterschrift gedrängt.

Realisierungs-Controllingstelle:
Für den Realisierungszeitraum wird eine Organisationsstelle eingerichtet, die für die Terminverfolgung und alle anderen Soll-/Ist-Vergleiche verantwortlich ist. Meist ist dies der Projektleiter oder eine Kerntruppe des Projektteams. Die Stelle wird der Geschäftsleitung bzw. dem Lenkungsausschuß unterstellt. Sie muß mit klaren Kompetenzen ausgestattet sein und öffentlich bekanntgemacht werden.

Selbstverständlich stehen der Realisierungs-Controllingstelle alle Realisierungsblätter und sonstige Termin-Verfolgungs-Übersichten (z. B. Netzpläne) zur Verfügung.

6.2.2 Die Planung im Detail

Das Realisierungsprogramm wird nun in sachlich und zeitlich überschaubare, aber in sich geschlossene »Teilpakete« untergliedert, damit

- die Realisierungsbeteiligten arbeitsteilig eingesetzt werden können,
- überschaubare Arbeitspakete entstehen, für die Arbeitsabläufe, Zeiten und Kosten planbar sind,
- Teilrealisierungen, soweit sachlich möglich, parallel und damit laufzeitverkürzend ablaufen,
- Realisierungsziele in erreichbare Nähe rücken,
- Erfolgserlebnisse schneller und häufiger eintreten und motivieren.

Die obigen Teilpakete ergeben sich mit Hilfe sogenannter Projektstrukturpläne, wie sie im Projektmanagement üblich sind (Groth, 1982,

S. 47). Als Ergebnis der obigen Bearbeitung entstehen pro Teilpaket die bereits erwähnten Realisierungsblätter, die im Detail alle wesentlichen Plandaten, Vorgaben und die vorgesehenen Realisierungsschritte enthalten. Für den Gesamtablauf sind vor allem mögliche gegenseitige Abhängigkeiten der Teilpakete von großer Bedeutung. Nach Klärung dieser Frage werden alle »Teilpaket«-Pläne zu einem Gesamtrealisierungsplan zusammengefaßt.

Die Darstellung der terminlichen Abläufe wird bei einfachen Projekten mit Balkenplänen und bei komplexeren Projekten mit Netzplänen (siehe Kapitel 6.2.4) durchgeführt.

6.2.3 Wer ist für die Realisierung verantwortlich?

Hier muß zwischen Planung und Realisierung unterschieden werden. Die Planung ist Aufgabe des Projektteams, wobei sich einzelne Mitglieder, je nach fachlichen Schwerpunkten, federführend mit den Planungsentwürfen befassen. Der jeweilige Spezialist aus dem Projektteam wird, wenn irgend möglich, die Planungsarbeit gemeinsam mit dem für eine Organisationseinheit zuständigen Linienvorgesetzten durchführen. Nach Vorlage aller Einzelplanungen erstellt das Projektteam auch den terminlichen Gesamtrealisierungsplan.

Nachdem der Lenkungsausschuß den Gesamtplan genehmigt hat, übernehmen die zuständigen Linienvorgesetzten die konkrete Umsetzung ihrer Konzeption, wobei der betreffende Spezialist aus dem Projektteam der »Sparringspartner« bleibt. Idealerweise war der jeweilige Linienvorgesetzte bereits Mitglied von Fachausschüssen, in denen »sein« Soll-Konzept entwickelt wurde. Er ist dann für die Umsetzungsphase entsprechend motiviert. Gegebenenfalls unterstützt ihn ein Datenerfasser aus diesem Bereich.

Es ist wichtig, daß die für die Umsetzung eingesetzten Mitarbeiter möglichst aus dem Bereich kommen, in dem das Projekt realisiert wird. Soll-Konzepte, die von eigenen Mitarbeitern umgesetzt werden, haben meist eine hohe Akzeptanz; Realisierungsschwierigkeiten werden eher überstanden. Deshalb wird auch dringend empfohlen, diese Mitarbeiter ganz oder teilweise von ihrem Tagesgeschäft zu entbinden; jedenfalls für die Zeitdauer des Projekts.

Ähnliches gilt für die Umsetzung von bereichsübergreifenden Konzepten. Hier werden Arbeitskreise aus den Linienvorgesetzten der beteiligten Abteilungen gebildet, die sinngemäß arbeiten. Allerdings ist es zweckmäßig, daß der zuständige Spezialist aus dem Projektteam die Moderation übernimmt.

6.2.4 Die Netzplantechnik als Hilfsmittel für Planung und Steuerung der Umsetzung

1. Probleme bei der Abwicklung großer Projekte:
Jeder Praktiker kennt aus eigener Erfahrung die Schwierigkeiten, die bei der Abwicklung zum Beispiel großer Bau- oder Reorganisationsprojekte entstehen können. Es gelingt beim besten Willen nicht, die eingeplanten Arbeitsgänge so harmonisch aneinander zu fügen, das alles reibungslos abläuft. Maschinen kommen zu früh oder werden zu spät bestellt, Entwicklungen brauchen länger als erwartet oder Arbeitskräfte fehlen, wenn man sie braucht. Es ist einleuchtend, daß die Gefahr von Zeit- und Geldverlusten um so größer wird, je umfangreicher und komplexer die Projekte sind.

2. Konventionelle Zeitplanungssysteme:
Üblicherweise werden Terminplanungen in Balkendiagrammen dargestellt. Man nennt diese auch Gantt'sche Stab-Linien-Diagramme. Bei diesen graphischen Abbildungen (*Abbildung 34*) werden die einzelnen Vorgänge maßstäblich entsprechend ihrer geplanten Dauer zum vorgesehenen Zeitpunkt eingetragen. Balkendiagramme sind ausreichend, wenn die Zahl der Vorgänge und die Vernetzungen nicht zu groß sind. Das Balkendiagramm zeigt zwar den Zeitablauf und die vorgesehene Reihenfolge richtig an, gibt aber keinen Hinweis auf die Abhängigkeiten der Vorgänge untereinander. Dies ist aber wichtig, wenn sich z. B. im Laufe der Planung oder Abwicklung einzelne Vorgänge zeitlich ändern und man den Einfluß auf den Gesamttermin erkennen will.

Für kleinere Projektfälle läßt sich die Aussagekraft eines Balkendiagramms mit Hilfe der sogenannten Transplantechnik verbessern. Dabei werden die einzelnen Vorgänge, wenn sie voneinander abhängig sind, mit senkrechten Linien miteinander verbunden *(Abbildung 34)*. Auch Pufferzeiten im Ablauf lassen sich so darstellen.

3. Charakteristik und Aufbau eines Netzplanes:
Bei sehr großen Projekten, z. B. militärischen Vorhaben und Raumfahrt-

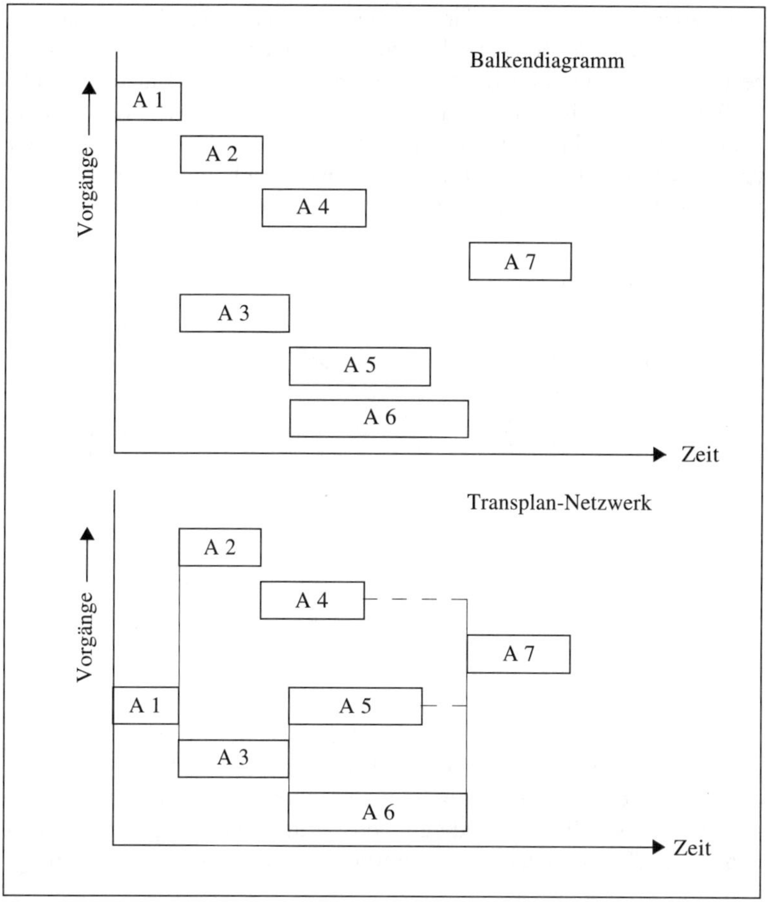

Abbildung 34: Balkendiagramm und Transplan-Netzwerk

entwicklungen in den USA, wurde die Termin- und Ablaufplanung so komplex und schwierig, daß man sich gezwungen sah, völlig neue mathematisch-graphische Planungsmethoden zu entwickeln, die als Netzplantechnik bekannt geworden sind. Sie haben sich in verschiedenen Varianten ausgezeichnet bewährt und bieten auch bei Projekten mit »klassischer« Größenordnung erhebliche Vorteile (Groh, Gutsch, 1982).

Netzpläne basieren auf dem mathematischen Begriff des Graphen. Ein Graph ist eine geometrische Darstellungsform für eine Struktur. Er besteht aus Knoten und Kanten *(Abbildung 35)*. Eine Kante stellt mit Hilfe von Verbindungslinien die Beziehung zwischen zwei Knoten dar. Von einem gerichteten Graph spricht man, wenn Knoten mit Pfeilen verbunden sind, d. h. im Graph eine Vorzugsrichtung besteht. Solche Strukturen können auch geschlossene Abläufe darstellen, etwa ein Projekt.

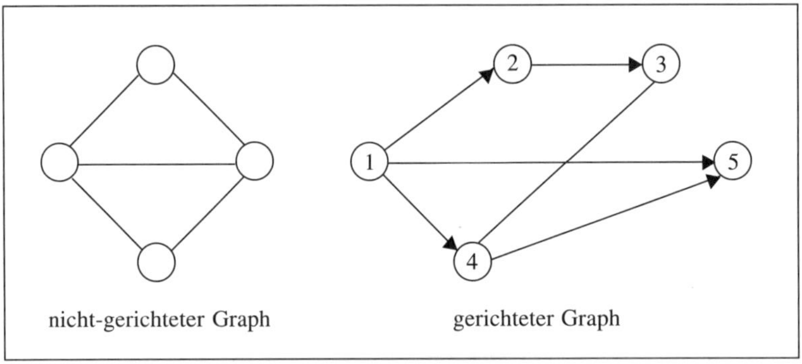

Abbildung 35: Beispiele für Graphen

Werden den Kanten und/oder Knoten zur Erläuterung des Inhaltes einer Struktur Werte zugeordnet, z.B. Zeiten oder Kosten, so haben wir einen bewerteten Graph. Damit ist auch der Netzplan geboren. Ein Netzplan stellt also alle notwendigen Teilschritte eines Projektes mit den benötigten Zeiten in der logischen Reihenfolge und mit den Abhängigkeiten untereinander dar.

Es gibt zwei unterschiedliche Arten von Netzplänen: *Vorgangspfeilnetze* und *Vorgangsknotennetze*. Im ersteren Fall werden die Vorgänge und die Anordnungsbeziehungen mit Pfeilen dargestellt. Die Knoten sind dann Anfang und Ende der Vorgänge. Bei den Vorgangsknotennetzen stellen die Knoten die Vorgänge dar, und die Pfeile symbolisieren lediglich die Anordnungsbeziehungen.

Die weiteren Erläuterungen beziehen sich zunächst auf die Vorgangspfeilnetze, mit denen die Netzplantechnik in den fünfziger Jahren auch begonnen hat. *Abbildung 36* zeigt einen einfachen Netzplan mit Vor-

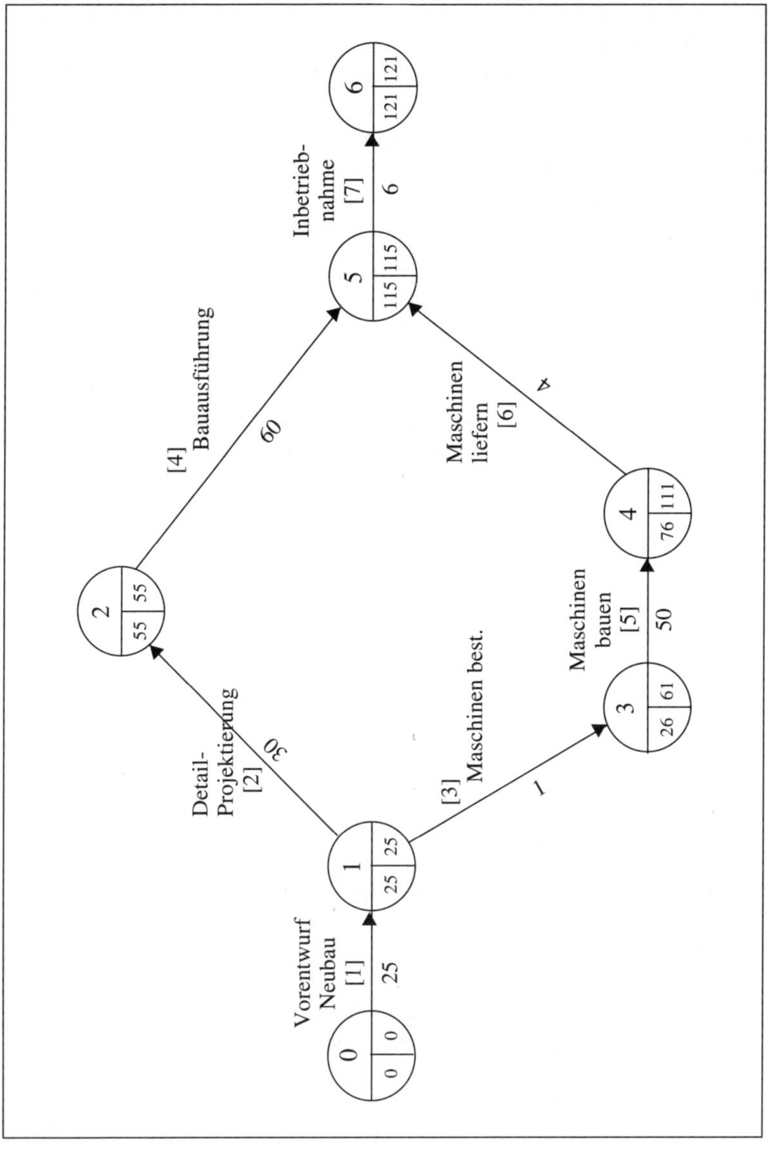

Abbildung 36: Netzplan

gangspfeilen. Der Aufbau eines solchen Netzplanes wird im nächsten Kapitel beschrieben.

Im Netzplan versteht man unter einer *Tätigkeit* eine zeitverbrauchende Ausführung einer Teilaufgabe des Projekts mit einem Anfangs- und einem Endzeitpunkt. Sie wird mit einem nichtmaßstäblichen Pfeil dargestellt. Der Pfeil zeigt in Richtung des fortschreitenden Zeitverlaufs.

Ein *Ereignis* ist ein zeitlicher Zustand, in dem bestimmte Tätigkeiten ihren Anfang nehmen (Anfangsereignis) oder abgeschlossen sind (Endereignis). Das Ereignis wird mit einem Kreis dargestellt. Diese Kreise werden auch *Knoten* genannt. So ist auch jede Tätigkeit (Vorgang) mit einem Anfangs- und einem Endereignis gekennzeichnet.

Die *Scheintätigkeit* ist eine Hilfstätigkeit mit der Zeitdauer Null. Sie wird genauso gehandhabt wie eine andere Tätigkeit und dient zur Darstellung der Verknüpfung anderer Tätigkeiten unter sich sowie zur eindeutigen Kennzeichnung der Tätigkeiten. Sie wird mit einem gestrichelten Pfeil gekennzeichnet.

4. Vorgehen beim Aufbau eines Netzplanes in folgenden Schritten:

a) Aufstellung einer Liste mit allen vorkommenden Tätigkeiten, inklusive Nummerierung. Die Reihenfolge ist beliebig. Mehr als 150 bis 200 Tätigkeiten sollte ein Netzplan nicht enthalten, um übersichtlich zu bleiben. Wenn die notwendige Zahl höher ist, kann man eine Hierarchie von Netzplänen bilden. Um das Beispiel in *Abbildung 36* aufzugreifen: für die Tätigkeit 4 (Bauausführung) läßt sich ein zusätzlicher Teilnetzplan erstellen, der die Bautätigkeiten spezifiziert. Es reicht dann unter Umständen sogar ein Balkendiagramm anstelle des übergeordneten Netzplans.

b) Strukturierung der obigen Liste in folgender Weise:
   - Zeitdauer pro Tätigkeit festlegen,
   - Festlegung der Abhängigkeiten, d. h. bei *jeder* in der Liste enthaltenen Tätigkeiten muß gefragt werden:
     – Welche Tätigkeit muß unmittelbar vorher beendet sein?
     – Welche Tätigkeit kann unmittelbar nachher beginnen?
     – Welche Tätigkeit kann unabhängig davon parallel erfolgen?

   In vereinfachter Form ergibt sich damit eine strukturierte Tätigkeitenliste *(Abbildung 37)*. Die erste Tätigkeit ist dann diejenige, für die es nach der Abfrage keine Vorgängertätigkeit gibt.

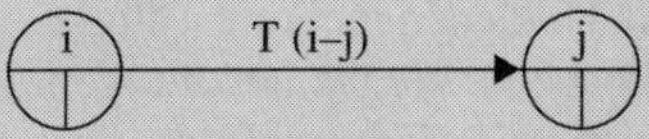

	Nr.	Tätigkeit	Folgt auf Tätigkeit	Tätigkeitsdauer T (i–j)
	1	Vorentwurf für Neubau	–	25
	2	Detail-Projektierung	1	30
	3	Maschinen-Bestellung	1	1
	4	Bauausführung	2	60
	5	Maschinen bauen	3	50
	6	Maschinen liefern	5	4
	7	Inbetriebnahme	4, 6	6

Abbildung 37: Strukturierte Tätigkeitenliste

c) Entwurf des Netzplanes (siehe *Abbildung 36*, S. 175) in der Form, daß man von links, mit der ersten Tätigkeit beginnend, nach rechts den Netzplan aufbaut. Beispiel: Die Tätigkeiten 2 und 3 setzen nur die Tätigkeit 1 voraus *(Abbildung 37)*, d. h. sie können im Netzplan der Tätigkeit 1 folgen. Im Prinzip ist auch ein Aufbau von rechts nach links, beginnend mit der letzten Tätigkeit, möglich.
Im Netzplan müssen auch die Knoten, die die Tätigkeiten verknüpfen, eingetragen werden, aber zunächst ohne Zeitangaben. Das ganze Projekt sollte möglichst nur einen Anfangs- und einen Schlußknoten besitzen. Sind in der Praxis mehrere vorhanden, so müssen diese durch Scheintätigkeiten zusammengeführt werden. Die Knoten bzw. Ereignisse werden mit einer fortlaufenden Nummerierung (in oberer Hälfte des Kreises) gekennzeichnet. Das Startereignis hat die Nummer Null. Damit sind der logische Ablauf und die Abhängigkeiten der Tätigkeiten in graphischer Form dargestellt.

d) Die Zeitermittlung erfolgt in zwei Schritten. Zunächst wird eine sogenannte *Vorwärtsterminierung* durchgeführt. Als Voraussetzung ergänzt man den Netzplan in der Weise, daß man an allen Tätigkeitenpfeilen oben die jeweilige Nummer und unten die im Schritt b) ermittelten Zeiten einträgt. Dann erfolgt von links beginnend (vom Anfangsknoten) eine Aufaddierung der Zeiten, an den Pfeilen entlang. Die Zeitsummen, die sich jeweils am Ende eines Pfeiles erge-

ben, sind ins untere linke Feld des folgenden Knoten einzutragen. Bei Ereignisknoten, bei denen mehrere Tätigkeiten einlaufen, ist stets der Zeitwert des längsten Weges einzutragen. Diese Rechnung bestimmt den »frühesten« Anfang und das »früheste« Ende jeder Tätigkeit und damit auch den Zeitpunkt für die Beendigung des Projektes.
Anschließend erfolgt die sogenannte *Rückwärtsterminierung*. Dabei werden, vom vorher ermittelten Endtermin des Projektes ausgehend, jetzt in ähnlicher Weise wie bei der Vorwärtsterminierung die einzelnen Zeiten abgezogen. Die ermittelten Zeiten werden nun in den unteren rechten Feldern der folgenden Knoten eingetragen. Bei Ereignisknoten, bei denen Tätigkeiten zusammenlaufen, muß stets der kürzeste sich ergebende Zeitwert, d. h. auch hier das Ergebnis des längsten Weges von hinten, eingesetzt werden. Bei der Rückwärtsterminierung findet man den »spätesten« Anfang bzw. das »späteste« Ende der Tätigkeit.

5. Die Analyse des Netzplanes:
Man besitzt nun einen vollständigen Überblick über den sachlichen und terminlichen Ablauf eines Projekts. Welche Analysemöglichkeiten bietet ein Netzplan?

Als Ergebnis der beiden vorstehenden Rechengänge erhält man die *Pufferzeiten* pro Tätigkeit und den *kritischen Weg*. Nach DIN 69900 ist die Pufferzeit eine Zeitspanne, um die die Lage eines Vorgangs verändert werden kann. Sie zeigt sich darin, daß bei bestimmten Tätigkeiten der früheste und späteste Beginn (oder das Ende) nicht zusammenfallen. Es sind Zeitreserven vorhanden, die ausgenutzt werden können, wenn die geplante Vorgangszeit nicht eingehalten werden kann.

Vorgänge oder Tätigkeiten, die solche Zeitreserven nicht besitzen, werden kritische Tätigkeiten genannt. Eine häufig vorhandene Kette zusammenhängender kritischer Tätigkeiten wird kritischer Weg genannt. Verzögerungen bei Tätigkeiten auf dem kritischen Weg führen zu einer Verschiebung des Endtermins, weil die Summe der Zeiten der kritischen Tätigkeiten die Projektzeit bestimmt. Auf der anderen Seite ist eine Verkürzung des Endtermins nur durch eine Verkürzung der kritischen Tätigkeiten möglich. Im Netzplanbeispiel der *Abbildung 36* (S. 175) läuft der kritische Weg über die Tätigkeiten 1–2–4–7.

6. Netzplantechnik-Methoden:
Die vorstehend beschriebene Methodik wurde in den fünfziger Jahren in den USA unabhängig voneinander unter den Namen

- CPM (Critical path method) und
- PERT (Program evaluation and review technique)

entwickelt. Beide Systeme sind im Prinzip Vorgangspfeilnetze. Der Unterschied besteht in der Anwendung. PERT wurde vor allem im Forschungs- und Entwicklungsbereich verwendet. Da dort die präzise Beschreibung der Vorgänge schwierig ist, konzentrierte man sich auf die Überwachung der Ereignisse, die beschrieben und in Knoten dargestellt wurden. Man bezeichnet PERT deshalb häufig als Ereignisknotennetz.

Eine prinzipiell andere Form sind Vorgangsknotennetze. Unter einem solchen Netz versteht man einen Netzplan, in dem die Vorgänge beschrieben und als Knoten dargestellt sind. Die Abhängigkeiten zwischen den Vorgängen werden in Form von Pfeilen angegeben. Franke (1992) erläutert die Methode an einem ausführlichen Beispiel. Die logische Vorgehensweise beim Erstellen eines Netzplanes (Sammeln von Tätigkeiten, Ermittlung der Abhängigkeiten usw.) ist praktisch identisch wie bei Vorgangspfeilnetzen.

Es gibt verschiedene Vorgangsknoten-Netzpläne, die sich aber alle auf die 1958 in Frankreich entwickelte Metra-Potential-Methode (MPM) zurückführen lassen. In der Praxis haben sich heute die Vorgangsknotennetze durchgesetzt. Sie sind zwar weniger anschaulich als Vorgangspfeilnetze, besitzen dafür aber Vorteile bei der Darstellung (z. B. keine Scheintätigkeiten) und beim Änderungsdienst.

Sie wurden deshalb auch in eine DIN-Norm übernommen und sollen künftig nach Möglichkeit eingesetzt werden.

7. Anwendungshinweise:
Die Anwendung der Netzplantechnik im Rahmen des Projektmanagements bezieht sich in erster Linie auf die terminliche Abstimmung und Koordinierung. Dabei sind folgende Schwerpunkte zu erwähnen:

- Projektzeit und Endtermin ermitteln,
- Korrektur von Planungsdaten durchführen,

- Auswirkungen von Zeitänderungen bei einzelnen Tätigkeiten im Projektablauf beherrschen,
- Terminliche Projektkontrollen durchführen.

Die exakte und lückenlose Abstimmung der verschiedenen Tätigkeiten eines Projekts bezieht sich aber nicht nur auf den Zeitfaktor, sondern auch auf die Koordinierung von Kosten und Kapazitäten. Letzteres ist vor allem dann wichtig, wenn mehrere Projekte Kosten verursachen und Kapazitäten in Anspruch nehmen. Generell besteht der Nutzen einer Anwendung der Netzplantechnik darin, daß man gezwungen wird, ein Projekt sehr genau zu durchdenken. Nur dann ist die Zerlegung in einzelne Arbeitsgänge und die Beurteilung der gegenseitigen Abhängigkeiten erreichbar.

Für die Planung eines Projektes mit Hilfe der Netzplantechnik empfiehlt sich die Anwendung des »REFA-Standardprogramms Netzplantechnik« *(Abbildung 38)*. Es erleichtert durch klare Definitionen von Phasen und Arbeitsschritten den Aufbau von Netzplänen erheblich. Auch das REFA-Programm arbeitet mit Vorgangsknotennetzen.

8. EDV-Einsatz:
Wenn an dieser Stelle über EDV-Einsatz gesprochen wird, muß das übergeordnete Thema Projektmanagement behandelt werden. Es gibt auf dem Markt eine große Zahl von Software-Programmen, speziell für die Projektplanungsschritte Ablauf-, Termin-, Kapazitäts- und Kostenplanung. Basis für alle Programme ist die Netzplantechnik. Wer also keine Netzplantechnik einsetzen will, der kann auch Projektmanagement nicht mit EDV unterstützen.

Alle bekannten Varianten der Netzplantechnik sind so angelegt, daß sie den Einsatz von EDV ermöglichen. Trotzdem muß diese Frage kritisch geprüft werden. EDV-Einsatz ist keine Garantie für Erfolg und Qualität. Wer den Einsatz von Projektmanagement und Netzplantechnik erstmalig erprobt, sollte die ersten Projekte methodisch ohne EDV planen und realisieren. Dies gilt speziell auch für kleinere Netzpläne (unter 100 Vorgängen), bei denen manuelle Planungen sinnvoll sind.

Für den EDV-Einsatz bei Netzplantechnik kommen heute vor allem PC-Programme in Frage. Es gibt eine große Zahl von Angeboten (z. B. Microsoft Projekt für Windows oder Super-Projekt CA Computer Associates). Unabhängig von der Art des Programms sind bestimmte Eingaben erforderlich:

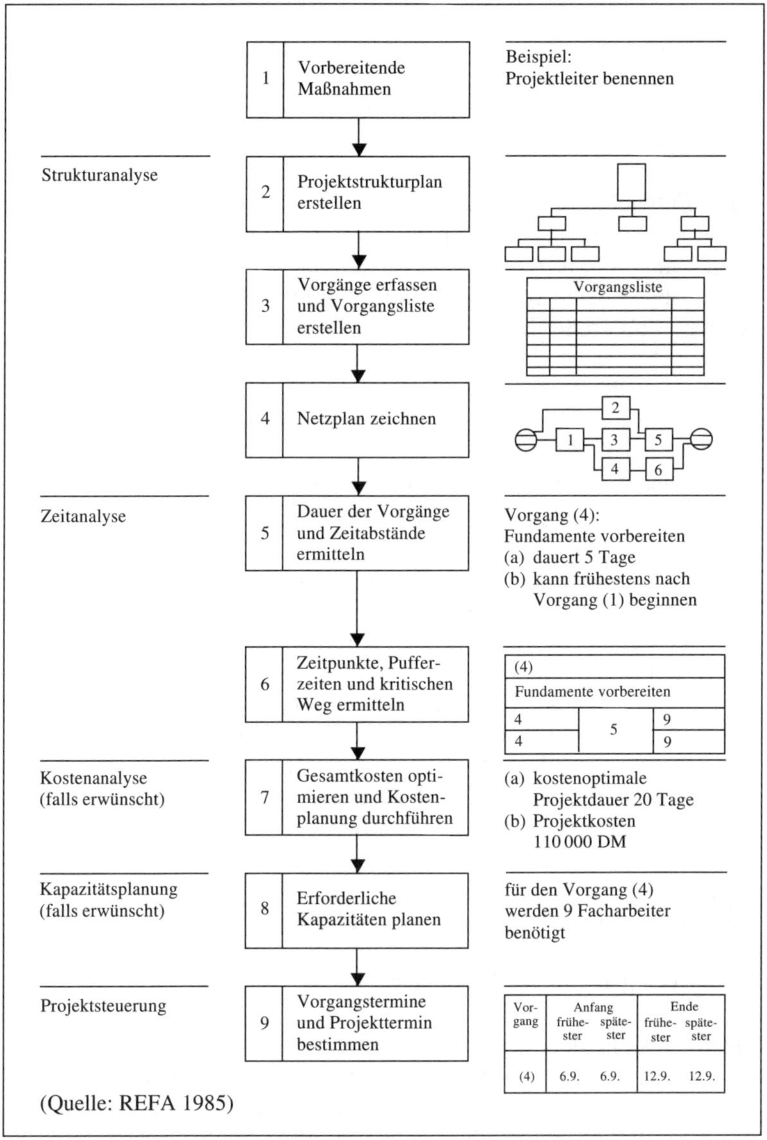

Abbildung 38: Standard-Programm Netzplantechnik

- Vorgangsangaben (Nr., Dauer),
- Strukturierungsinformationen (Abhängigkeiten),
- Vorgängerangaben,
- Projektkalender (Betriebskalender),
- Starttermin u. a.

Nach Entwicklung der Grobstrukur eines Netzplans und Berechnung des kritischen Weges und der Pufferzeiten sind verschiedene Auswertungen möglich. Netzpläne und Balkendiagramme (mit aus den Netzplänen abgeleiteten Terminen) sind auf Bildschirmen oder Plottern darstellbar. Von großer Bedeutung sind EDV-Ausgabelisten, wie etwa

- Vorgangslisten,
- Terminlisten (Vorgänge geordnet nach Terminen),
- Änderungslisten,
- Soll-/Ist-Vergleiche (für Termine, Kapazitäten, Kosten),
- andere benutzerspezifische Reports.

Es besteht auch die Möglichkeit, eine Projekthierarchie zu entwickeln. Ein Übersichtsnetzplan wird in Teilnetzpläne aufgelöst, sodaß sowohl grobe Gesamtübersichten als auch teilprojektbezogene Detailinformationen erreichbar sind (siehe auch REFA, 1985). Bestimmte Programme erlauben auch die Bearbeitung mehrerer voneinander unabhängiger Projekte, die parallel ablaufen (Multi-Projekt-Management). Hier ist insbesondere die Prioritätensetzung bezüglich der vorhandenen Kapazitäten und ihre zeitliche Zuteilung ein schwieriges Problem, welches kaum ohne EDV gelöst werden kann.

6.3 Die Überwindung des Widerstandes gegen Änderungen

6.3.1 Ursachen von Widerständen

Es gibt verschiedene Ursachen für Mißerfolge bei der Einführung von organisatorischen und technischen Änderungen. Die Hauptursachen sind *sachliche Fehler* und *fehlende Akzeptanz*. Sachliche Fehler versucht man durch sorgfältiges Projektmanagement zu vermeiden. Insbesondere sind hier zu erwähnen:

- realistische Zielsetzungen (sachlich, zeitlich),
- sorgfältige Projektstrukturierung und
- Einsatz qualifizierter Projektleiter und Teams.

Die gravierendste Ursache dürfte aber die fehlende Akzeptanz von Änderungen seitens der Betroffenen sein. Es fehlt die Bereitschaft, etwas Neues anzunehmen. Die Gründe dafür sind vielfältiger Art. Hier ist zunächst an technische Gründe zu denken, etwa die nicht benutzergerechte Konzeption von EDV-Programmen oder die nicht optimale Auswahl von Büroeinrichtungen. Auch organisatorische Gründe treten häufig auf, z. B. – Neuregelungen im sozialen Bereich, Umstellungen in den Sekretariaten oder Einführung von Großraumbüros.

Am kritischsten sind personelle Gründe, die aus Einstellungen, Ängsten und Erwartungen der Mitarbeiter herrühren. Die augenblickliche Arbeitssituation kennt man; die zukünftige Situation ist schlecht abschätzbar. Die organisatorischen Beziehungen ändern sich, neue fachliche Anforderungen kommen auf den Mitarbeiter zu. Man muß vielleicht seine Gewohnheiten ändern. Es entsteht Verunsicherung, weil man zu wenig weiß, was auf einen zukommt. Diese Verunsicherung wird noch vergrößert, wenn bei der Einführung Fehler gemacht werden. Zu spät und unvollständig informierte Mitarbeiter zum Beispiel können keine engagierten Helfer bei solchen Prozessen sein.

6.3.2 Arten von Widerständen

Positiv denkende, motivierte und ehrgeizige Mitarbeiter sehen in den kommenden Veränderungen eine Chance. Sie versuchen sich möglichst schnell und intensiv in den Veränderungsprozeß einzuschalten, um die Chancen zu nutzen. Bei der großen Mehrheit der durchschnittlichen Mitarbeiter besteht allerdings die große Gefahr, daß sich Widerstände gegen die geplanten Veränderungen aufbauen. Nach Heeg (1984) gibt es vier Hauptarten von Widerständen, die zu entsprechenden Verhaltensweisen führen können *(Abbildung 39).*

6.3.3 Maßnahmen zur Überwindung der Widerstände

Wenn man von der wahrscheinlich richtigen Erkenntnis ausgeht, daß generell der Erfolg jeder Art von Organisation davon abhängt, daß an

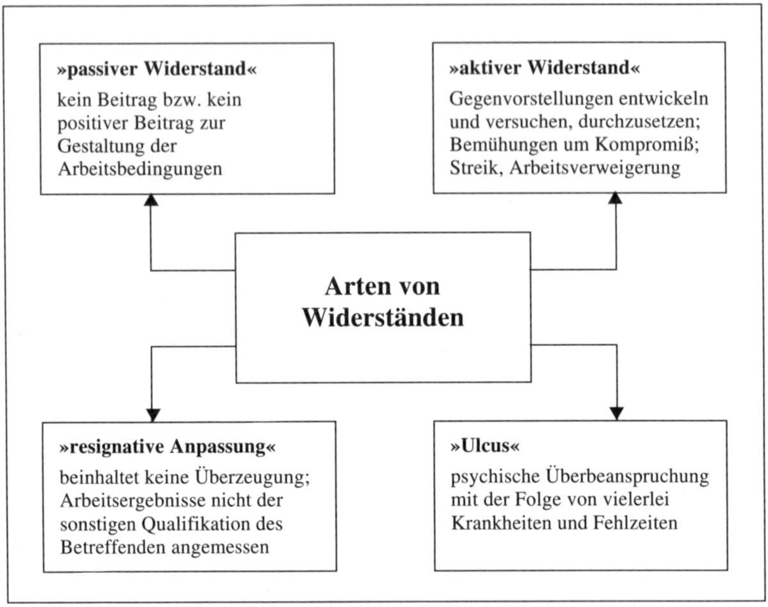

Abbildung 39: Widerstände bei Organisationsmaßnahmen (nach Heeg 1984)

einigen wenigen Schlüsselstellungen die »richtigen« Leute sitzen (und arbeiten), dann muß man hier sagen, für den Erfolg solcher Veränderungsprozesse braucht man Machtpromotoren, d. h. Manager in Schlüsselpositionen, die sich persönlich für den Projekterfolg einsetzen. Sie haben die Träger dieser Veränderungsprozesse zu schützen und mit ihrem persönlichen Engagement psychologisch die Veränderung durchzusetzen.

Für die Durchführung eines erfolgreichen Reorganisationsprozesses sind im Detail folgende Punkte von besonderer Bedeutung:

1. Information der beteiligten Mitarbeiter:
Basis einer akzeptierten Veränderung ist die Information über das Projekt, d. h. über:

- Zielsetzung,
- Untersuchungsumfang und Untersuchungsbereiche,

- Vorgehensweise,
- Realisierungsmaßnahmen,
- Konsequenzen bei Erreichung des geplanten Zieles.

Menschen, die man überzeugt hat, werden bei der Durchsetzung der Veränderung mithelfen. Der Nachteil ist: Es kann sehr viel Zeit kosten, wenn eine große Zahl von Menschen betroffen ist. Man muß in kleineren Gruppen informieren.

2. Beteiligung:
Die Mitwirkung und Einbeziehung der Mitarbeiter führt fast immer zum Erfolg. Sie muß sich aber auf die ganze Prozeßkette (Planung, Einführung, Erprobung) beziehen. Menschen, die mitreden dürfen, fühlen sich verpflichtet, die Veränderungen auch durchzusetzen. Überdies werden alle wichtigen Informationen, über die sie verfügen, in die Planung integriert. Problematisch kann die Beteiligung werden, wenn die zur Mitwirkung Aufgeforderten unangemessene Veränderungsvorschläge einbringen.

3. Erprobung:
Im Interesse des Unternehmens und der Mitarbeiter liegt es, wenn die Einführung einer Veränderung durch Testphasen und Nachkontrollen abgesichert wird. Sinn der Testphase ist es, in begrenzten Organisationsbereichen die Leistungsfähigkeit und Fehlerfreiheit eines neuen Systems zu erproben. Psycholisch wichtig dabei ist, daß der Verantwortliche für den ausgewählten Organisationsbereich die Veränderung bejaht und sie auch aktiv unterstützt. Es hat sich gezeigt, daß das beste Argument für eine Neugestaltung der Erfolg eines anderen Bereichs ist.

Nachkontrollen haben den Zweck zu prüfen, ob nach Einlauf einer geplanten Organisation die gewünschten Ziele (z. B. Durchlaufzeitverkürzung) erreicht worden sind (siehe auch Kapitel 6.4).

6.4 Die Durchführung der Realisierung

6.4.1 Vorbereitende Maßnahmen

Eine Voraussetzung für die konkrete Realisierung ist natürlich die Beschaffung oder Erstellung der benötigten Betriebs- oder Organisationshilfsmittel. Entsprechende Arbeits- und Verfahrensvorschriften sind zu formulieren. Häufig sind Änderungen im Einsatz der Mitarbeiter erforderlich, die rechtzeitig vorbereitet werden müssen, vor allem, wenn dazu besondere Schulungen notwendig sind. Ggf. müssen auch Stellenbeschreibungen überarbeitet werden.

Änderungen von Arbeitseinsatz und Arbeitsinhalten der Mitarbeiter bedürfen der Zustimmung des Betriebsrates (siehe Kapitel 8). Oft wird das gesamte Umstellungskonzept mit allen Einzelheiten in einer Betriebsvereinbarung festgehalten, die Geschäftsleitung und Betriebsrat abschließen.

6.4.2 Hinweise zur Durchführung

Ergänzend zu den in Abschnitt 6.3.3 angedeuteten Aspekten sind folgende Punkte von Bedeutung:

Vor dem Realisierungsstart muß das Soll-Konzept allen Beteiligten noch einmal umfassend »eingetrichtert« werden, damit die Zielsetzung klar, die Motivation erneuert, Bedenken abgeschwächt werden; kurzum, das Neue weniger neu bleibt. Deshalb ist es auch besonders wichtig, das Soll-Konzept optisch in möglichst anschaulicher Form vorzutragen, damit sich jeder Betroffene ein Bild machen kann. Überhaupt muß ein solcher Umstellungsprozeß mit Ruhe und in ausreichender Zeit erfolgen (Qualität geht vor Quantität). Das Soll-Konzept wird entsprechend den geplanten »Teilpaketen« schrittweise umgesetzt.

Lassen der sachliche und zeitliche Ablauf sowie die Mitarbeiterkapazität es zu, sollte bei komplexen Umstellungen das Ist-System oder auch Teile davon noch einige Wochen mitlaufen. Auf der Sachseite wird dadurch das Anlaufrisiko gemindert und psychologisch gibt es den Mitarbeitern zusätzlichen »Halt«. Wichtig ist vor allem ein Probelauf des veränderten Arbeitsprozesses zur Einarbeitung und um Mängel abstellen zu können. Danach ist eine schrittweise Ausdehnung zweckmäßig. Ergeben sich während der Einführung durch eine geänderte Sachlage oder auch durch Anregungen beteiligter Mitarbeiter neue Erkenntnisse, so muß man den Mut zur Korrektur haben. Dies wird nicht als Schwäche, sondern als lösungsgerechte Flexibilität bei den Mitarbeitern gewertet.

Ein geeignetes Mittel zur Vorbereitung auf neue Organisationsformen ist ein »Planspiel« mit allen Beteiligten. Es bietet den Vorteil, daß man Mängel bereits vor der endgültigen Einführung erkennt und man bei Gelingen des Planspiels mit größerer Überzeugungskraft eine Einführung vertreten kann. Da eine negative Haltung meist aus einer gewissen Angst vor Neuem kommt, das man noch nicht kennt, aber mit dem man arbeiten soll, eignet sich das Planspiel besonders, dem »ängstlichen« Personenkreis zu überzeugen und ihn »sicher« zu machen. Der Realisierungserfolg ist eng an die Mitarbeiterqualität geknüpft. Überall dort, wo neue Aufgaben von neuen oder in Schulungen erst vorbereiteten Mitarbeitern bearbeitet werden, sind diese besonders sorgfältig zu betreuen.

Umstellungen sollten möglichst nicht in solche Zeitphasen gelegt werden, in denen Arbeitsspitzen oder wichtige periodische Tätigkeiten auftreten. Nach Abschluß einer Umstellung erfolgt eine offizielle Übergabe an den verantwortlichen Leiter, es sei denn, dieser war dort der Realisierungsverantwortliche. Auf jeden Fall muß der neue Ablauf noch einige Wochen überwacht werden (z. B. von der Realisierungs-Controllingstelle oder der Organisationsabteilung), um Rückfälle in alte Gewohnheiten zu vermeiden. Als Dokumentation für spätere Audits und auch als Hilfe für zukünftige ähnliche Fälle sollten alle wesentlichen Vorkommnisse während der Umstellung schriftlich erfaßt werden.

6.4.3 Kontrolle und Berichterstattung

Es ist Aufgabe der Realisierungs-Controllingstelle, den Realisierungsfortschritt laufend zu überprüfen und vor allem die Termine zu überwachen. Dazu sind enge Kontakte mit den Realisierungsverantwortlichen erforderlich. Diese müssen den Eindruck gewinnen, daß in erster Linie nicht »kontrolliert«, sondern »geholfen« wird. Trotzdem muß die Controllingstelle in kritischen Abweichungsfällen den Lenkungsausschuß informieren und Maßnahmen veranlassen.

Unabhängig von diesen Sonderfällen ist eine regelmäßig Berichterstattung (im Sinne des Projektmanagements) an den Lenkungsausschuß erforderlich. Dieser besitzt dazu alle erforderlichen Unterlagen, wie

- Realisierungsplan,
- Realisierungsblätter,
- Beschaffungslisten,
- Personalplanungen.

Die Häufigkeit der Berichterstattung hängt vom Gesamtzeitbedarf ab. Wenn man einmal von einem in solchen Fällen üblichen Zeitbedarf von mehreren Monaten ausgeht, dürfte eine Berichterstattung alle drei bis vier Wochen sinnvoll sein. Es ist zweckmäßig, diese Termine möglichst lange im voraus zu verabreden.

Organisiert werden die Sitzungen von der Controllingstelle. Die Berichterstattung sollte aber unbedingt durch die Realisierungsverantwortlichen erfolgen. Inhaltlich werden folgende Punkte vorgeschlagen:

1. Leistungen im Berichtszeitraum,
2. Stand der Gesamtleistung,
3. Terminsituation,
4. Kostensituation,
5. Verschiedenes,
6. Vorgesehene Maßnahmen zur Behebung von Schwierigkeiten.

Unter Punkt 5 können Änderungen, Personalfragen etc. behandelt werden. Es ist sinnvoll, daß die Realisierungsverantwortlichen gemeinsam mit der Controllingstelle, erforderlichenfalls unter Punkt 6, bereits Abhilfemaßnahmen vorschlagen. Dem Lenkungsausschuß wird die Entscheidung erleichtert, wenn Alternativen mit entsprechenden Beurteilungskriterien vorgelegt werden.

7. Wirtschaftlichkeits- und Rentabilitätsbetrachtungen

7.1 Einleitung

Jedes Unternehmen, welches sich zur Umstellung seiner Organisation entschließt, erhofft sich davon wirtschaftliche oder andere Vorteile. In der Regel ergeben sich bei allen Veränderungsprozessen, ganz gleich ob es sich allgemein um Problemlösungen, Organisationsumstellungen oder Produktänderungen handelt, mehrere Alternativen zur Auswahl und Entscheidung. Die anzuwendenden Entscheidungskriterien können qualitativer und quantitativer Art sein. Unter qualitativen Kriterien versteht man im allgemeinen nicht zahlenmäßige oder begrifflich nicht vergleichbare Kriterien. Ein Beispiel dazu: Grundstücke, die zum Verkauf anstehen, können neben quantitativen, zahlenmäßigen Kriterien (Preis, Größe, Erschließungskosten) etwa nach folgenden qualitativen Kriterien beurteilt werden:

- gute oder schlechte Gegend,
- Umwelteinflüsse (Autobahn, Flughafen, Chemiewerk),
- Bodenbeschaffenheit,
- Verkehrsanbindungen,
- Entfernung zu Schulen,
- Einkaufsmöglichkeiten,
- etc.

Man benötigt zur Ermittlung des Nutzens der Alternativen deshalb einen neutralen, dimensionalen Maßstab, wie er zum Beispiel bei der Nutzwertanalyse angewendet wird (siehe hierzu Seite 105).

Wenn die Auswahl einer optimalen Alternative mit Hilfe von zahlenmäßigen, quantitativen Kriterien möglich ist, werden die Verfahren der Wirtschaftlichkeitsrechnung bzw. der Investitionsrechnung angewendet. Zur Vereinfachung beziehen sich die nachfolgenden Ausführungen nur auf Investitionsentscheidungen für einzelne Objekte und nicht auf ein gesamtes Investitionsprogramm. Außerdem wird angenommen, daß Sicherheit der Erwartung vorliegt, d. h., die in den Rechnungen vorgenommenen Annahmen für bestimmte zukünftige Daten (Zinsen, Gewinne) sollen gesichert sein.

7.2 Verfahren der Wirtschaftlichkeitsrechnung

Wirtschaftlichkeits- bzw. Investitionsrechnungen lassen sich in zwei Hauptgruppen unterteilen: die statischen Verfahren und die dynamischen Verfahren. Der wesentliche Unterschied besteht darin, daß die dynamischen Verfahren zeitliche Unterschiede im Anfall der Kosten und Erträge bei einer Investition berücksichtigen, während bei den statischen Verfahren mit Durchschnittswerten über die Nutzungsdauer gerechnet wird.

Zu den beiden Verfahren kann generell gesagt werden, daß hier die praktische Durchführbarkeit einerseits und die theoretische Exaktheit andererseits gegenläufige Pole bilden. Die dynamischen Verfahren sind den statischen Verfahren vom theoretischen Ansatz her eindeutig überlegen. In der Praxis gibt es aber vielfach keine andere Möglichkeit, als mit Durchschnittsgrößen zu rechnen, da die zukünftige Entwicklung nicht abzusehen ist.

Deshalb sind die statischen Verfahren in der Praxis am meisten verbreitet. Sie werden vor allem dann angewendet, wenn

- die Wirtschaftlichkeitsrechnung einfach und schnell durchgeführt werden soll,
- es sich um kleinere und mittlere Investitionen handelt,
- die künftige Entwicklung der Geldflüsse sehr unklar ist.

Im Bereich der organisatorischen Umstellungen dürften mindestens die beiden ersten Punkte zutreffen. Deshalb werden hier fast immer die statischen Verfahren angewendet, und diese häufig auch noch in vereinfachter Form. Aus diesem Grunde soll hier nur über die statischen Verfahren berichtet werden (Warnecke/Bullinger/Hichert, 1980).

7.3 Investitionsarten

Man unterscheidet im wesentlichen folgende Investitionsarten:

- Ersatzinvestition:
  Eine vorhandene, nicht mehr nutzbare Anlage wird ersetzt; die Kapazitäten der neuen und der alten Anlage sind gleich.

- Rationalisierungsinvestition:
  Die Beschaffung hat den Zweck, die Fertigung zu rationalisieren, d.h. Kosten zu senken.
  Eine klare Trennung zwischen Ersatz- und Rationalisierungsinvestitionen ist nicht immer möglich. Der technische Fortschritt bewirkt, daß mit einer Erneuerung oft auch eine Leistungssteigerung verbunden ist.
- Erweiterungsinvestition:
  Die Beschaffung hat den Zweck, die Kapazität zu erhöhen. Dies ist nur dann zweckmäßig, wenn die erhöhte Kapazität auf Dauer ausgelastet werden kann.

7.4 Die Verfahren der statischen Investitionsrechnung

Zu den statischen Rechenverfahren gehören die

- Kostenvergleichsrechnung,
- Gewinnvergleichsrechnung,
- Rentabilitätsrechnung,
- Amortisationsrechnung.

7.4.1 Kostenvergleichsrechnung

Der Beurteilungsmaßstab ist die Kostenersparnis. Diese ergibt sich aus dem Vergleich der Kosten zweier oder mehrerer Anlagen. Der Vergleich kann sich auf eine alte und eine neue oder auf mehrere neue Anlagen beziehen. Es werden alle fixen und variablen Kosten einbezogen. Angewendet wird das Verfahren bei Ersatz- bzw. Rationalisierungsverfahren, d. h., wenn gleiche Mengen vorliegen. Dann reicht ein Kostenvergleich.

7.4.2 Gewinnvergleichsrechnung

Hier ist kein Einzelvergleich möglich, sondern nur ein betrieblicher Vergleich. Es wird der jährliche Gewinn vor Durchführung der Investition dem erwarteten Gewinn nach der Investition gegenübergestellt. Das Beurteilungskriterium ist also die von der Investition ausgelöste Gewinnveränderung. Die Gewinnvergleichsrechnung wird hauptsächlich bei Erweiterungsinvestitionen angewendet, wenn sich etwa aufgrund der Änderung des Produktionsvolumens auch die Erträge ändern.

Die Gewinnermittlung erfolgt in der üblichen Staffelform einer Gewinn- und Verlustrechnung, d. h., von den Erträgen werden schrittweise die Kosten abgezogen.

7.4.3 Rentabilitätsrechnung

Bei den vorstehenden Rechnungen werden lediglich Alternativen verglichen. Die objektive Zweckmäßigkeit der Investition (im Vergleich zu anderen Geldanlagemöglichkeiten) konnte nicht beurteilt werden. Dies geschieht nun mit dem Begriff der Rentabilität. Wir berechnen die durchschnittliche Verzinsung des Kapitals nach der Formel:

$$\frac{\text{Kostenersparnis/Jahr} \times 100}{\text{Kapitaleinsatz (Durchschnitt)}} = \% \text{ bei Rationalisierungsinvestitionen}$$

$$\frac{\text{Gewinnzuwachs/Jahr} \times 100}{\text{Kapitaleinsatz (Durchschnitt)}} = \% \text{ bei Erweiterungsinvestitionen}$$

Die Rentabilität ist vor allem bei Kapitalknappheit ein geeignetes Mittel, um eine Rangordnung bezüglich der Zweckmäßigkeit von Investitionen herzustellen. Sie ist natürlich nur sinnvoll, wenn sich aus Kostenvergleichen oder Gewinnvergleichen die vorläufige Wirtschaftlichkeit einer Investition ergeben hat.

7.4.4 Amortisationsrechnung

Sie ist eine Fortsetzung der Rentabilitätsrechnung. Ziel des Verfahrens ist die Ermittlung des Zeitraumes, in dem das für eine Investition eingesetzte Kapital über die Erträge oder Einsparungen wiedergewonnen wird. Die Amortisationszeit errechnet sich nach folgender Formel:

$$\text{Amortisationszeit (Jahre)} = \frac{\text{Kapitaleinsatz (DM)}}{\text{Jährlicher Rückfluß (DM/Jahr)}}$$

Jährlicher Rückfluß (Cash-flow) = Abschreibung + Ersparnis/Gewinn

Eine Investition wird um so positiver angesehen, je kürzer die Rückflußzeit ist. Damit wird das wirtschaftliche Risiko geringer.

Aufgrund der gemeinsamen Anwendung von Rentabilitäts- und Amortisationsrechnung wird nach zwei Kriterien beurteilt:

- die Verzinsung des einzusetzenden Kapitals und
- das Risiko des Kapitaleinsatzes

7.4.5 Vereinfachte Verfahren zur Wirtschaftlichkeitsrechnung

Für eine vorläufige Beurteilung von Rationalisierungsalternativen reicht im allgemeinen ein Kostenvergleich aus. Er sollte sich nach Möglichkeit auf diejenigen Kostenarten beschränken, die von einer Änderung betroffen sind.

In *Bürobereichen* treten im wesentlichen folgende Kostenarten auf: Personalkosten, Materialkosten, Fremdleistungen und Kapitalkosten. Für die vereinfachte Berechnung wird daraus eine Summe aller angefallenen Ist-Kosten gebildet und diese durch die Summe aller verrechenbaren produktiven Stunden geteilt (z. B. pro Monat oder Jahr). Damit ergibt sich ein *Stundenwertsatz oder Mannstundensatz.*

Für die Ermittlung der Ist- und Sollkosten einer Tätigkeit werden nun die Ist- und Sollstunden mit dem Stundenwertsatz multipliziert. Die Differenz ergibt das Rationalisierungsergebnis. Voraussetzung ist natürlich, daß sich der Stundenwertsatz durch die Rationalisierungsmaßnahme nicht oder nur unwesentlich ändert (z. B. steigende Kapitalkosten durch neue Maschine). In diesem Fall muß ein neuer Kostenwertsatz bestimmt werden.

Wenn in der untersuchten Abteilung ein sehr starkes Qualifikations- und damit Einkommensgefälle besteht, ist es zweckmäßig, für die verschiedenen Qualifikationsstufen verschiedene Kostenwertsätze zu ermitteln und dann je nach untersuchter Tätigkeitsart mit dem entsprechenden Satz zu rechnen.

In *betrieblichen* Bereichen kann ebenfalls mit Kostensätzen gearbeitet werden. Man muß allerdings zwischen direkten Stundensätzen und Gemeinkostenzuschlägen unterscheiden. Man spricht auch von Zuschlagskalkulation.

Die Fertigungskosten ergeben sich nach folgender Rechnung:

Dir. Stunden × Lohnstundensatz × Gemeinkostenzuschlagssatz
(Std.) DM/Std. (%)

Der Gemeinkostenzuschlagssatz wird nachträglich (aus abgelaufenen Perioden) aus dem Verhältnis Gemeinkosten zu direkten Kosten von der Betriebsbuchhaltung ermittelt.

8. Arbeitsrechtliche Fragen bei Rationalisierungen

8.1 Einleitung

Bei den nachstehenden Ausführungen geht es nicht um eine arbeitsrechtliche Beratung. Der Verfasser gibt lediglich persönliche Eindrükke und Erfahrungen wieder, die er in seiner langjährigen Tätigkeit als Berater gewonnen hat. Sie sind nicht verbindlich. Wenn Leser als Führungskräfte von Unternehmen oder als Berater beabsichtigen, sich über die arbeitsrechtlichen Konsequenzen geplanter Rationalisierungsuntersuchungen zu informieren, wird dringend gebeten, sich rechtlich verbindlich beraten zu lassen.

Im folgenden einige Erläuterungen zu Fragen, die in der Praxis solcher Untersuchungen besonders häufig auftreten:

8.2 Informationen über eine geplante Statusanalyse

8.2.1 Informationsrecht des Betriebsrates

Nach § 90 Abs. 1 und 2 BetrVG hat der Arbeitgeber den Betriebsrat über die Planung

1. von Neu-, Um- und Erweiterungsbauten von Fabrikations-, Verwaltungs- und sonstigen betrieblichen Räumen,
2. von technischen Anlagen,
3. von Arbeitsverfahren und Arbeitsabläufen oder
4. der Arbeitsplätze

rechtzeitig unter Vorlage der erforderlichen Unterlagen zu unterrichten. Er hat die vorgesehenen Maßnahmen und ihre Auswirkung auf die Arbeitnehmer so rechtzeitig zu beraten, daß Vorschläge des Betriebsrates bei der Planung berücksichtigt werden können. Planung bedeutet dabei das Stadium des systematischen Suchens und Festlegens von Zielen sowie die Vorbereitung von Aufgaben, deren Durchführung zum Erreichen der Ziele erforderlich ist. Dazu gehört etwa das Sammeln von Daten und Informationen sowie das Entwickeln von technisch durchführbaren und wirtschaftlichen Lösungsalternativen.

Die Durchführung einer Statusanalyse über Schwachstellen, Einsparungspotentiale und prinzipielle Lösungsrichtungen liegt aber eindeutig vor der Planungsphase. Es geht hier nur um das Sammeln von Daten und Informationen, die eine Basis für später zu erstellende konkrete Rationalisierungsvorschläge bilden. Konkrete Lösungen werden aber hier nicht entwickelt. Daher entfällt ein Informationsrecht des Betriebsrates nach § 90 Abs. 1 und 2 BetrVG.

Ähnliche Überlegungen sind anzustellen bezüglich einer Information des Betriebsrates über die Personalplanung nach § 92 BetrVG. Auch hier müßte ein konkretes Planungsstadium erreicht worden sein. Dies ist in der Statusanalyse nicht der Fall. Deshalb entfällt auch bei dieser Bestimmung ein Informationsrecht des Betriebsrats.

Auf der anderen Seite ist eine Information nicht verboten. Unter dem Aspekt der in § 2 Abs. 1 BetrVG postulierten vertrauensvollen Zusammenarbeit und unter Berücksichtigung der bei einer späteren Realisierung ohnehin notwendigen Einschaltung des Betriebsrates ist sie sogar zu empfehlen.

8.2.2 Information des Wirtschaftsausschusses

Nach § 106 Abs. 2 BetrVG hat der Unternehmer den Wirtschaftsausschuß rechtzeitig und umfassend über die wirtschaftlichen Angelegenheiten des Unternehmens unter Vorlage der erforderlichen Unterlagen zu unterrichten, soweit dadurch nicht die Betriebs- und Geschäftsgeheimnisse des Unternehmens gefährdet werden, sowie die sich daraus ergebenden Auswirkungen auf die Personalplanung darzustellen. Nach Abs. 3 des § 106 BetrVG gehören auch Rationalisierungsvorhaben zu den berichtspflichtigen wirtschaftlichen Angelegenheiten. Rationalisierungsvorhaben sind alle Maßnahmen, die der Kostenersparnis oder der Erhöhung der Produktivität durch Einführung neuer Fabrikations- und Arbeitsmethoden dienen. Das Gesetz präzisiert nicht, in welchem Umfang über die Rationalisierungsvorhaben informiert werden muß. Nach Kommentaren erstreckt sich die Unterrichtung auf Umfang, technische, wirtschaftliche und finanzielle Vorteile sowie vor allem auf die sozialen Auswirkungen (Entlassungen, Versetzungen) geplanter Rationalisierungsmaßnahmen.

Die Statusanalyse verfolgt zweifellos solche Ziele. Deshalb muß der Wirtschaftsausschuß über ihre Durchführung und Zielsetzung informiert werden.

Kommentatoren sind der Auffassung, daß über die Kosten einer solchen Untersuchung (z. B. Honorare an Unternehmensberatung) nicht berichtet werden muß (Geschäftsgeheimnis!).

8.2.3 Information der Belegschaft

Nach § 110 Abs. 1 BetrVG hat der Unternehmer in Unternehmen mit in der Regel mehr als 1000 ständig beschäftigten Arbeitnehmern mindestens einmal in jedem Vierteljahr nach vorheriger Abstimmung mit dem Wirtschaftsausschuß und dem Betriebsrat die Arbeitnehmer schriftlich über die wirtschaftliche Lage und Entwicklung des Unternehmens zu unterrichten. Es reicht nach § 110 Abs. 2 BetrVG eine mündliche Unterrichtung, wenn das Unternehmen zwischen 20 und 1000 Arbeitnehmer beschäftigt.

Im Normalfall kann man davon ausgehen, daß bestehende Strukturprobleme des Unternehmens der Anlaß einer Statusanalyse sind. In diesem Fall muß der Unternehmer mitteilen, daß eine derartige Analyse über die Entwicklung des Unternehmens durchgeführt wird. Es ist zu empfehlen, dabei auch die Zielsetzung der Statusanalyse anzudeuten. Eine Information über Einzelheiten und über Kosten ist nach § 110 BetrVG nicht erforderlich. Trotzdem ist auch hier eine wenigstens grobe Darstellung des Ablaufs zu empfehlen (z. B. Interviews mit Führungskräften).

Ergänzend zu den vorstehenden Betrachtungen aus juristischer Sicht wird auf die Ausführungen in Kapitel 3.3 verwiesen.

8.3 Schriftlicher Bericht über Statusanalyse; Recht auf Einsicht oder Aushändigung

8.3.1 Rechte des Betriebsrats

Eine Vorlagepflicht des Arbeitgebers hinsichtlich der Ergebnisse der Statusanalyse kann sich allenfalls auf § 80 Abs. 2 S. 2 BetrVG stützen. Danach ist der Betriebsrat rechtzeitig und umfassend vom Arbeitgeber zu unterrichten. Ihm sind auf Verlangen jederzeit die zur Durchführung seiner Aufgaben erforderlichen Unterlagen zur Verfügung zu stellen. Die Pflicht zur Information und Vorlage von Unterlagen bezieht sich aber hier nur auf die im § 80 genannten Aufgaben des Betriebsrates. Infolgedessen ist nach § 80 weder eine Information über die Statusanalyse nach die Vorlage des Ergebnisberichts erforderlich. Dennoch wird sich mindestens die Einsicht (z. B. im Büro der Geschäftsleitung) empfehlen, insbesondere dann, wenn über den Wirtschaftsausschuß die Information ohnehin an den Betriebsrat gelangt.

8.3.2 Rechte des Wirtschaftsausschusses

Unter 8.2.2 wurde ausgeführt, daß der Wirtschaftsausschuß über Zielsetzung und Durchführung der Statusanalyse informiert werden muß. Daraus ergibt sich zwangsläufig die Notwendigkeit, dem Wirtschaftsausschuß auch das Ergebnis in Form des schriftlichen Berichts vorzulegen. Die Mitglieder des Wirtschaftsausschusses können sich schriftliche Aufzeichnungen machen. Die Anfertigung von Kopien ist nicht erforderlich.

Der Unternehmer darf aus dem Bericht Informationen über Betriebs- und Geschäftsgeheimnisse sowie über leitende Angestellte herausnehmen. Voraussetzung ist die vorherige Klärung, welche Angestellte »leitend« im Sinne des BetrVG sind.

8.4 Vertrag über Reorganisationsprogramm: Informationsrechte

Es wird folgende Situation angenommen: Auf der Basis der Statusanalyse beschließt die Unternehmensleitung, ein Reorganisationsprogramm durchzuführen. Im Rahmen dieses Programms sollen konkrete Verbesserungsvorschläge erarbeitet und nach der Genehmigung des Lenkungsausschusses auch realisiert werden. Es ist wahrscheinlich, daß es sich dabei auch um personelle Einsparungen handelt. Im Rahmen des Reorganisationsprogramms werden Fragen des Arbeitsablaufs und der Arbeitsplatzgestaltung berührt. Auch »Betriebsänderungen« können Gegenstand des Programms sein.

Welche Informationsrechte über Programminhalt und Zielsetzung bestehen?

8.4.1 Betriebsrat

Bei dem Reorganisationsprogramm handelt es nicht nur um eine Analyse, sondern um die konkrete Durchführung von Maßnahmen. Deshalb gelten auch hier die bereits früher behandelten Regelungen des § 90 BetrVG.

Der Abs. 2 sagt, daß der Arbeitgeber mit dem Betriebsrat die vorgesehenen Maßnahmen und ihre Auswirkungen auf die Arbeitnehmer, insbesondere auf die Art ihrer Arbeit sowie die sich daraus ergebenen Anforderungen an die Arbeitnehmer so rechtzeitig zu beraten hat, daß Vorschläge und Bedenken des Betriebsrats bei der Planung berücksichtigt werden können. Aus der Verpflichtung über die rechtzeitige Unterrichtung ergibt sich, daß bereits der Beschluß, ein solches Programm durchzuführen, mit dem Betriebsrat beraten werden muß; denn zu diesem Zeitpunkt werden die Weichen gestellt, ob und in welchem Umfang Veränderungen der Arbeitsplätze und Arbeitsabläufe in Betracht kommen. Entscheidend ist deshalb vor allem die Information über die Zielsetzung des Programms.

Sollten in Verbindung mit diesem Programm Aufträge an Dritte (Unternehmensberatern) erteilt werden, muß über die inhaltliche Gestaltung dieser Aufträge und die Honorarfestlegung nicht informiert werden. Diese Fragen haben nichts mit der betrieblichen Planungsaufgabe zu tun.

8.4.2 Wirtschaftsausschuß

Eine Unterrichtungspflicht gegenüber dem Wirtschaftsausschuß besteht zweifelsfrei nach § 106 BetrVG und zwar in gleichem Umfang wie vorstehend gegenüber dem Betriebsrat beschrieben. Es handelt sich um ein konkretes Rationalisierungsvorhaben, auch wenn die einzelnen Maßnahmen noch nicht genau festgelegt worden sind. Insofern ist § 106 Abs. 3 Nr. 4 erfüllt.

8.4.3 Belegschaft

Bezüglich der Unterrichtung der *gesamten Belegschaft* gilt das in Kap. 8.2.3 Gesagte. Neben der in § 110 BetrVG vorgesehenen schriftlichen regelmäßigen Unterrichtung über die wirtschaftliche Lage und Entwicklung besteht die Möglichkeit für den Arbeitgeber, im Rahmen einer nach § 43 BetrVG vom Betriebsrat einberufenen Betriebsversammlung über den Start des Reorganisationsprogramms zu berichten. (Sachliche Einzelheiten sind dem Kap. 4.3 zu entnehmen).

Die Unterrichtungspflicht des Arbeitgebers gegenüber *einzelnen Mitarbeitern* sowie das Anhörungs- und Erörterungsrecht des Arbeitnehmers sind in den § 81, 82 BetrVG geregelt. Allerdings sind Maßnahmen, die personelle Veränderungen mit sich bringen, erst dann mitzuteilen, wenn die Realisierung in absehbarer Zeit bevorsteht.

8.5 Mitbestimmungsrechte des Betriebsrats bei der Durchführung des Reorganisationsprogramms

Dies hängt davon ab, ob konkrete Maßnahmen durchgeführt werden, und ob diese für sich gesehen mitbestimmungspflichtig sind. Soweit es sich lediglich um Analyse oder Planungen handelt, hat der Betriebsrat nur ein Informationsrecht nach § 90 und 92 BetrVG (siehe Kap. 8.2.1 und 8.4.1). Planungen sind in diesem Zusammenhang vorlagefähige Unterlagen, über die noch kein Beschluß gefaßt sein darf. Man kann also sagen, daß im gesamten Vorfeld von etwaigen Durchführungsmaßnahmen kein Mitbestimmungsrecht des Betriebsrats besteht.

Anders ist es bei der konkreten Durchführung von Maßnahmen während des Reorganisationsprogramms. Hier sind folgende Aspekte von Bedeutung:

8.5.1 Versetzungen und Umsetzungen

Wenn Mitarbeiter, z. B. im Rahmen einer Umstrukturierung, ihre Tätigkeit verändern sollen, spricht man von *Versetzungen* oder *Umsetzungen.* Die beiden Begriffe sind hier von großer Bedeutung. Versetzungen erfordern nach § 99 Abs. 1 BetrVG eine Zustimmung des Betriebsrats. Umsetzungen können im Rahmen des Direktionsrechts ohne BR-Zustimmung durchgeführt werden.

In § 95 Abs. 3 ist der Begriff der Versetzung definiert. Eine Versetzung im Sinne des Gesetzes ist die Zuweisung eines anderen Arbeitsbereichs, die voraussichtlich die Dauer von einem Monat überschreitet oder die mit einer erheblichen Änderung der Umstände verbunden ist, unter denen die Arbeit zu leisten ist. Tätigkeitsänderungen, die die vorstehend genannten Bedingungen nicht erfüllen, sind Umsetzungen.

Dabei kommt es vor allem auf den Inhalt des Arbeitsvertrages an. Umsetzungen werden eher angenommen, wenn eine allgemeine Tätigkeitsbeschreibung, z. B. »Technischer Angestellter« verwendet worden ist. Es wird deshalb häufig die »salvatorische« Klausel benutzt, daß »der Arbeitgeber berechtigt ist, andere gleichwertige und zumutbare Arbeitsplätze anzuweisen«. Man verzichtet deshalb auch häufig darauf, Stellenbeschreibungen zum Bestandteil eines Arbeitsvertrages zu machen. Wenn der Arbeitsvertrag sehr konkrete Arbeitsplatzbeschreibungen enthält und der Versetzungsfall vorliegt, ist auch die Zustimmung des einzelnen Mitarbeiters erforderlich.

Für die Mitbestimmung des Betriebsrats bei Versetzungen sind zwei Gesetzesbestimmungen wichtig:

- nach § 95 Abs. 1 und 2 BetrVG die Zustimmung des BR zu Richtlinien über die personelle Auswahl bei Einstellungen, Versetzungen, usw. und das Recht des BR, bei Betrieben mit mehr als 1000 Mitarbeitern die Aufstellung solcher Richtlinien zu verlangen;
- nach § 99 Abs. 1 BetrVG die konkrete Zustimmung des BR bei personellen Einzelmaßnahmen, z. B. Versetzungen. Verweigert der Betriebsrat aus im Gesetz aufgeführten Gründen die Zustimmung, kann der Arbeitgeber beim Arbeitsgericht beantragen, die Zustimmung zu ersetzen.

8.5.2 Kündigungen

Nach § 102 Abs. 1 BetrVG ist der Betriebsrat vor jeder Kündigung zu hören. Der Arbeitgeber hat ihm die Gründe für die Kündigung mitzuteilen. Eine ohne Anhörung des Betriebsrats ausgesprochene Kündigung ist unwirksam. Hat der Betriebsrat gegen eine ordentliche Kündigung Bedenken, so hat er diese unter Angabe der Gründe dem Arbeitgeber spätestens innerhalb einer Woche mitzuteilen (Abs. 2 und 3). Der Arbeitgeber kann trotzdem kündigen, muß aber der Kündigung eine Abschrift der Stellungnahme des Betriebsrates beifügen (Abs. 4).

Bezüglich der Kündigungsfristen wurde 1993 eine wesentliche Neuregelung insofern eingeführt, als nun einheitliche Fristen für Angestellte und Arbeiter gelten. Sie beginnen mit einer Frist von 4 Wochen und verlängern sich in Abhängigkeit von der Betriebszugehörigkeit. Für Einzelheiten wird auf die einschlägigen gesetzlichen Regelungen verwiesen.

Hat der Betriebsrat einer ordentlichen Kündigung frist- und ordnungsgemäß widersprochen, und hat der Arbeitnehmer nach dem Kündigungsschutzgesetz Klage auf Feststellung erhoben, daß das Arbeitsverhältnis durch die Kündigung nicht aufgelöst ist, so muß der Arbeitgeber auf Verlangen des Arbeitnehmers diesen nach Ablauf der Kündigungsfrist bis zum rechtskräftigen Abschluß des Rechtsstreits bei unveränderten Arbeitsbedingungen weiterbeschäftigen. Auf Antrag des Arbeitgebers kann das Gericht ihn unter bestimmten im Gesetz genannten Bedingungen durch einstweilige Verfügung von der Verpflichtung zur Weiterbeschäftigung entbinden (Abs. 5).

8.5.3 Interessenausgleich und Sozialplan

Voraussetzung für Interessenausgleich und Sozialplan ist eine Betriebsänderung nach § 111 BetrVG. Unter einer Betriebsänderung werden folgende Maßnahmen verstanden:

1. Einschränkung und Stillegung des ganzen Betriebes oder von wesentlichen Betriebsteilen,
2. Verlegung des ganzen Betriebes oder von wesentlichen Betriebsteilen,
3. Zusammenschluß mit anderen Betrieben,
4. Grundlegende Änderungen der Betriebsorganisation, des Betriebszwecks oder der Betriebsanlagen,
5. Einführung grundlegend neuer Arbeitsmethoden und Fertigungsverfahren.

Der Unternehmer hat den Betriebsrat über geplante Betriebsänderungen, die wesentliche Nachteile für die Belegschaft insgesamt oder erhebliche Teile der Belegschaft zur Folge haben können, rechtzeitig zu unterrichten und diese mit ihm zu beraten. Das Gesetz definiert den Begriff »wesentliche Nachteile« nicht. Das Bundesarbeitsgericht hat deshalb mehrfach entschieden, daß zur Beantwortung dieser Frage die Zahlen- und Prozentangaben in § 17 Kündigungsschutzgesetz über die Anzeigepflicht bei Entlassungen herangezogen werden können. Zum Beispiel würde man von wesentlichen Nachteilen sprechen, wenn bei Betrieben mit in der Regel mindestens 500 Arbeitnehmern mindestens 30 Personen betroffen wären.

Nach § 112 muß zwischen dem Interessenausgleich und dem Sozialplan unterschieden werden. Der *Interessenausgleich* betrifft Regelungen zwischen Arbeitgeber und Betriebsrat über eine geplante Betriebsänderung, wobei der Interessenausgleich klären soll, ob, wann und in welcher Weise vorgesehene unternehmerische Maßnahmen durchgeführt werden sollen. Der *Sozialplan* soll dagegen den Ausgleich oder die Milderung wirtschaftlicher Nachteile regeln, die den Arbeitnehmern infolge der geplanten Betriebsänderung entstehen. Dabei können Interessenausgleich und Sozialplan in einer gleichzeitigen Vereinbarung geregelt werden.

Der Betriebsrat kann einen Interessenausgleich nicht erzwingen. Anders ist es mit dem Sozialplan. Nach § 112 Abs. 4 BetrVG entscheidet die Einigungsstelle, die auch der Betriebsrat anrufen kann, bei Nichteinigung der Parteien über den Sozialplan.

Zeitlich ist Voraussetzung für das Mitbestimmungsrecht des Betriebsrats für einen Sozialplan, daß ein Beschluß der Geschäftsleitung über die Änderungen bevorsteht und schon eine gewisse Klarheit hinsichtlich der personellen Konsequenzen besteht.

8.6 Einspruchsmöglichkeiten des Betriebsrats gegen Rationalisierungsuntersuchungen

Vom Gesetz her gibt es den Begriff des Einspruchs des Betriebsrats nicht. Der Betriebsrat kann sich aber immer dann gegen Maßnahmen des Arbeitgebers wehren, wenn seine Mitwirkungsrechte verletzt worden sind. Es kommt also darauf an, ob der Arbeitgeber die gesetzlichen Verpflichtungen aus dem Betriebsverfassungsgesetz hinsichtlich der Mitwirkung des Betriebsrats beachtet hat. Hat er dagegen verstoßen, kann sich der Betriebsrat gegen derartige betriebsverfassungswidrige Maßnahmen wenden. Man kann dies als Einspruch bezeichnen.

Die Formvorschriften für solche Einsprüche ergeben sich jeweils aus dem Gesetzestext. § 76 BetrVG stellt z. B. fest, daß zur Beilegung von Meinungsverschiedenheiten zwischen Arbeitgeber und Betriebsrat bei Bedarf eine Einigungsstelle zu bilden ist. Sie besteht aus einer gleichen

Anzahl von Beisitzern, die vom Arbeitgeber und Betriebsrat bestellt werden, und einem unparteiischen Vorsitzenden, auf dessen Person sich beide Seiten einigen müssen. Wenn über die Person des Vorsitzenden oder die Zahl der Beisitzer keine Einigung erzielt werden kann, entscheidet das Arbeitsgericht.

Die Einigungsstelle kann aufgrund tarifvertraglicher Bestimmungen auch durch eine tarifliche Schlichtungstelle ersetzt werden. Diese Stellen wirken wie eine Art Zwangsschlichtung. Die Entscheidungen der Einigungsstelle können nachträglich gerichtlich überprüft werden.

In den § 87 und 112 BetrVg wird erläutert, in welchen Fällen im Streitfall Einigungsstellen entscheiden dürfen. Arbeitsgerichte sind wiederum dann zuständig, wenn Meinungsverschiedenheiten darüber bestehen, ob eine Einigungsstelle für ein bestimmtes strittiges Thema überhaupt zuständig ist. Im Hinblick auf das hier behandelte Gesamtthema liegt der Schwerpunkt der Aufgaben von Arbeitsgerichten bei Entscheidungen über personelle Einzelmaßnahmen (z. B. Klage eines Arbeitnehmers wegen einer sozial ungerechtfertigten Kündigung, § 1 KSchG). Hier ist grundsätzlich die staatliche Arbeitsgerichtsbarkeit zuständig.

8.7 Einflußnahme des Betriebsrats auf Tätigkeit eines Beraters

Hierzu ist folgendes zu sagen:

- Der Betriebsrat kann nicht verhindern, daß Berater überhaupt beauftragt werden. Es besteht in den hier behandelten Fällen nur eine eingeschränkte Informationspflicht (siehe Kap. 8.2.2 und 8.4.1). Dies gilt selbst dann, wenn es sich um eine an den Berater delegierte Planung handelt,
- Der Betriebsrat darf nicht mit einseitigen Handlungen in die Leitung des Betriebes eingreifen (§ 77 Abs. 1 BetrVG). Deshalb ist z. B. auch eine Einflußnahme des Betriebsrats auf die Durchführung bestimmter Untersuchungen (Selbstnotierung!) nicht zulässig.
- Selbstverständlich ist es nicht zulässig, daß der Berater selbst personelle Maßnahmen durchführt. Partner der betroffenen Mitarbeiter sind immer die Geschäftsführung bzw. der Betriebsrat.

9. Die Zusammenarbeit mit Beratern

9.1 Warum mit Beratern arbeiten?

Unser komplexes Wirtschaftsgefüge erfordert immer häufiger den Einsatz hochqualifizierter Spezialisten, die die eigene Mannschaft bei der Erfüllung ihrer Aufgaben unterstützen. Dies beginnt bei klassischen Wartungs- und Reparaturfunktionen, betrifft den weiten Bereich spezieller Fachberatungen und endet beim modernen *Change Management* und *Coaching* durch erfolgreiche Unternehmensberatungen. Kein Unternehmen kann deshalb in diesem weiten Sinn auf Beratung durch Außenstehende verzichten.

Wir wollen uns hier auf Beratung im engeren Sinne beschränken, d. h. die konzeptionelle und realisierende Hilfe bei der Lösung technischer, wirtschaftlicher und struktureller Probleme im Unternehmen. Des weiteren sollen sich die folgenden Erörterungen auf die Zusammenarbeit mit externen Beratern konzentrieren, obwohl neuerdings eine deutliche Tendenz bei Großunternehmen zu erkennen ist, von Beratungstöchtern das eigene Haus beraten zu lassen oder auch das unternehmensinterne Know-how extern zu vermarkten.

Zweifellos ist das Risiko beträchtlich, das mit dem Einsatz externer Berater verbunden ist. Ohne sehr intensive Überlegungen über den Zweck einer solchen Beratung, eine sehr sorgfältige Auswahl des Beraters und klare vertragliche Verabredungen besteht die große Gefahr eines Mißerfolgs. Dieser ist mit meist erheblichen finanziellen Verlusten verbunden und führt auch klimatisch-psychologisch zu beträchtlichen Verstimmungen. Und schließlich ist die gewünschte Problemlösung auch nicht erreicht.

Welches sind die üblichen Gründe, mit Unternehmensberatern zusammenzuarbeiten?

- Sie bringen spezielles Fach-Know-how, externe Standards und geeignete Methoden mit.
- Damit vergrößern sich die Chancen zur Lösung konkreter, komplexer Probleme.
- Man gewinnt einen Sparringspartner, der den Auftraggeber dabei unterstützt, die wirklichen Kernprobleme im Unternehmen zu finden bzw. zu erkennen.

- Neutrale Berater helfen, unpopuläre Maßnahmen gegenüber Beteiligten durchzusetzen.

Die Entwicklung ist inzwischen weitergegangen. Die Unternehmen haben mehr Erfahrungen im Umgang mit Beratern. Sie sehen diese Zusammenarbeit als bedeutende Investition an und prüfen den Einkauf solcher Serviceleistungen genauso sorgfältig wie andere Investitionen auch. Und sie stellen andere und höhere Anforderungen an den Berater. Man kann diese geänderten Anforderungen so beschreiben:

- Der Berater soll ständiger Begleiter einer Organisation sein.
- Er trainiert und hilft seinen Kunden, im Sinne eines *Change Agent,* selbst ihre Veränderungsprozesse aktiv zu gestalten.
- Er muß dafür sorgen, daß als Basis dieser Veränderungsprozesse unternehmerische Visionen und Strategien entwickelt werden, entweder als Input durch das Unternehmen oder als von ihm initiierte gemeinsame Arbeit.
- Dazu muß er persönlich Führungserfahrung besitzen, aber in der Zusammenarbeit vor allem als sozial akzeptierter Moderator tätig werden.
- In die zu moderierenden Teams müssen im Sinne eines offenen Systems neben den unmittelbar tangierten Führungskräften auch Kunden und Lieferanten einbezogen werden.
- Seine persönlichen fachlichen Beiträge dürfen keine Konzepte »von der Stange« sein, sondern sie müssen als maßgeschneiderte Lösungen genau passende Problemlösungen für das Unternehmen bieten und alle spezifischen Randbedingungen abdecken.
- Er muß sich auch für die Umsetzung verantwortlich fühlen und einen meßbaren Umsetzungserfolg sicherstellen.

Kurzum, seine Hauptaufgabe besteht darin, wandlungsfähige Strukturen zu schaffen, in dem er seine eigene Person in den Veränderungsprozeß einbezieht und diesen gestaltet.

9.2 Auswahlgesichtspunkte

Von großer Bedeutung ist die Auswahl des »richtigen« Beraters. Diese Auswahl bezieht sich bei Beratungsgesellschaften, die ein Team von

Mitarbeitern beim Kunden einsetzen, natürlich auch auf die einzelnen Mitarbeiter. Diese Auswahl ist eigentlich bereits der erste Schritt des gesamten Veränderungsprozesses und hat, wie bereits ausgeführt, eine erhebliche Auswirkung auf das Ergebnis. Man kann den Auswahlprozeß in zwei Hauptstufen unterteilen: die Grobauswahl nach fachlich-sachlichen Gesichtspunkten, die Endauswahl nach persönlichen Kriterien.

9.2.1 Grobauswahl

Bei diesem rationalen, logischen Prozeß geht es zunächst darum, aufgrund der fachlichen Qualifikation einen kleinen Kreis geeigneter Berater auszuwählen. Deshalb wird eine Reihe von Beratern gebeten, schriftlich zu einer vorgegebenen Aufgabenstellung ihre Auffassungen mitzuteilen. Die Auswahl dieses Beraterkreises erfolgt mit Hilfe von Verbänden, IHK's, Unternehmerinformationen etc (etwa 10 bis 15). Aufgrund der schriftlichen Vorstellung ist eine engere Auswahl von circa drei bis fünf Beratern möglich. Diese Auswahl trifft die Geschäftsführung eventuell gemeinsam mit dem Leiter des von den Untersuchungen hauptsächlich betroffenen Bereichs. Wichtige Kriterien für die Auswahl sind:

- fachliche Qualifikation des Beraters bzw. des Unternehmens bezüglich der Behandlung der Aufgabenstellung,
- Bedeutung des Beratungsunternehmens (Größe, Reputation auf dem jeweiligen Sachgebiet),
- Referenzen,
- Honorare,
- geforderte Beteiligung eigener Mitarbeiter bzw. Fachabteilungen (z. B. EDV),
- Mitwirkung bei Realisierung.

Die engere Auswahl wird zu einem ersten Gespräch eingeladen. Die Beraterseite wird dabei im allgemeinen vom Inhaber oder einem Geschäftsführer vertreten. Die Berater tragen in konzentrierter Form ihre Konzeption vor. Der Klient versucht zu klären, wie umfassend der Berater die eigene Branche und die Konkurrenzsituation kennt. Ist die dargestellte Konzeption ein Standard für alle oder individuell angepaßt? Werden bereits Lösungsansätze vermittelt? Nach diesem Gespräch bleiben zwei bis drei interessante Berater übrig.

9.2.2 Endauswahl

In der Endauswahl wird man sich stärker auf persönliche Aspekte konzentrieren. Die Berater stellen in einem Schlußgespräch den vorgesehenen Projektleiter und eventuell einzusetzende Spezialisten vor. Sie haben Gelegenheit, ihren bisherigen beruflichen Werdegang zu schildern und sich zu der anstehenden Aufgabe zu äußern. Ihr Verhalten zum eigenen Chef, zum möglichen Klienten und ihr Urteil über frühere Klienten wird mit Interesse zur Kenntnis genommen. Sind es die »richtigen« Partner? Kann man ihnen Vertrauen schenken? Wie werden sie mit den eigenen Leuten umgehen? Können sie überzeugen? Danach muß der Auftraggeber eine Entscheidung treffen.

9.3 Vertragsgestaltung

Folgende Punkte sind zu empfehlen:

- Beratungsaufträge schriftlich erteilen,
- Ziele und Leistungsinhalte eindeutig beschreiben,
- Untersuchungsbereiche festlegen,
- Projektablauf und Vorgehensweise,
- einzusetzende Berater benennen,
- Leistungen des Klienten fixieren (Arbeitsräume, Arbeitsmittel, Hilfskräfte, Dienstleistungen, z. B. EDV, Zeitstudien),
- Schnupperphase verabreden (zeitlich befristete Testphase der Zusammenarbeit),
- Rhythmus, Art und Anzahl von Zwischenkontrollen festlegen,
- jederzeitiges Abbruchrecht vereinbaren,
- Austauschrecht gegenüber eingesetzten Beratern vereinbaren,
- Zeitdauer, Honorare und Zahlungsweise festlegen,
- detaillierten Abschlußbericht vereinbaren.

Darüber hinaus sind je nach Situation weitere Fragen wie Garantie, Konkurrenzklauseln, Abwerbeverbote, Schadenersatz, u. a. zu regeln.

9.4 Praktische Zusammenarbeit

Ohne Anspruch auf Vollständigkeit seien abschließend einige Gesichtspunkte aufgeführt, die für eine erfolgreiche praktische Zusammenarbeit von Bedeutung sind:

- Die Schnupperphase, die unter Umständen noch vor dem eigentlichen Vertragsbeginn liegt, soll die Möglichkeit bieten, gründlich zu prüfen, ob die neuen Partner zueinander passen. Vor allem, besteht auf Seiten der Beratungsfirma genügend psychologisches Einfühlungsvermögen?
- Wenn der Klient sicher ist, den richtigen Berater gefunden zu haben und von den Qualitäten der eingesetzten Mitarbeiter überzeugt ist, sollte er sein Vertrauen auch öffentlich ausdrücken und eine langfristige Zusammenarbeit in Aussicht stellen.
- Ein Problem sind manchmal sprachliche Begriffe. Insbesondere Unternehmensberater neigen zu fremdsprachigen Fachbegriffen, die bei den Klientenmitarbeitern zu Mißverständnissen und Aversionen führen können. Auf der anderen Seite haben auch Unternehmen eine spezielle Terminologie. Hier sind Definitionen sinnvoll.
- Für fachliche und organisatorische Fragen müssen beiderseits feste und kompetente Ansprechpartner benannt werden, die Leerlauf in der Tagesarbeit verhindern.
  Beispiele: Wer ist der EDV-Spezialist beim Berater?
  Wer ist für Bürogerätereparaturen beim Klienten zuständig?
- Die Zusammenarbeit in einem Projektteam zwischen Beratern und Klientenmitarbeitern kann durch folgende Verhaltensweisen sehr gefördert werden:
  - Einbeziehung der Klientenmitarbeiter in Informationsgespräche der Beratergruppe.
  - Ungehinderter Zugang der Berater zu allen relevanten Informationen im Unternehmen. Die zuständigen Mitarbeiter sind rechtzeitig zu informieren.
  - Die Berater sind rechtzeitig auf hausinterne Spielregeln aufmerksam zu machen (Parkplatz, Kantine, private Telefongespräche, Werksverkauf). Sie dürfen keine »Sonderrechte« in Anspruch nehmen.

- Die Konsequenzen von Lösungsvorschlägen (finanziell, Manpower) müssen vor Entscheidungen abgeschätzt werden. Unterschätzte Folgeinvestitionen können alle Wirtschaftlichkeitsrechnungen zunichte machen.
- Schon zu Beginn des Reorganisationsprogramms sollten parallel zum Untersuchungsfortschritt die praktischen Schritte zur Umsetzung der Beratungsergebnisse in die betriebliche Realität geplant werden.
- Einige Autoren empfehlen, Beratungsergebnisse vor der endgültigen Realisation von einem zweiten oder dritten Berater prüfen zu lassen; so wie etwa ein Patient den Operationsvorschlag eines Chirurgen durch ein zweites medizinisches Gutachten absichern läßt.

Literatur

Ansoff, I. H.: Managing Surprise and Discontiunity – Response to Weak Signals, in: ZfbF 1976.

Batelle-Institut (Hrsg.): Frühwarnsysteme für die strategische Unternehmensführung. Ein Radar zur Erkennung von technologischen, wirtschaftlichen, politischen und sozialen Veränderungen im Umfeld der Unternehmung, Frankfurt 1980.

Behme, W.; Knappe, T.: Hochrechnungen, Monitoring und Frühindikatoren – Ansätze zur betriebswirtschaftlichen Früherkennung, in: Blick durch die Wirtschaft vom 7. 4. 92.

Bisani, F.; Hübner, E.: Bestandsaufnahme eines Unternehmens – ein Unternehmenstest – aus: Praktiker-Checklisten. Stuttgart: Schäfer Verlag 1991.

Brunner, F. J.: Produktplanung mit Quality Function Deployment (QFD), in: io Management Zeitschrift 61 (1992), Nr. 6, S. 42ff.

Eversheim, W.: Simultaneous Engineering – eine organisatorische Chance! in: Jahrbuch 1990/91 (VDI-Gesellschaft Produktionstechnik), Düsseldorf: VDI Verlag, 1990.

Franke, R.; Zerres, M.: Planungstechniken, Kap. 9: Netzplantechnik – Zeit ist Geld. 3. Aufl., Frankfurt/Main: Frankfurter Allgemeine Zeitung, Verl.-Bereich Wirtschaftsbücher, 1992.

Geschka, H.; Hammer, R.: Die Szenario-Technik in der strategischen Unternehmensplanung, in: Strategische Unternehmensplanung, hrsg. von Hahn, D.; Taylor, B., 4. Aufl., Heidelberg/Wien 1986.

Groh, H.; Gutsch, R. W. (Hrsg.): Netzplantechnik, 3. Aufl., Düsseldorf 1982.

Groth, R., u. a.: Projektmanagement in Mittelbetrieben – Planung und Durchführung einmaliger großer Vorhaben. Köln: Deutscher Instituts-Verlag 1982.

Grün, J.: Qualifizierung und verbesserte betriebliche Kommunikation durch Gruppenarbeit, in: io Management Zeitschrift 62 (1993), Nr. 6, S. 50ff.

Haberland, G.: Checkliste Unternehmensanalyse. Landsberg: Verlag Moderne Industrie 1992.

Hahn, D.; Klausmann, W.: Aufbau und Funktionsweise von betrieblichen Frühwarnsystemen in der Industrie, Justus-Liebig-Universität Gießen, Gießen 1979, S. 12ff.

Heeg, F. J.: Untersuchung über die Möglichkeit des Einsatzes von Verfahren der Kleingruppenarbeit zur Reduzierung der Akzeptanzlücke bei der Einführung neuer Technologien. Dissertation RWTH Aachen, 1984.

Hinterhuber, H.; Hammer, R. M.: Strategische Frühaufklärung – ein Modell für die Praxis, in: Das Management von Innovationen. Frankfurt: Frankfurter Allgemeine Zeitung GmbH, 1986.

Hoffmann, R.: Human Capital im Betrieb. Wege zur erfolgreichen Produkt-Innovation. Heidelberg: Sauer-Verlag 1991.

Kainz, R.: Tätigkeitsanalyse im Entwicklungs- und Konstruktionsbereich, in: ZwF 79 (1984) 7, S. 349–351.

Kirsch, W.; Trux, W.: Strategische Frühaufklärung und Portfolio-Analyse, in: Albach, H. D.; Mertens, P.: Frühwarnsysteme, a.a.O., S. 55ff.

König, R.: Das Interview. 7. Auflage, Köln 1972.

Kurpjuhn, H. P.; Schmid, K.-H.: Verwaltungs-Checkliste. Unternehmen testen ihre Verwaltung. Eschborn: RKW 1990.

Krampe, G.; Müller, G.: Diffusionsfunktionen als theoretisches und praktisches Konzept zur strategischen Frühaufklärung, in: ZfbF 5/81, S. 391ff.

Krystek, U.: Frühwarnsysteme für die Unternehmung, in: agplan-Handbuch der Unternehmensplanung, Kap. 5261, 2. Aufl., Gießen: Erich Schmidt Verlag 1985.

Lewandowski, R.: Prognose- und Informationssysteme und ihre Anwendungen, Bd. 1. Berlin/New York 1973.

Meyer-Piening, A.: Zero Base Budgeting (ZBB). Eine Analyse-, Planungs- und Entscheidungstechnik, in: agplan-Handbuch zur Unternehmensplanung, 2. Aufl., Berlin: Erich Schmidt Verlag 1985.

Miles, L. D.: Value Engineering – Wertanalyse – die praktische Methode zur Kostensenkung. 2. Aufl. München: Verlag Moderne Industrie 1967.

Nadler, G.: Arbeitsgestaltung – zukunftsbewußt. Entwerfen und Entwickeln von Wirksystemen. (Herausgegeben von H. H. Hilf). München: Carl Hanser Verlag 1969.

REFA: Methodenlehre des Arbeitsstudiums, Teil 2: Datenermittlung. München: Carl Hanser Verlag 1992.

REFA: Methodenlehre des Arbeitsstudiums, Teil 3: Kostenrechnung, Arbeitsgestaltung. München: Carl Hanser Verlag 1985.

Rehm, S.; Strombach, M. E.: Arbeitstechniken für Qualitätszirkel. Köln: Deutscher Wirtschaftsdienst 1983.

Roever, M.: Die Gemeinkostenwertanalyse zur Kostensenkung in indirekten Bereichen. VDI-Bericht Nr. 490. Düsseldorf: VDI-Verlag 1983.

Schlicksupp, H.: Kreative Ideenfindung in der Unternehmung. Berlin: Verlag de Gruyter 1977.

Schneider-Winden, K.: Industrielle Planungstechniken. Eine Einführung. Düsseldorf: VDI-Verlag GmbH 1992.

Schneider-Winden, S.: Auswirkungen der Lean Production auf die Preis- und Distributionspolitik (Diplomarbeit der Universität Trier, Fachbereich 4, 1993).

Seiwert, L. J.: Das 1 × 1 des Zeitmanagement. Düsseldorf: VDI-Verlag GmbH 1988.

Staudt, E.: Das Management von Innovationen. Frankfurt/Main: Verlag Frankfurter Allgemeine Zeitung 1986.

Stier, F.: Zur Methodik der Gestaltung von Arbeitssystemen, in: REFA-Nachrichten 25 (1972), H. 5.

Thiele, A.: Überzeugend präsentieren. Präsentationstechnik für Fach- und Führungskräfte. Düsseldorf: VDI-Verlag 1991.

Töpfer, A.: Planungs- und Kontrollsysteme industrieller Unternehmungen, Berlin 1976, S. 237, S. 258ff.

VDI-Ges. Entwicklung Konstruktion Vertrieb: Systematische Produktplanung. Leitfaden und Arbeitshilfe. Düsseldorf: VDI-Verlag 1983.

VDI-Richtlinie 2220: Produktplanung. Ablauf, Begriffe und Organisation. Berlin: Beuth Verlag 1980.

VDI Zentrum Wertanalyse: Wertanalyse. Idee-Methode-System. 4. Aufl. Düsseldorf: VDI-Verlag 1991.

Warnecke/Bullinger/Hichert: Wirtschaftlichkeitsrechnung für Ingenieure. München: Carl Hanser Verlag 1980.

Womack, James P. / Jones, Daniel T. / Roos, Daniel (1991): Die zweite Revolution in der Autoindustrie. Konsequenzen aus der weltweiten Studie aus dem Massachusetts Institute of Technology, 7. Auflage, Campus Verlag, Frankfurt am Main/ New York 1991.

ZVEI: ZVEI-Kennzahlensystem. Ein Instrument zur Unternehmenssteuerung 3. Auflage. Frankfurt 1976.

Abbildungsverzeichnis

Register

Das Register führt nur diejenigen Begriffe auf, die sich nicht unmittelbar über das Inhaltsverzeichnis erschließen lassen.

Der Autor

Dipl.-Ing. *Kurt Schneider-Winden* (geb. 1927) ist Unternehmensberater, Dozent an Fachhochschulen und Lehrbeauftragter des VDI-Zentrums Wertanalyse. Nach dem Studium an Fachhochschule/Technischer Hochschule (Elektrotechnik, Wirtschaftsingenieurwesen) war er mehr als 15 Jahre in leitenden Funktionen bei namhaften Unternehmen in verschiedenen Branchen tätig.

In den letzten 15 Jahren arbeitete er als Projektleiter in einer deutschen Beratungsgesellschaft und danach als selbständiger Unternehmensberater auf den Gebieten Unternehmensanalysen, Funktionsverbesserung/Kostensenkung in Gemeinkostenbereichen und bei Produkten, Einsatz des Systems Wertanalyse und als Lehrbeauftragter an Fachhochschulen.